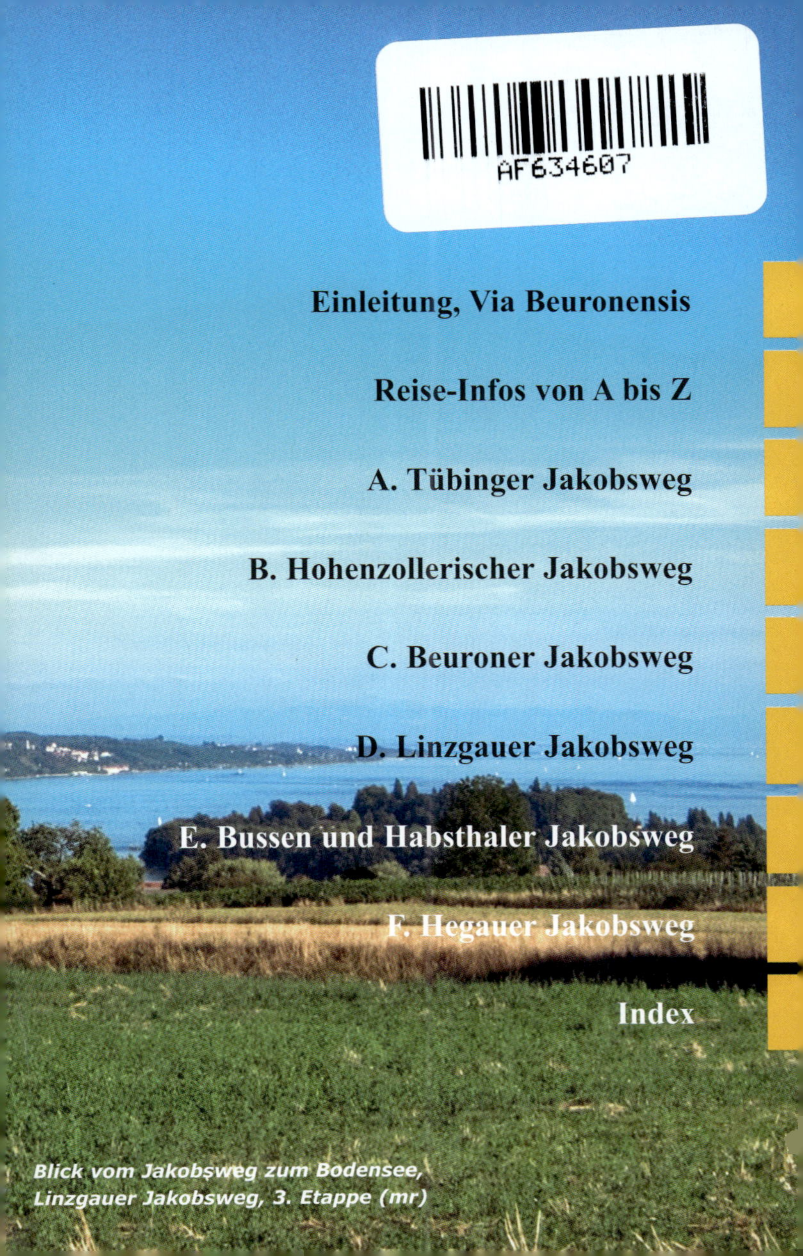

Blick vom Jakobsweg zum Bodensee, Linzgauer Jakobsweg, 3. Etappe (mr)

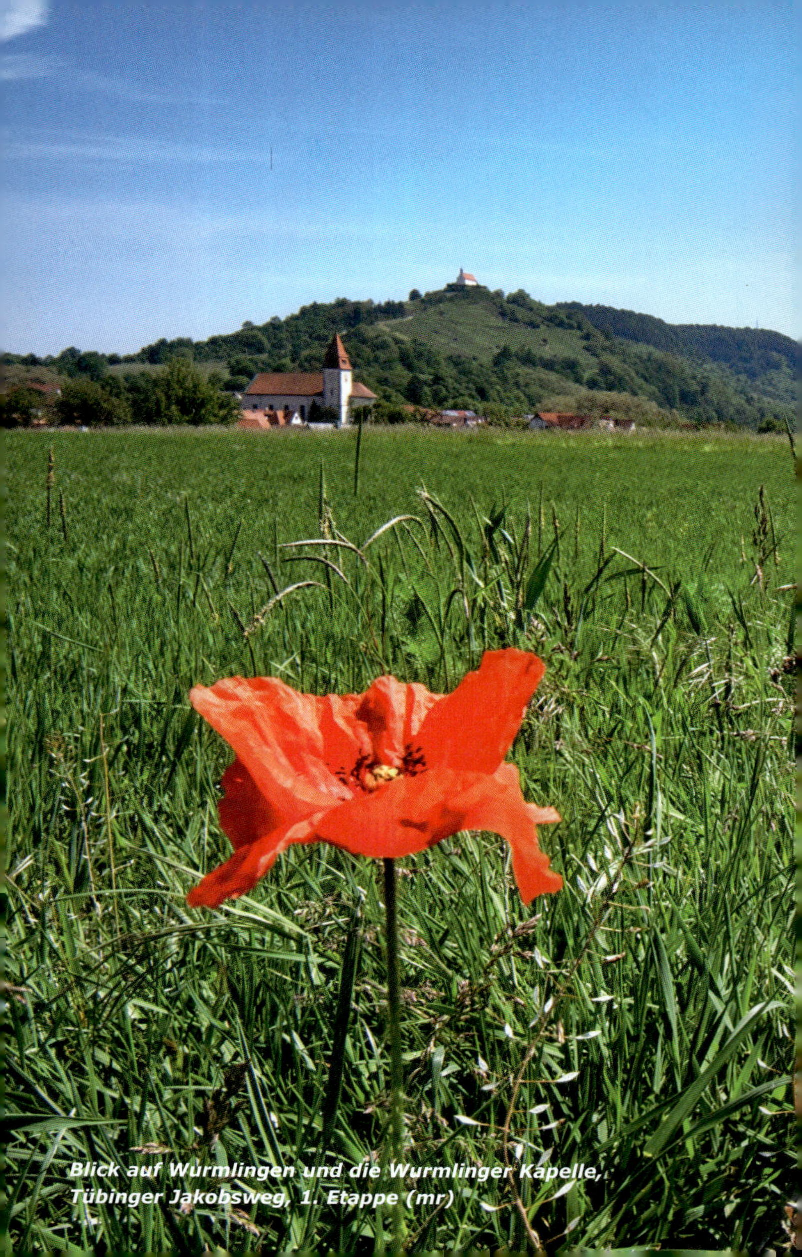

Blick auf Wurmlingen und die Wurmlinger Kapelle, Tübinger Jakobsweg, 1. Etappe (mr)

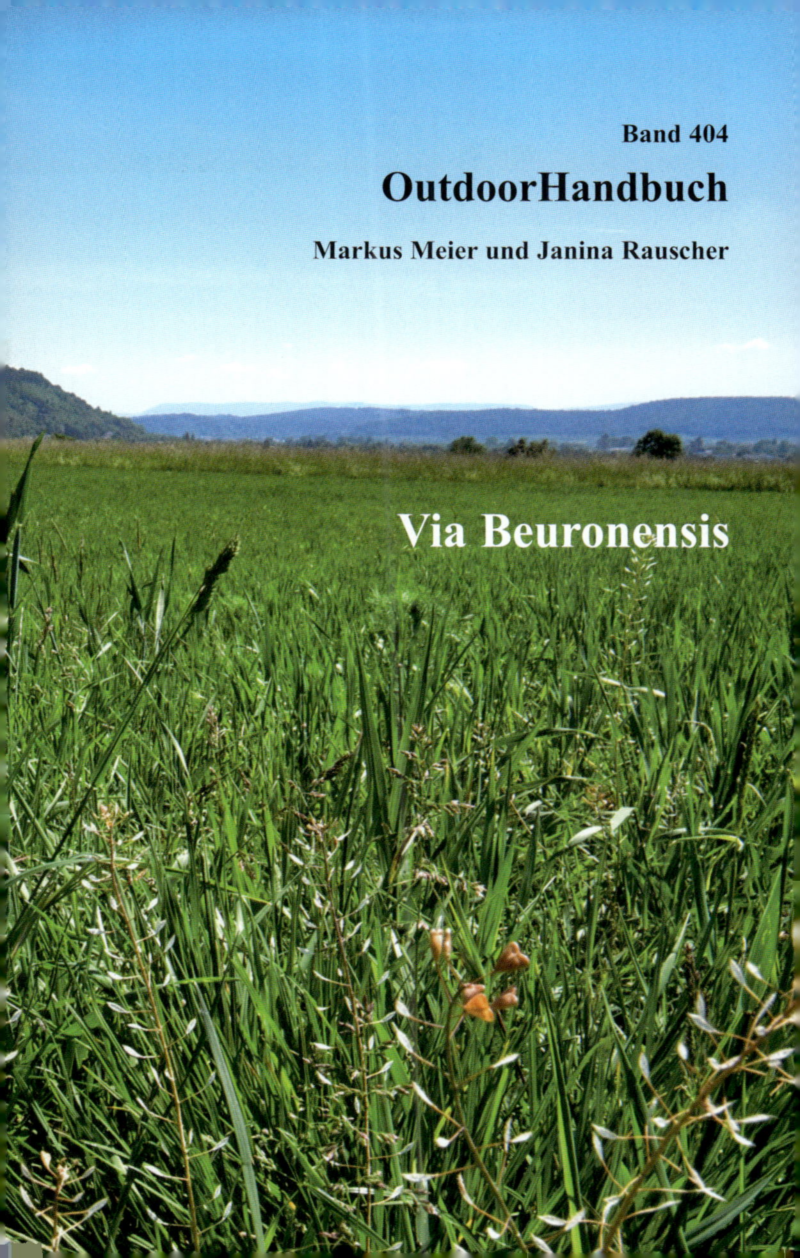

Band 404

OutdoorHandbuch

Markus Meier und Janina Rauscher

Via Beuronensis

Via Beuronensis

Dieses OutdoorHandbuch wurde konzipiert und redaktionell erstellt vom:

Conrad Stein Verlag GmbH
Kiefernstr. 6, 59514 Welver
☏ 023 84/96 39 12
info@conrad-stein-verlag.de
www.conrad-stein-verlag.de
www.facebook.com/outdoorverlag
www.instagram.com/outdoorverlag

Klimaneutral
Druckprodukt
ClimatePartner.com/53106-2302-1002

Als Outdoor-Verlag sind uns der Schutz und die Erhaltung der Natur seit jeher ein besonderes Anliegen. Auch in Sachen Klimaschutz haben wir eine Vorreiterrolle inne: Wir sind der einzige Buchverlag in Deutschland, der bereits seit 2008 seine Bücher konsequent klimaneutral in Deutschland produzieren und transportieren lässt. Dabei wird nicht nur klimaneutral, sondern auch nachhaltig, d. h. so umweltschonend wie möglich produziert, z. B. durch die Auswahl von umweltfreundlichen Materialien. Die bei der Produktion der Bücher entstandenen CO_2-Emissionen werden durch die Unterstützung von zertifizierten Klimaschutzprojekten ausgeglichen. Jedes Buch wird daher mit dem Logo „klimaneutral" und einer ClimatePartner-Zertifikatsnummer versehen. Mithilfe dieser Nummer können Sie unter www.climatepartner.com Informationen zu der eingesparten CO_2-Menge und dem Projekt finden, das mit der Abgabe gefördert wird.

Das Engagement des Conrad Stein Verlags wurde im Rahmen des Projekts „Klimaneutraler Buchverlag" mit dem Westenergie Klimaschutzpreis 2022 ausgezeichnet.

OutdoorHandbuch Band 404

ISBN 978-3-86686-763-5 2., überarbeitete Auflage 2023

Text und Fotos: Markus Meier und Janina Rauscher (mr), Doris Kurz (dk)
Karten: Heide Schwinn, Dieter Großelohmann
Lektorat: Anna-Lena Ebner
Layout: Ulrich Clasen

Gesamtherstellung: AZ Druck und Datentechnik GmbH, Kempten

Dieses OutdoorHandbuch hat 192 Seiten mit 78 farbigen Abbildungen sowie 32 farbigen Kartenskizzen im Maßstab 1:100.000, 26 farbigen Höhenprofilen, 3 farbigen Stadtplänen und einer farbigen, ausklappbaren Übersichtskarte.

Alle Informationen, schriftlich und zeichnerisch, wurden nach bestem Wissen zusammengestellt und überprüft. Sie waren korrekt zum Zeitpunkt der Recherche. Eine Garantie für den Inhalt, z. B. die immerwährende Richtigkeit von Preisen, Adressen, Telefonnummern und Internetadressen, Zeit- und sonstigen Angaben, kann naturgemäß von Verlag und Autor – auch im Sinne der Produkthaftung – nicht übernommen werden.

Autor und Verlag freuen sich über Ihr Feedback. Schreiben Sie Ihre Tipps und Verbesserungen an info@conrad-stein-verlag.de oder nutzen Sie unsere Social-Media-Kanäle. Bitte nennen Sie dabei Titel, Auflage und Seitennummer.

Dieses Buch ist im Buchhandel und in Ausrüstungsläden erhältlich und kann im Internet oder direkt beim Verlag bestellt werden.

Titelfoto: Kloster Beuron, Beuroner Jakobsweg, 3. Etappe (mr)

Inhalt

☺ Eine **Übersichtskarte** des Weges, **Autorenprofil** sowie eine Liste aller verwendeten **Symbole** in diesem Buch finden Sie auf den vorderen und hinteren Umschlagseiten bzw. -klappen.

Einleitung

Bereits im Mittelalter war der Jakobsweg als Pilgerweg in Europa bekannt. Ganz Europa war im Pilgerfieber. Mit einer Muschel als Erkennungszeichen an Kragen oder Hut und einem langen Wanderstab machten sich die Pilger auf den Jakobsweg in Richtung Spanien. Das Wegenetz führte durch ganz Deutschland, die Schweiz und Frankreich bis nach Santiago de Compostela.

Warum eigentlich Santiago? Die spanische Legende erzählt, dass der im Jahr 44 hingerichtete Apostel Jakobus dort begraben liegt. Angeblich haben die Jünger seinen Leichnam nach der Hinrichtung in Jerusalem in die nahe Hafenstadt Jaffa getragen, wo sie ein Schiff an der Küste wundersam zu erwarten schien. Sie seien mit dem Toten eingestiegen und hätten den Segeln freien Lauf gelassen. Nach abenteuerlicher Fahrt sei das Schiff schließlich in Iria Flavia, dem heutigen Ort Pardrón, eingelaufen. Nicht weit von der Küste entfernt sei dann Jakobus begraben worden. Im Sommer 813 wurde das Grab von einem Hirten wiederentdeckt. Dieser eilte, nachdem ihm Engel mitgeteilt haben sollen, dass es sich um die Gebeine des Apostels Jakobus handele, zum Bischof von Iria Flavia und unterrichtete diesen. Der Bischof folgte dem Hirten und entdeckte somit ganz offiziell die Reliquie. König Alfonso (759-842) begab sich, als er die Kunde vernahm, sofort zu der Fundstelle. Er gilt heute nicht nur als der erste Pilger, sondern deklarierte den heiligen Jakobus auch zum Nationalheiligen, zum Beschützer des Christentums im damals vom Islam geprägten Spanien. Über dem Grab wurde eine Kirche errichtet und schon bald entstand eine Ortschaft, die vor allem von den wachsenden Pilgerströmen lebte. Der Ort wurde nach dem heiligen Jakob (Santiago) und dem Feld (lat. campus), über dem die Sterne (lat. stella) leuchten, benannt.

Als bekannt wurde, dass man das Grab des Jakobus in Galicien im fernen Nordwestspanien entdeckt hatte, zogen ab dem Jahr 813 Hunderttausende von Menschen nach Spanien. Sie pilgerten nach Santiago de Compostela, um am Grab des Apostels für die Vergebung ihrer Sünden zu beten. Für lange Zeit hatte die Stadt für die europäische Christenheit einen ebenso hohen Stellenwert wie Rom oder Jerusalem. Und so machten sich von überall her Bettler und Könige, Gesunde und Kranke, Junge und Greise auf die mehrmonatige Reise nach Spanien. Ein ganzes Wegesystem führte kreuz und quer durch Europa nach Santiago. Entlang der Pilgerrouten entstanden Hospize, Kirchen und Kapellen. Wie ein Netz überzogen die verschiedenen Jakobswege aus allen Regionen Europas die alte Welt.

In der Neuzeit geriet der Weg schließlich in Vergessenheit. Doch in den vergangenen dreißig Jahren hat er eine bemerkenswerte Renaissance erfahren. 1987 erklärte der Europarat den Jakobsweg nach Santiago zum ersten Kulturweg Europas, seitdem gehört der Weg zum UNESCO-Weltkulturerbe. Dies löste in ganz Europa eine zweite Wanderwelle auf dem Jakobsweg aus. Wurden 1987 gut 3.000 Pilger pro Jahr registriert, waren es im Jahr 2002 69.039 Pilger, die sich im katholischen Pilgerbüro in Santiago meldeten. Seitdem ist die Zahl weiter gestiegen: 2013 waren es bereits 215.880 Pilger. Jeder, der zu Fuß, per Rad oder auf dem Pferderücken Santiago erreicht und anhand von diversen Stempeln in seinem Pilgerausweis nachweisen kann, dass er zumindest die letzten 100 km zu Fuß bzw. 200 km auf dem Rücken eines Pferdes oder per Rad zurückgelegt hat, erhält eine Urkunde. In Spanien und Frankreich wird die Urkunde „Compostela" zunehmend in Bewerbungsunterlagen verwendet. Die Bewerber zeigen damit, dass sie über eine Fachkompetenz hinaus auch in sozialem und spirituellem Verhalten eingeübt sind und über Durchhaltevermögen verfügen. Manche Firmen verlangen den Nachweis einer Pilgerfahrt nach Santiago regelrecht als Qualifikationsbeleg.

Viele Menschen hegen den Wunsch, sich auf den Jakobsweg zu begeben, und das meist nicht allein aus christlichen Motiven. Sie suchen Ruhe und Entspannung, wollen dem häufig hektischen Alltag entfliehen, die Einfachheit des Pilgerlebens spüren. Vielfältig sind die Gründe für den „eigenen" Jakobsweg. Und trotzdem sprechen viele der Heimgekehrten von ähnlichen Erfahrungen: sich immer wieder bewusst auf den Weg zu machen, nicht auf der Stelle zu treten, auf ein Ziel zuzugehen, andere mitzunehmen und zu ermutigen, sich selbst zu bestärken und unterstützt zu werden – all das lässt sich spüren, wenn man seinen Rucksack schnürt und sich auf Wanderschaft begibt.

Wir hoffen, dass Sie sich – angeregt durch dieses Buch – in Ihrem Wunsch bestärkt fühlen und sich auf den Weg machen.

Wir wünschen Ihnen, dass Sie mit vielen positiven Erfahrungen von Ihrer Pilgerreise zurückkehren.

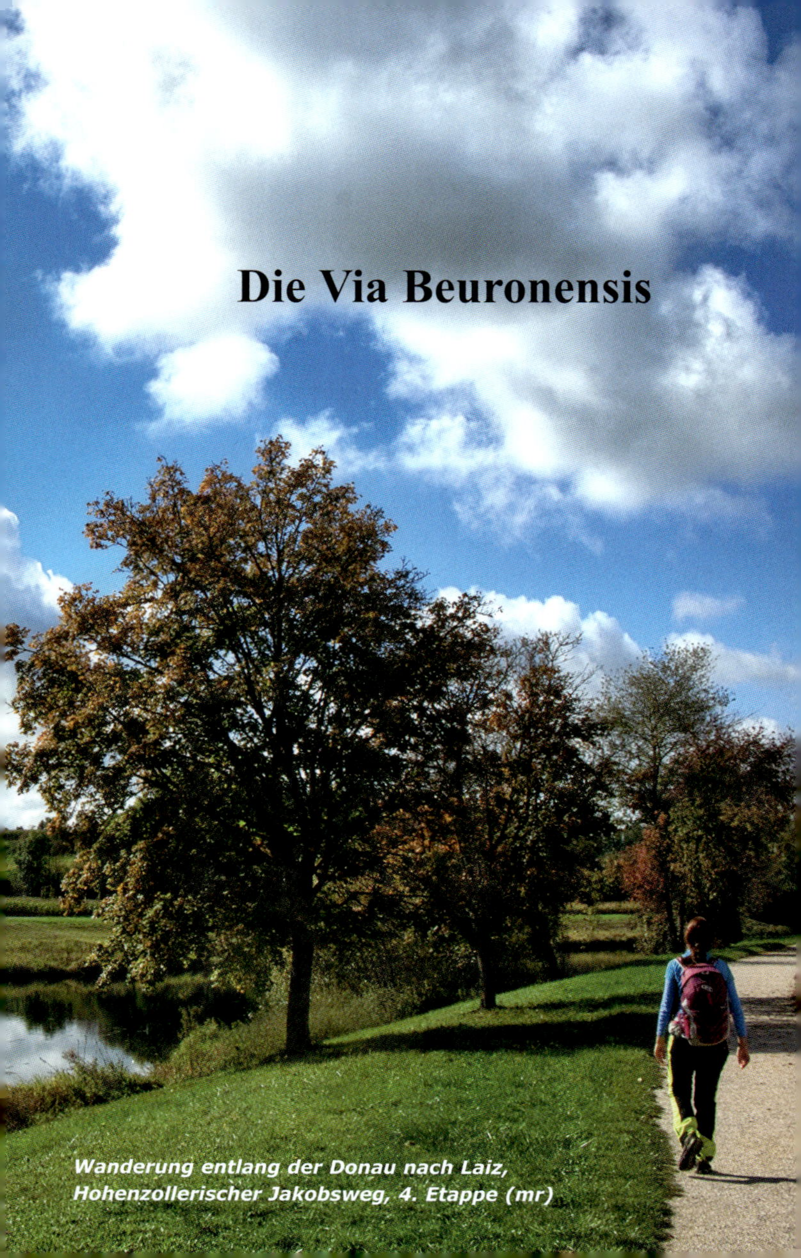

Wanderung entlang der Donau nach Laiz, Hohenzollerischer Jakobsweg, 4. Etappe (mr)

Natürlich wanderten im Mittelalter auch viele Pilger durch Baden-Württemberg oder brachen von hier auf. Wie groß dieses Abenteuer im Mittelalter gewesen sein muss, kann man nur erahnen. Die meisten Menschen kannten nur die Umgebung ihres Heimatdorfes. Selten kam man in der eigenen Heimat mit Fremden in Berührung, schon gar nicht mit Menschen, die eine völlig andere Sprache sprachen, andere Gewohnheiten oder Sitten hatten.

Außerdem war die Pilgerfahrt eine Reise voller Gefahren: Räuber lauerten am Wegesrand, Krankheiten waren keine Seltenheit und die Anstrengung des Weges brachte viele an den Rand der Erschöpfung. Die Gefahren des Weges dokumentieren noch heute Kirchenbücher, in denen sich der Vermerk „Blieb auf Jakobs Straß" bei den vielen verstorbenen oder nicht heimgekehrten Pilgern findet. Wer nach Santiago aufbrach, der nahm bewusst Abschied von der Heimat und der Familie, in der Gewissheit, dass es bis zu einer glücklichen Rückkehr lange dauern würde.

Konstanz, der Endpunkt der Via Beuronensis, war schon im Mittelalter Ziel zahlreicher Pilger. Es war als Sitz des Fürstbischofs eine wichtige Zwischenstation auf dem Weg nach Santiago. Auch der Oberschwäbische Jakobsweg von Ulm kam hier an. Hier sammelten sich die Pilger und gingen auf dem Schwabenweg weiter zum Kloster Maria Einsiedeln im Kanton Schwyz.

Im Rahmen eines Projektes des Europa-Zentrums Tübingen/Stuttgart wurde der Jakobsweg zwischen Tübingen und Konstanz als europäischer Weg wiederbelebt. Eine Projektgruppe unter Moderation von Bruder Jakobus Kaffanke von der Erzabtei Beuron schilderte den Weg aus. 2009 wurde der Wegabschnitt in Santiago de Compostela offiziell anerkannt.

Seit 2008 wird die Beuroner Jakobspilger-Gemeinschaft aufgebaut. Hier erhalten Sie Beratung bei der Planung und Durchführung der Pilgerreise.

Die Via Beuronensis teilt sich in sechs verschiedene Jakobswege:

Der Tübinger Jakobsweg führt von Tübingen zum Bischofssitz nach Rottenburg am Neckar und weiter nach Hechingen.

Der Hohenzollerische Jakobsweg bringt Sie von Hechingen über das Killertal nach Burladingen und weiter über Veringenstadt nach Sigmaringen. Über das ehemalige Kloster Inzigkofen pilgern Sie schließlich nach Meßkirch.

Auf dem Beuroner Jakobsweg wandern Sie von Hechingen nach Balingen und weiter über das Tieringer Hörnle und Nusplingen nach Beuron zum namensgebenden Kloster. Von dort geht es über Buchheim ebenfalls nach Meßkirch.

Der Linzgauer Jakobsweg setzt in Meßkirch an und verläuft über das Kloster Wald nach Pfullendorf und weiter nach Überlingen am Bodensee. Nach einer Schifffahrt über den See erreichen Sie Konstanz.

Der Habsthaler Jakobsweg führt von Bad Saulgau über das Kloster Sießen zum Kloster Habsthal und weiter nach Pfullendorf. Er wurde 2020 verlängert und kann nun bereits in Ulm begonnen werden.

Auf dem Hegauer Jakobsweg starten Sie im Kloster Wald und gehen über Stockach nach Ludwigshafen am Bodensee. Über Bodman und Markelfingen pilgern Sie schließlich zum Kloster Hegne und weiter nach Konstanz.

Pilgerausweis

Das wichtigste Dokument des Pilgers war der Pilgerausweis (sp.: *credencial de peregrino*). Dieser Ausweis, oft verbunden mit einem Empfehlungs- und Geleitschreiben, war notwendig, um in Herbergen und Hospitälern aufgenommen zu werden. Im Norden Spaniens ist das heute noch ähnlich. Die preisgünstigen Herbergen, die auf dem Hauptweg liegen, sind denjenigen vorbehalten, die zu Fuß, mit dem Rad oder zu Pferd pilgern. Die Stempel ⦿ im Pilgerausweis dokumentieren den zurückgelegten Weg und belegen, dass man berechtigt ist, in einer der Herbergen zu übernachten.

Bei der Beuroner Jakobspilger-Gemeinschaft (Comunidad de Peregrinos de Beuron) können Sie ganzjährig einen offiziellen Pilgerpass bestellen (Adresse ☞ Reise-Infos von A bis Z, Informationen und Internetlinks). Die Gemeinschaft ist seit dem 23. Mai 2009 mit der Universalen Erzbruderschaft in Santiago de Compostela assoziiert. Das Bestellformular können Sie unter folgender Internetadresse herunterladen: 💻 www.via-beuronensis.de/pilgerpass.html.

Die Bearbeitungszeit dauert ungefähr eine Woche.

Pilgerurkunde/Testimonium

Wie bei anderen großen Pilgerwegen wird auch für die Via Beuronensis eine Urkunde/ein „Testimonium" ausgestellt. Die Urkunde bekommt jeder, der durch die Pilgerstempel nachweisen kann, dass er oder sie mindestens 100 km zwischen Tübingen und Konstanz zurückgelegt hat. Gerne darf der Nachweis auch für mehr Kilometer sein. Die Urkunde können Sie im Jakobspilgerbüro in Beuron persönlich oder per Briefpost anfragen. Die Urkunde ist kostenfrei, Spenden werden aber gerne angenommen. Eine Pilgerin aus Sigmaringen gestaltet die Urkunde grafisch.

Die Jakobsmuschel

Die Jakobsmuschel galt als Zeichen für die Pilgerschaft nach Santiago und diente auch als Nachweis, dass man das ferne Ziel erreicht hatte. Von Santiago aus wanderten viele Pilger weiter in das ca. 90 km entfernte Kap Finisterre – das Ende der Welt –, wo man die Muschel am Strand finden konnte. Später wurden Jakobsmuscheln auch in Santiago verkauft und waren somit eine wichtige Einnahmequelle für den Wallfahrtsort.

Der Legende nach ritt ein spanischer Adeliger einst dem Schiff entgegen, das mit dem Leichnam des Jakobus nach Spanien einlief. Er stürzte und versank im Meer. Vermutlich wäre er ertrunken, wenn nicht der heilige Jakob ihn persönlich aus den Fluten gerettet hätte. Als er jedoch dem Wasser entstieg, war sein Körper mit Jakobsmuscheln bedeckt. Deshalb tragen Pilger Jakobsmuscheln als Symbol des Schutzes bei sich. Sie gilt unter den Wanderern als Erkennungszeichen und dient gleichzeitig auch zum Schöpfen und Trinken von frischem Wasser. In der christlichen Symbolik bedeutete die Muschel, dass der heilige Jakob den Pilger zu den Quellen Gottes führen möge. Papst Benedikt XVI. nahm die Jakobsmuschel bei seinem Amtsantritt 2005 in sein Wappen auf und stellte sich damit selbst als Pilger Gottes dar.

Pilgersegen

Den Pilgersegen bekommt man eigentlich vor dem Aufbruch zur Pilgerreise. Daher empfiehlt es sich, in seiner Heimatgemeinde nachzufragen.

Das heilige Jahr

Seit 1122 feiert Santiago de Compostela das heilige Jahr. Papst Calixtus II. rief in diesem Jahr den Jubiläumsablass in der Kirche des heiligen Jakobus aus. Das heilige Jahr wird seither immer dann gefeiert, wenn der Jakobstag, der 25. Juli, auf einen Sonntag fällt. Wer in einem heiligen Jahr zum Grab des Jakobus pilgert, erhält einen vollständigen Ablass der Sünden. Zahlreiche Veranstaltungen in Santiago de Compostela finden dann zu Ehren des Patrons von Spanien statt. In den Jubeljahren sind immer besonders viele Pilger und Touristen unterwegs. Das Jahr 2021 war das letzte heilige Jahr. Es wurde von Papst Franziskus aufgrund der Coronapandemie bis 2022 verlängert. Das nächste heilige Jahr wird 2027 gefeiert. Danach folgt das Jahr 2031 als heiliges Jahr.

Reise-Infos von A bis Z

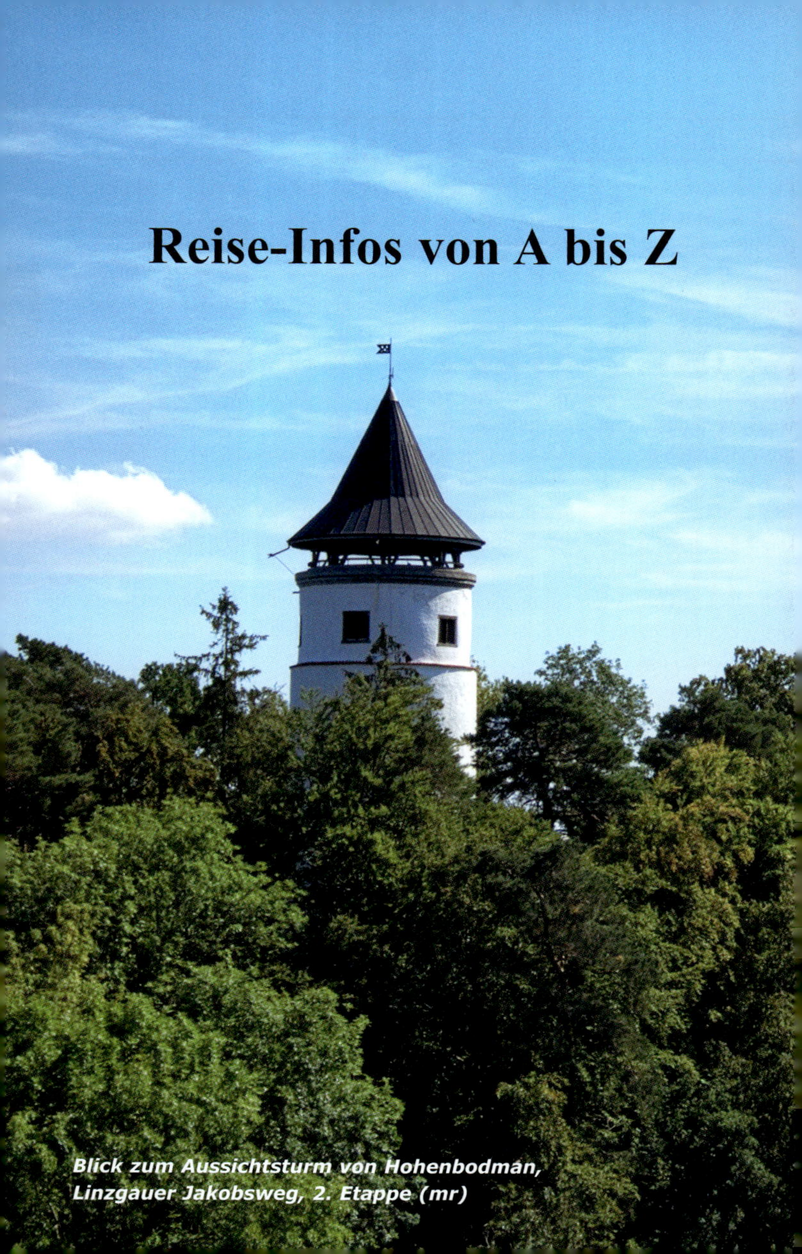

Blick zum Aussichtsturm von Hohenbodman, Linzgauer Jakobsweg, 2. Etappe (mr)

An- und Abreise

Für die Begehung des Jakobsweges Via Beuronensis empfiehlt es sich, mit den öffentlichen Verkehrsmitteln anzureisen. Zentraler Anlaufpunkt ist die schwäbische Universitätsstadt Tübingen.

Nach Tübingen fahren Sie von Norden über die A8 (Autobahn Karlsruhe – Stuttgart – München) nach Stuttgart. Dort wechseln Sie auf die zweispurig ausgebaute B27, an der sich direkt Tübingen befindet. Von Süden kommen Sie über die Autobahn A81 Singen – Stuttgart und fahren bis zur Ausfahrt Rottenburg. Von dort geht es weiter auf der B28 über Rottenburg nach Tübingen. Allerdings ist ein mehrtägiges Parken des Fahrzeugs in Tübingen schwierig, weshalb wir eine Anreise mit dem Pkw eher nicht empfehlen.

Auch Ulm bietet sich als Startpunkt für den Jakobsweg an. Die Stadt liegt verkehrsgünstig an der A8 München – Stuttgart bzw. der A7 Füssen – Ulm.

Vom Stuttgarter Hauptbahnhof, der an das ICE-Netz in Deutschland angeschlossen ist, braucht der Zug (Regionalbahn) ungefähr 45 bis 55 Min. bis Tübingen.

Ein sehr guter Startpunkt ist Ulm für den verlängerten Habsthaler Jakobsweg. Die Stadt ist gut an das Netz der Deutschen Bahn angeschlossen.

www.bahn.de

Mit dem Flixbus können Sie ohne Umsteigen von Berlin, München, Frankfurt am Main, Freiburg, Konstanz oder Karlsruhe nach Tübingen fahren.

www.flixbus.de

Südlich von Stuttgart liegt der Stuttgarter Flughafen, der von vielen innerdeutschen Flughäfen angeflogen wird. Über die S-Bahn (Linien S2 und S3) besteht eine schnelle Anbindung zum Stuttgarter Hauptbahnhof. Die Fahrzeit beträgt ungefähr 30 Minuten. Der Schnellbus eXpresso (Linie X3) fährt in etwa 40 Minuten vom Flughafen nach Reutlingen, von wo aus Sie mit der Bahn nach Tübingen gelangen. Der Airportsprinter (Linie 828) bringt Sie sogar direkt nach Tübingen, die Fahrzeit beträgt je nach Route zwischen 50 und 60 Minuten.

Für die Rückreise vom Ende des Jakobsweges in Konstanz fahren Sie am besten mit der Deutschen Bahn wieder zurück nach Tübingen, Stuttgart oder Ulm.

Durch die guten Verbindungen der Hohenzollerischen Landesbahn besteht auch die Möglichkeit, an einem verlängerten Wochenende nur Abschnitte des Jakobsweges zu wandern und dann mit dem Zug zum Ausgangspunkt zurückzufahren. Die Bahn verkehrt von Tübingen über Hechingen und Balingen bzw. Hechingen und Gammertingen bis nach Sigmaringen.

Ab Konstanz können Sie auf dem Schweizer Jakobsweg weiterwandern. Details für den Weiterweg entnehmen Sie dem Jakobswegführer von Hartmut Engel:

Schweiz: Jakobsweg vom Bodensee zum Genfersee von Hartmut Engel, Conrad Stein Verlag, Wanderführer, ISBN 978-3-86686-656-0, € 18,90

Ausrüstung

Um den Jakobsweg vollauf genießen zu können, sollten Sie in die Vorbereitung ein wenig Zeit investieren und überlegen, ob Sie mit Ihrer Ausrüstung viele Stunden am Tag bequem unterwegs sein können.

Der Rucksack sollte gut am Rücken sitzen, ohne Druckstellen zu verursachen. Für eine Mehrtagestour brauchen Sie einen Rucksack mit gutem Tragesystem. Übertreiben Sie es nicht mit dem Volumen und damit dem Gewicht. 40 Liter sollten reichen; wer einen Schlafsack und eine Isomatte zur Übernachtung in Pilgerherbergen mitnimmt, sollte mit 50 Litern auskommen.

Lassen Sie sich am besten in einem guten Bergsportgeschäft beraten, denn Tragegestelle, Material etc. sind heute sehr unterschiedlich. Sie sollten sich unbedingt aus den verschiedenen Modellen ein Fabrikat heraussuchen, das gut zur eigenen Körperform passt. Häufig können Sie sich bei der Kaufberatung Gewichte in den Rucksack geben lassen, sodass Sie vor dem Kauf ein Gefühl dafür bekommen, wie bequem sich der Rucksack tragen lässt, wenn er 10 bis 15 kg schwer ist.

Eine Regenhülle, die manchmal auch schon im Rucksack integriert ist, hält Ihr Gepäck bei Regen trocken. Sollte dem nicht so sein, dann besorgen Sie sich noch einen passenden Regenschutz für den Rucksack. Abends in der Herberge feststellen zu müssen, dass die Habe feucht geworden ist, ist eine sehr unangenehme Erfahrung.

Outdoorbekleidung aus modernen Fasern ist strapazierfähig, leicht und trocknet extrem schnell. Sie sollten einkalkulieren, dass Sie öfter waschen müssen, denn das gesamte Gepäck für mehrere Tage Fußmarsch können Sie unmöglich auf Ihren Schultern tragen. Daher sollten Sie die Kleidung und Wäsche unter dem

Aspekt auswählen, dass sie leicht ist, schnell trocknet und bequem zu tragen ist. Wirklich nur das Notwendigste bei sich zu tragen, auszuwählen, was einem wichtig ist und auf was Sie verzichten können, diese Erfahrungen gehören mit zu den einprägsamsten Eindrücken auf dem Jakobsweg.

Regenbekleidung ist unverzichtbar. Nichts ist schlimmer, als wenn Sie einen Schauer abbekommen und für den Rest des Tages nasse Kleidung am Leib tragen. Es hat sich gezeigt, dass es sinnvoll ist, eine wasserdichte Goretex-Jacke mitzunehmen. Diese hält warm, schützt vor Wind und reicht bei leichtem Nieselregen völlig aus.

Einen Schlafsack zum Übernachten brauchen Sie für den Jakobsweg Via Beuronensis nur bei einzelnen Unterkünften, bei denen wir es auch angegeben haben bzw. in den wenigen Jugendherbergen. Ansonsten übernachten Sie in Hotels oder Privatunterkünften. Auch auf ein großes Handtuch im Gepäck können Sie verzichten. Sollten Sie allerdings planen, in die Schweiz weiterzuwandern, empfiehlt es sich, einen Schlafsack dabeizuhaben. Denn in der Schweiz gibt es viele günstige Unterkünfte – z. B. „Schlafen im Stroh" –, in denen Sie auf einen Schlafsack nicht verzichten sollten.

An der Donau bei Oberdischingen, Bussen und Habsthaler Jakobsweg, 1. Etappe (dk)

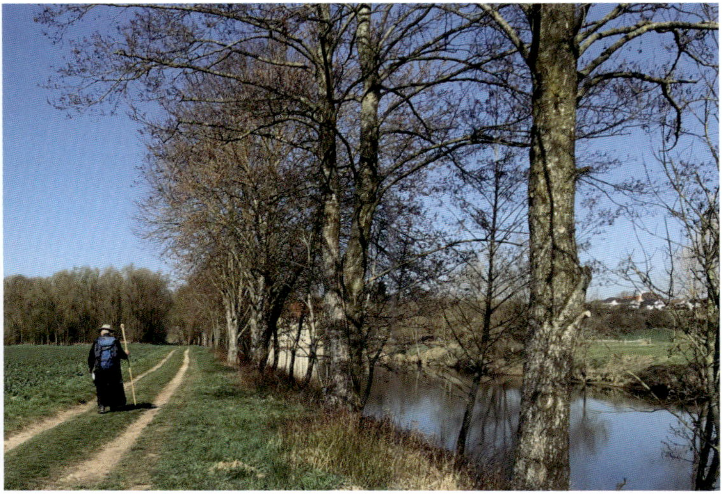

Bei den Unterkünften ist allerdings zu beachten, dass sie in den letzten Jahren seit der Coronakrise deutlich teurer geworden sind und die Jugendherbergen auch gerne einmal ausgebucht sind. Daher empfiehlt sich eine rechtzeitige Buchung.

Die Wanderschuhe sollten gut passen, knöchelhoch sein und eine stabile Sohle aufweisen. Abraten müssen wir von Sandalen oder Turnschuhen. Diese sind für Wanderungen nicht geeignet.

Am wichtigsten ist es, Blasen vorzubeugen, denn wenn die Füße erst einmal wund sind, wird das Wandervergnügen oft zur Qual. Die wichtigsten Tipps zur Vorbeugung sind, nur eingelaufene Schuhe und möglichst speziell gepolsterte Socken oder Strümpfe ohne Nähte zu tragen. Pflegen Sie Ihre Füße auf dem Jakobsweg gut und halten Sie sie trocken. Nicht nur bei großer Hitze ist es ratsam, während der Pause die Schuhe auszuziehen und die Socken trocknen zu lassen. Ein kaltes Fußbad an einem Fluss kühlt zwar vorübergehend, lässt jedoch die Haut aufquellen und somit das Blasenrisiko ansteigen. Jakobspilger tauschen sich auf dem Weg und in den Herbergen gerne über ihre Erfahrungen aus, wie sich Blasen vermeiden lassen. Sinnvoll ist es in jedem Fall – ob Sie zu Blasen neigen oder nicht – vorbeugend ein paar spezielle Blasenpflaster einzupacken. Das Blasenpflaster hält unserer Erfahrung nach am besten, wenn es zusätzlich noch mit Leukoplast festgeklebt und dann mehrere Tage nicht abgenommen wird. Dann kann die Blase schnell verheilen.

Ein Wanderstock entlastet die Gelenke und stützt vor allem, wenn Sie Gewicht auf dem Rücken tragen. Die Erfahrung zeigt, dass zwei leichte Teleskopstöcke am besten sind. Ihre Länge kann individuell angepasst werden. Sie können diese auch platzsparend am bzw. im Rucksack verstauen.

Achten Sie darauf, dass Sie von allem nur das Nötigste mitnehmen und keine Vorräte mitschleppen. Überall am Weg können Sie einkaufen und notfalls auch Ihre Kosmetikartikel ergänzen.

📖 **Trekking ultraleicht** von Stefan Dapprich und Stefan Kuhn, Conrad Stein Verlag, Basiswissen für draußen, ISBN 978-3-86686-654-6, € 9,90

Packliste (inklusive der Dinge, die Sie anziehen):

- ☐ Rucksack mit gutem Tragesystem (40-50 l)
- ☐ Regenhülle für den Rucksack
- ☐ Regenjacke aus Goretex, möglichst leicht
- ☐ Wanderhose (Praktisch ist eine Hose mit aufgesetzter Beintasche. Dann haben Sie die Wanderkarte und den Wanderführer immer griffbereit.)

- ☐ leichte Ersatzhose
- ☐ Wanderhemd und/oder -shirt (je nach Temperaturen/Jahreszeit lang- oder kurzärmelig)
- ☐ Wanderschuhe, evtl. leichte Ersatzschuhe für abends
- ☐ ein bis zwei Hemden bzw. Shirts
- ☐ Fleecepullover
- ☐ Unterwäsche
- ☐ zwei bis drei Paar Wandersocken
- ☐ Mütze, Handschuhe (im Winter), Sonnenhut (Sommer)
- ☐ Wanderstöcke
- ☐ Schlafanzug (bei Bedarf)
- ☐ Badehose, -anzug
- ☐ Geld, EC- und Kreditkarte, Ausweis, Pilgerausweis, Jugendherbergsausweis, Bahncard, Fahrkarten. Überflüssige Karten lassen Sie zu Hause.
- ☐ Wanderkarten, dieser Wanderführer
- ☐ Taschenmesser
- ☐ Erste-Hilfe-Paket (☞ Erste Hilfe)
- ☐ Zahnbürste und -creme, Kamm oder Haarbürste, Fußcreme, Duschgel und Shampoo
- ☐ Handtuch, Waschlappen
- ☐ Seidenschlafsack für Jugendherbergen
- ☐ Taschen- oder Stirnlampe
- ☐ Kompass, besser GPS-Gerät
- ☐ Fotoapparat (inkl. Ladegerät, zweitem Akku und Speicherkarten)
- ☐ evtl. Regenschirm
- ☐ Sonnenbrille
- ☐ Handy und Ladegerät
- ☐ Verpflegung für die Anfahrt, evtl. auch für unterwegs
- ☐ Wasserflasche (mind. 1 Liter) oder Getränkesack

Einkaufen

In den größeren Orten wie zum Beispiel Tübingen, Hechingen, Sigmaringen und Balingen gibt es Supermärkte, die häufig bis 21:00 oder sogar 22:00 geöffnet haben. In den kleineren Ortschaften finden Sie immer wieder Bäckereien und Metzgereien. Diese schließen in der Regel um 18:00, samstags meistens schon um 12:00.

Erste Hilfe

Jeder Wanderer sollte in der Lage sein, einfache Verletzungen selbst zu versorgen. Zu einer eigenen Ausstattung sollten Pflaster, spezielles Blasenpflaster, Leukotape, Rettungsdecke, Nagelschere, Desinfektionsmittel, eine infektionshemmende Salbe und Verbandsmaterial gehören. Zudem sollten Sie Insekten- und Sonnenschutz sowie Toilettenpapier für den Notfall mitnehmen. Ebenfalls sollten Sie an mögliche persönliche Medikamente denken. Häufig gibt es im Fahrradhandel oder im Sportgeschäft kleine Beutel, in denen Sie das Wichtigste für die Erste Hilfe schon gut sortiert vorfinden.

Die Notrufnummer ☏ 112 sollten Sie auf jeden Fall im Kopf haben. Wir finden es sehr ratsam, ein Mobilfunktelefon dabeizuhaben, um im Fall der Fälle schnell Hilfe rufen zu können. Sie haben unterwegs überall guten Empfang zum Telefonieren.

Im Notfall heißt es Ruhe bewahren und an die fünf „W's" zu denken:

▷ Wo geschah der Notfall?
▷ Was passierte?
▷ Wie viele Personen sind betroffen?
▷ Welche Art von Notfall liegt vor?
▷ Warten auf Rückfragen!

Ärzte und Apotheken finden Sie in der Regel nur in größeren Ortschaften, Krankenhäuser meist nur in der jeweiligen Kreisstadt.

Wichtig ist auch, dass Sie genügend zu trinken dabeihaben. Zwei Liter sollten Sie tagsüber auf jeden Fall trinken. Zu wenig Flüssigkeit kann schnell zu Leistungsabfall bzw. zu Kreislaufschwierigkeiten führen.

Fahrradfahrer

Viele Abschnitte der Via Beuronensis sind mit dem Fahrrad befahrbar. Notwendige Umfahrungen haben wir an den jeweiligen Stellen beschrieben. Beim Gepäck sollten Sie vor allem auf das Gewicht achten. Für den Transport empfehlen sich Satteltaschen, sodass Sie nicht alles auf dem Rücken transportieren müssen.

📖 **Radreisen** von Andreas Bugdoll, Conrad Stein Verlag, Basiswissen für draußen, ISBN 978-3-86686-657-7, € 9,90

Geld

Kreditkarten werden nicht in jeder Unterkunft akzeptiert, in der Regel nur in den Hotels in den Tourismusregionen. Das Bezahlen mit EC-Karte ist hingegen meistens kein Problem, sehr gerne wird aber vor allem Bargeld angenommen. Geldautomaten finden Sie in den größeren Orten am Weg. Am häufigsten gibt es Sparkassen und Volksbanken. Einige Unterkünfte bei Konstanz liegen auf der Schweizer Seite in Kreuzlingen. Hier empfiehlt es sich, Schweizer Franken zu besorgen.

Gepäcktransport

Zu den wesentlichen Erfahrungen auf dem Jakobsweg gehört eigentlich, dass man nur so viel Gepäck bei sich hat, wie man selbst tragen kann. Nichtsdestotrotz gibt es Wanderer, denen das schwere Gepäck zu schaffen macht oder die aus gesundheitlichen Gründen selbst nicht mehr viel tragen dürfen. Leider gibt es aktuell noch keinen Veranstalter, der Ihr Gepäck transportiert. Manchmal übernehmen Unterkünfte diesen Service – fragen Sie einfach nach.

GPS

Die GPS-Tracks zu den beschriebenen Wegen können Sie von der Internetseite des Verlags herunterladen.

💻 www.conrad-stein-verlag.de

📖 **GPS** *Grundlagen · Tourenplanung · Navigation* von Michael Hennemann, Conrad Stein Verlag, Basiswissen für draußen, ISBN 978-3-86686-769-7, € 12,90

Hunde auf dem Jakobsweg

Generell ist ein Pilgern mit Hund gut möglich. Immer wieder aber gibt es geteerte und geschotterte Abschnitte. Somit ist der Untergrund für die Hunde mitunter etwas anstrengend. Die Etappen sind von der Länge her für Hunde gut machbar. Achten Sie aber bitte darauf, Wasser für Ihren Hund mitzunehmen, Sie finden eher selten Trinkmöglichkeiten.

Auch bei den Übernachtungsmöglichkeiten werden Sie nicht überall mit Ihrem vierbeinigen Freund unterkommen. Deshalb empfiehlt es sich, vor Antritt der Pilgerwanderung mit jeder Unterkunft zu klären, ob ein Hund willkommen ist.

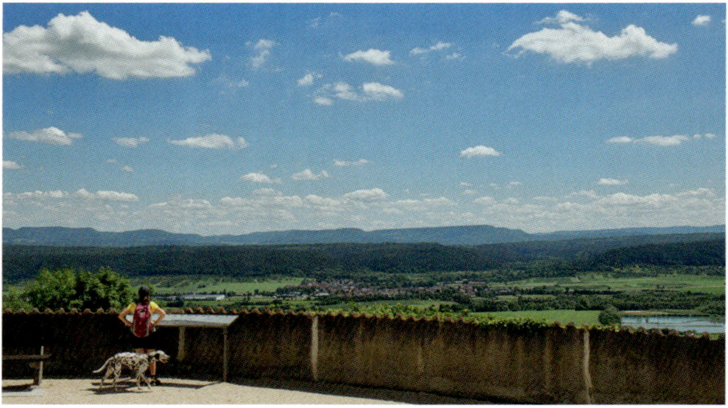

Weit reicht der Blick von der Wurmlinger Kapelle, Tübinger Jakobsweg, 1. Etappe (mr)

Informationen und Internetlinks

Allgemeine touristische Informationen erhalten Sie bei folgenden Stellen:

- Tourismus Baden-Württemberg, Esslinger Straße 8, 70182 Stuttgart, ☏ 07 11/23 85 80, info@tourismus-bw.de, www.tourismus-bw.de
- Tourismus Schwäbische Alb, Bismarckstraße 21, 72574 Bad Urach, ☏ 071 25/939 30-0 info@schwaebischealb.de, www.schwaebischealb.de
- Tourismus Bodensee, Hafenstraße 6, 78462 Konstanz, ☏ 075 31/90 94 30, info@bodensee.eu, www.bodensee.eu

An vielen Orten erhalten Sie Auskünfte von den kommunalen Fremdenverkehrsämtern. Im Text sind sie mit dem Symbol i gekennzeichnet. Hier erhalten Sie Material über die Sehenswürdigkeiten, Landkarten und Informationen zu (weiteren) Übernachtungsmöglichkeiten.

Aufgrund der anhaltenden Popularität, die der Jakobsweg genießt, gibt es inzwischen zahlreiche Jakobusgesellschaften und -vereine. Der Jakobsweg Via Beuronensis wird von der Beuroner Jakobspilger-Gemeinschaft betreut.

- Beuroner Jakobspilger-Gemeinschaft, Benediktusweg 1, 88631 Beuron, ☏ 074 66/92 74 12, Ostern bis Okt So 14:30-17:30

Die Jakobspilger-Gemeinschaft pflegt auch eine Website zur Via Beuronensis.

💻 www.via-beuronensis.de

Weitere Gesellschaften sind:

Ⓓ Deutsche St. Jakobusgesellschaft e. V., Tempelhofer Straße 21, 52068 Aachen, ☏ 02 41/479 01 27, 💻 www.deutsche-jakobus-gesellschaft.de

♦ Verein Jakobuswege e. V., Marktplatz 3, 85072 Eichstätt, ☏ 07 31/38 88 58 64, ✉ info@jakobuswege-d.eu, 💻 www.jakobuswege-d.eu

Ⓐ Österreichische Jakobusgesellschaft, Großvolderbergstraße 16A, A-6111 Volders

(CH) Schweizerische Vereinigung der Freunde des Jakobsweges „Amis de Chemin de Saint-Jaques“, Sekretariat (Deutsch-Schweiz): Schanzenweg 5, CH-4132 Muttenz, ☏ 00 41/(0)7 63 19/45 66, ✉ sekretariat.de@viajacobi4.ch, 💻 www.viajacobi4.ch

Klima und Reisezeit

Grundsätzlich kann man das ganze Jahr über pilgern. Allerdings ist wohl die Zeit zwischen April und Anfang Oktober die beste Pilgerzeit. Der typische Pilgermonat ist der Mai, viele gehen auch am Pfingstwochenende los.

Der Vorteil im Frühsommer liegt auf der Hand: Es ist noch nicht zu heiß zum Wandern und möglicherweise regnet es auch nicht zu viel. Leider ist es gerade um Pfingsten häufig in den Unterkünften voll, sodass Sie Ihre Übernachtungen vorbuchen sollten. Gleiches gilt auch für die Sommerferien. In dieser Zeit ist es auch oft ziemlich heiß, sodass die Etappen teilweise ganz schön anstrengend sein können.

Eine sehr schöne Jahreszeit für diesen Jakobsweg ist der Herbst. Stabiles Wetter, klare Luft und schöne Fernsicht machen das Wandern zum Erlebnis.

Landkarten

Der Jakobsweg Via Beuronensis ist durchweg gut in Richtung Konstanz beschildert. Trotzdem sollten Sie auf Kartenmaterial nicht verzichten. Falls Sie sich verlaufen oder mal eine Markierung fehlt, sind Sie mit den Karten auf der sicheren Seite. Es reichen aber einfache Wanderkarten. Es gibt aktuell keine eigene Karte zum Jakobsweg. Wir sind mit den Karten des Schwäbischen Albvereins sehr gut zurechtgekommen. Darin ist teilweise der Verlauf des Jakobsweges eingezeichnet.

Folgende Blätter decken den Weg komplett ab:

- ▷ Schwäbischer Albverein 1:50.000, Blatt F523 Tübingen, Reutlingen
- ▷ Schwäbischer Albverein 1:50.000, Blatt F525 Ulm
- ▷ Schwäbischer Albverein 1:50.000, Blatt F526 Sigmaringen
- ▷ Schwäbischer Albverein 1:50.000, Blatt F527 Bad Saulgau
- ▷ Schwäbischer Albverein 1:50.000, Blatt F511 Westlicher Bodensee
- ▷ Schwäbischer Albverein 1:50.000, Blatt F507 Villingen-Schwenningen

Auf der Website zur Via Beuronensis (💻 www.via-beuronensis.de) gibt es zu jeder Etappe eine Übersichtskarte, auf der Sie einen guten Überblick über den Wegverlauf der jeweiligen Etappe bekommen.

☺ Die Kartenempfehlungen wurden von der Geobuchhandlung Kiel überprüft. 💻 www.geobuchhandlung.de

Unterkünfte

Entlang des Weges gibt es eine breite Palette von Übernachtungsmöglichkeiten in verschiedenen Preisklassen. Da es sich bei einigen Regionen um Ferienziele handelt, ist allerdings anzuraten, in den Schulferien die Übernachtungen im Voraus zu buchen. Dies gilt insbesondere auch für die Bodenseeregion.

Kloster Habsthal, Habsthaler Jakobsweg, 5. Etappe (mr)

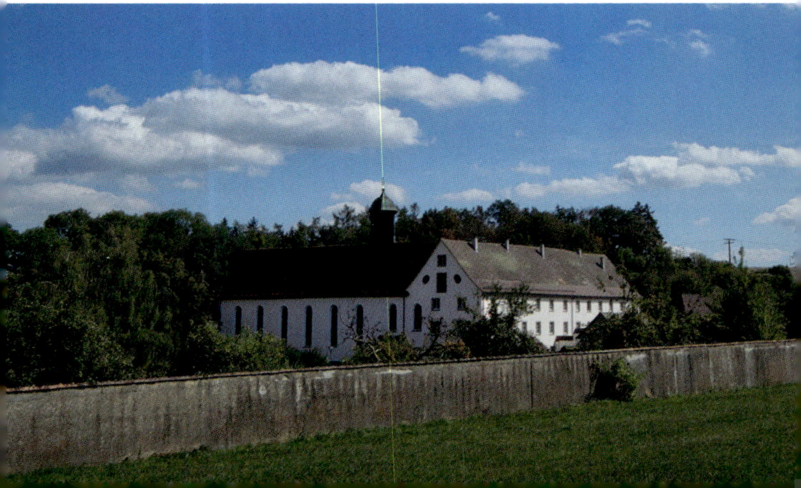

Wir haben die pilgerfreundlichen Unterkünfte entlang der Via Beuronensis in dieses Buch aufgenommen. Die Jakobs-Gemeinschaft in Beuron führt ebenfalls Listen mit pilgerfreundlichen Unterkünften und aktualisiert diese laufend. Sie sind als PDF-Dokument beim jeweiligen Jakobsweg auf dieser Website zu finden:

💻 www.via-beuronensis.de

In vielen Unterkünften können Sie einen Pilgerstempel ⊙ bekommen. Einige Unterkünfte bieten auch Schuhpflege und Wäschewaschen an. Informationen zu weiteren Übernachtungsmöglichkeiten erhalten Sie in den Fremdenverkehrsämtern, die in den Wegbeschreibungen unter dem Symbol ℹ zu finden sind.

Pilgerherbergen

Die klassische Herberge, die viele Pilger aus Spanien kennen, findet man auf der Via Beuronensis nur an zwei Orten – in Frommenhausen und bei Kleinstadelhofen. Es gibt aber Unterkunftsmöglichkeiten im Kloster Beuron, Kloster Sießen und Kloster Habsthal.

Private Zimmervermietung

In den Fremdenverkehrsregionen vermieten auch viele Privatleute Zimmer. Diese sind häufig billiger als Hotels bzw. Gasthöfe und oft wesentlich persönlicher. Viele der Vermieter am Weg haben inzwischen einige Pilger kennengelernt und erzählen zum Abendessen oder Frühstück manchmal nette Anekdoten über ihre Hotelgäste oder geben Tipps für den Weg.

Jugendherbergen

Voraussetzung für eine Übernachtung in einer Jugendherberge ist die Mitgliedschaft im Deutschen Jugendherbergswerk (DJH). Wer Mitglied des Verbandes werden will, kann den Antrag ganz einfach im Internet ausfüllen und absenden. Vor Ort ist es ebenfalls möglich, eine Mitgliedschaft abzuschließen.

♦ DJH Services, 💻 www.jugendherberge.de

Die Mitgliedschaft kostet für junge Erwachsene bis zum 26. Lebensjahr € 7, ab 27 Jahren sowie für Familien, Ehepaare und eheähnliche Gemeinschaften € 22,50 im Jahr. Die Mitgliedskarte ist ab dem 1. Oktober eines Jahres bis zum 31. Januar des übernächsten Jahres gültig, also maximal 16 Monate. Mitgliedskarten, die vor dem 1. Oktober beantragt werden, haben nur bis zum 31. Januar des folgenden Jahres Gültigkeit.

In den bayerischen Jugendherbergen werden Einzelgäste ab dem 27. Lebensjahr nachrangig aufgenommen. Diese Altersbeschränkung gilt selbstverständlich nicht für Gruppenleiter sowie für Familien mit mindestens einem minderjährigen Kind.

Camping

Da es auf der gesamten beschriebenen Wegstrecke nur sehr wenige Campingplätze gibt, lohnt die Mitnahme eines Zeltes nicht.

Updates

Der Conrad Stein Verlag veröffentlicht Updates zu diesem Wanderführer, die direkt von den Autoren oder von Lesern des Buches stammen. Sie finden sie auf der Internetseite des Verlags (💻 www.conrad-stein-verlag.de), wenn Sie dort diesen Buchtitel aufrufen. Der rechts abgebildete QR-Code führt Sie direkt zur richtigen Seite.

Wegweiser kurz hinter Dettingen, Tübinger Jakobsweg, 2. Etappe (mr)

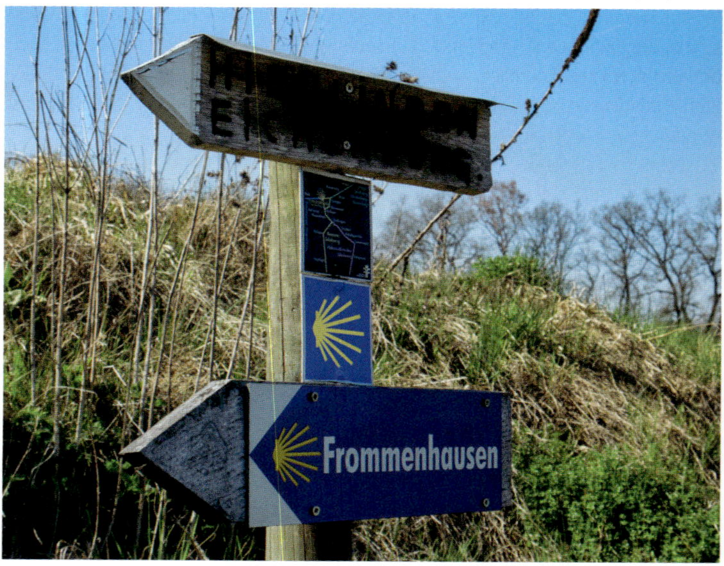

Verkehrsmittel am Weg

Falls Sie Ihre Pilgerwanderung zwischendurch unterbrechen wollen/müssen, nutzen Sie am besten die Bahn. Die großen Orte an der Via Beuronensis sind fast alle gut mit der Hohenzollerischen Landesbahn verbunden (☞ An- und Abreise).

Wegmarkierungen

Der gesamte Jakobsweg ist einheitlich mit blau-gelben Schildern, die das Jakobswegsymbol (gelbe Muschel auf blauem Grund) zeigen, gekennzeichnet. Weiterhin finden Sie den Jakobsweg auch immer wieder auf den gelben Schildern des Schwäbischen Albvereins.

Zum Gebrauch des Reiseteils

Im Folgenden wird der gesamte Weg von Tübingen bis Konstanz beschrieben. Dabei gibt es zwei Varianten über die Schwäbische Alb und zwei Varianten am Bodensee. Weiterhin wird noch der Jakobsweg vorgestellt, der in Ulm startet.

Bei den Etappen halten wir uns an die Vorschläge der Jakobspilger-Gemeinschaft, die gut an einem Tag zu bewältigen sind. Die Start- und Zielorte sind meistens recht gut mit öffentlichen Verkehrsmitteln zu erreichen. So soll Ihnen für den Fall, dass Sie nicht die gesamte Streckenlänge am Stück bewältigen wollen, der Aus- bzw. Einstieg auf verschiedenen Abschnitten des Weges ermöglicht werden.

Bei der Auswahl der Tagesetappen wurde darauf geachtet, dass in den jeweiligen Zielorten möglichst unterschiedliche Übernachtungsmöglichkeiten vorhanden sind. Selbstverständlich wurden auch solche Orte als Endpunkte gewählt, die besondere touristische Highlights anzubieten haben.

Die hier vorgestellten einzelnen Etappen sind allerdings nur als Vorschläge zu verstehen. Selbstverständlich ist es jedem selbst überlassen, je nach Lust und Laune andere Start- und Zielorte zu wählen, vielleicht kürzere oder auch längere Einheiten pro Tag zu bewältigen. Daher werden auch Übernachtungsmöglichkeiten im Verlauf der Streckenabschnitte genannt, damit die Länge der jeweiligen Route von jedem frei gewählt werden kann. Die Kilometerangaben bei den Ortschaften beziehen sich immer auf die Strecke vom Beginn der Etappe.

A. Tübinger Jakobsweg

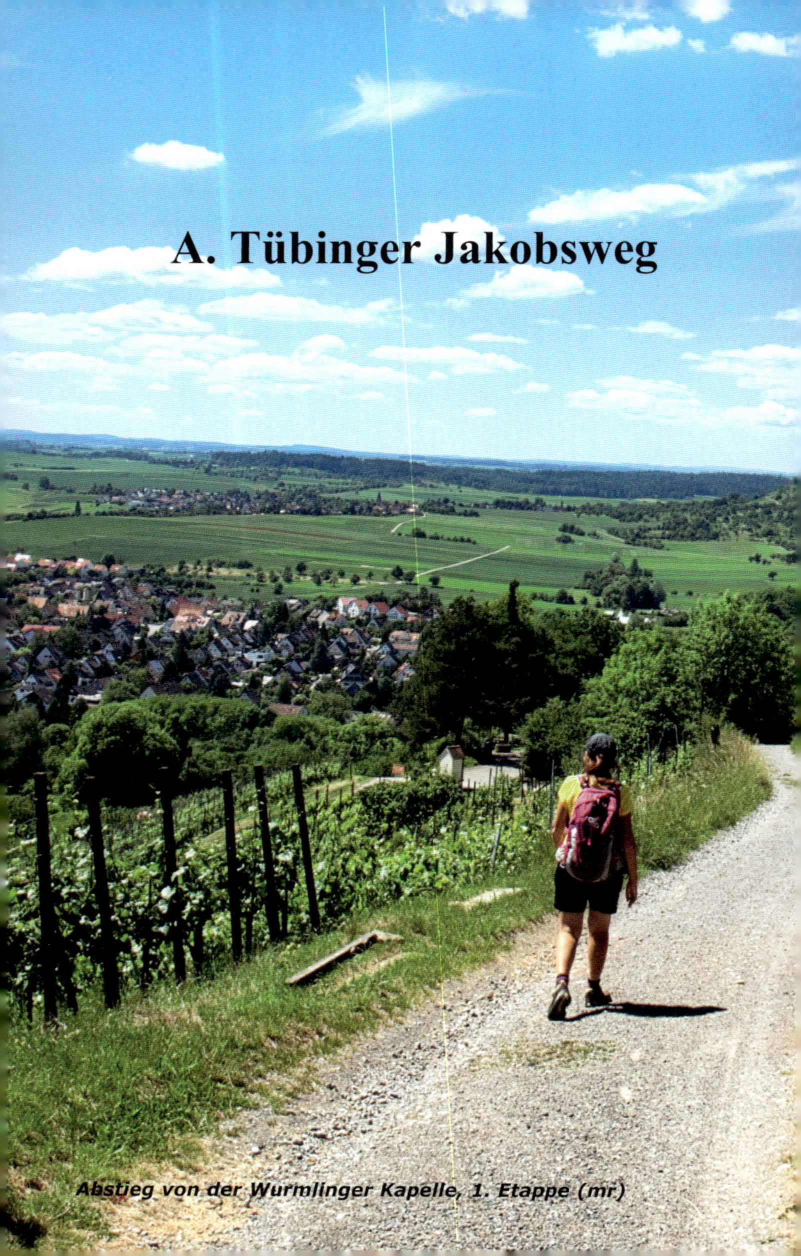

Abstieg von der Wurmlinger Kapelle, 1. Etappe (mr)

Mit insgesamt 30,5 km Länge ist der Tübinger Jakobsweg ein eher kürzerer Abschnitt. Er startet in Tübingen, einer wunderschönen mittelalterlichen Stadt, und führt Sie über das katholische Rottenburg mit Bischofssitz nach Hechingen am Fuß der Burg Hohenzollern. Im Abschnitt nach Rottenburg haben Sie die Wahl zwischen drei Varianten.

1. Etappe: Von Tübingen nach Rottenburg

12 km, 4 Std., ↑ 197 m, ↓ 176 m, ⇧ 328-481 m

0,0 km	⇧ 341 m	Tübingen
6,7 km	⇧ 474 m	Wurmlinger Kapelle
7,9 km	⇧ 349 m	Wurmlingen
12,0 km	⇧ 349 m	Rottenburg am Neckar

Tübingen ⇧ 341 m

Bürger- und Verkehrsverein, An der Neckarbrücke 1, 72072 Tübingen, ☏ 070 71/913 60, mail@tuebingen-info.de, www.tuebingen-info.de, Mo-Fr 10:00-18:00, Sa 10:00-14:30, So Mai-Sep 11:00-14:30

♦ Jakobusgemeinde, Justinus-Kerner-Straße 2, 72072 Tübingen, ☏ 070 71/943 53 40, pfarramt@jakobusgemeinde.de, www.jakobusgemeinde.de

Jugendherberge, Gartenstraße 22/2, 72070 Tübingen, ☏ 070 71/230 02, info@jugendherberge-tuebingen.de, jugendherberge-tuebingen.de, ÜF unter 27 Jahren € 33,90, ÜF über 27 Jahren € 37,90, inkl. Bettwäsche, nur mit Jugendherbergsausweis, Rezeption 7:00-23:00, Wäsche- und Schuhservice

Vermittlung von Privatzimmern: Andre Glittenberg, ☏ 070 71/689 98 26, pesun-ap@gmx.de, bitte 1-2 Tage vorher anmelden

♦ Hotel Kreuzberg, Vor dem Kreuzberg 23, 72070 Tübingen, ☏ 070 71/944 10, info@hotel-restaurant-kreuzberg.de, www.hotel-restaurant-kreuzberg.de, ÜF EZ ab € 75, DZ ab € 120

♦ Hotel am Schloss, Burgsteige 18, 72070 Tübingen, ☏ 070 71/ 929 40, info@hotelamschloss.de, www.hotelamschloss.de, ÜF EZ ab € 80, DZ ab € 125

In Tübingen gibt es viele Restaurants, daher würde eine einzelne Aufzählung den Rahmen sprengen.

Supermärkte und Einkaufsmöglichkeiten sind in Tübingen reichlich vorhanden.

Jakobskirche Tübingen und Stiftskirche St. Georg

⊙ Pilgerstempel: Jugendherberge Tübingen

Schloss Hohentübingen

Direktanschluss mit dem Fernbus aus vielen Städten Deutschlands

Regionalbahnanschluss von Stuttgart

Tübingen ist eine der ältesten Universitätsstädte Deutschlands. Bereits 1477 wurde die Eberhard Karls Universität gegründet und noch heute prägen die Studierenden das tägliche Leben in der Stadt.

In Tübingen entdeckte man Fundstücke aus der frühen Menschheitsgeschichte. Der Stadtname geht auf den Ortsgründer Tuwo zurück. Die Nachsilbe „ingen" weist – wie bei vielen Orten in der Umgebung – auf die Gründung während der Völkerwanderung hin. Im Mittelalter wurden zwei Klöster und die Universität gegründet sowie der Tübinger Vertrag unterschrieben. Dieser sicherte Herzog Ulrich von Württemberg bei der Niederschlagung der Rebellion des Armen Konrads die Unterstützung der Landstände. Dabei handelte es sich um ein Bündnis des „Gemeinen Mannes", das im Herzogtum Württemberg aufbegehrte. Im Dreißigjährigen Krieg fielen die Schweden in Tübingen ein und kurz vor Ende des Krieges belagerten die Franzosen Schloss Hohentübingen.

Der Dichter Friedrich Hölderlin lebte von 1807 bis 1843 in Tübingen, der Hölderlinturm, in dem er wohnte, kann heute besucht werden.

Da Tübingen früher zum Bistum Konstanz gehörte, war es lange Zeit katholisch. Ab 1535 erfolgte auch in Tübingen wie in ganz Württemberg die Einführung der Reformation und so wurde Tübingen eine protestantische Stadt.

Die Jakobskirche ist eine der ältesten Kirchen Tübingens und wird 1337 erstmals urkundlich erwähnt. Ursprünglich war sie eher eine Kapelle, an die man während der Reformation das Spital angliederte. Gebaut mit einem romanischen Kern gestaltete man sie im 16. Jahrhundert gotisch um. 1910 kam eine Pfarrei dazu. Sie gilt als ältestes heute noch bewohntes Gebäude in Tübingen. Das Besondere an der mit dunkler Chorverglasung ausgestatteten Kirche sind Schlusssteine, Epitaphien und Grabdenkmäler.

Die Stiftskirche St. Georg ist die evangelische Hauptkirche in Tübingen. Sie wurde von 1470 bis 1490 unter Graf Eberhard von Bart gebaut. An ihrer Stelle gab es bereits zwei Vorgängerkirchen. 1476 ernannte man sie zur Stiftskirche. Im Chorgestühl, das aus dem Jahr 1491 stammt, findet man die Figur des Pilgerpatrons, des heiligen Jakobus. Der Glockenturm aus dem Jahr 1411 wurde von der Vorgängerkirche in den Neubau der Stiftskirche integriert. Vier geschnitzte Figurenpaare im Chorgestühl von 1491 zeigen Aaron und Moses, König David und Christus, die Apostel Paulus und Jakobus, einen Adligen und einen Handwer-

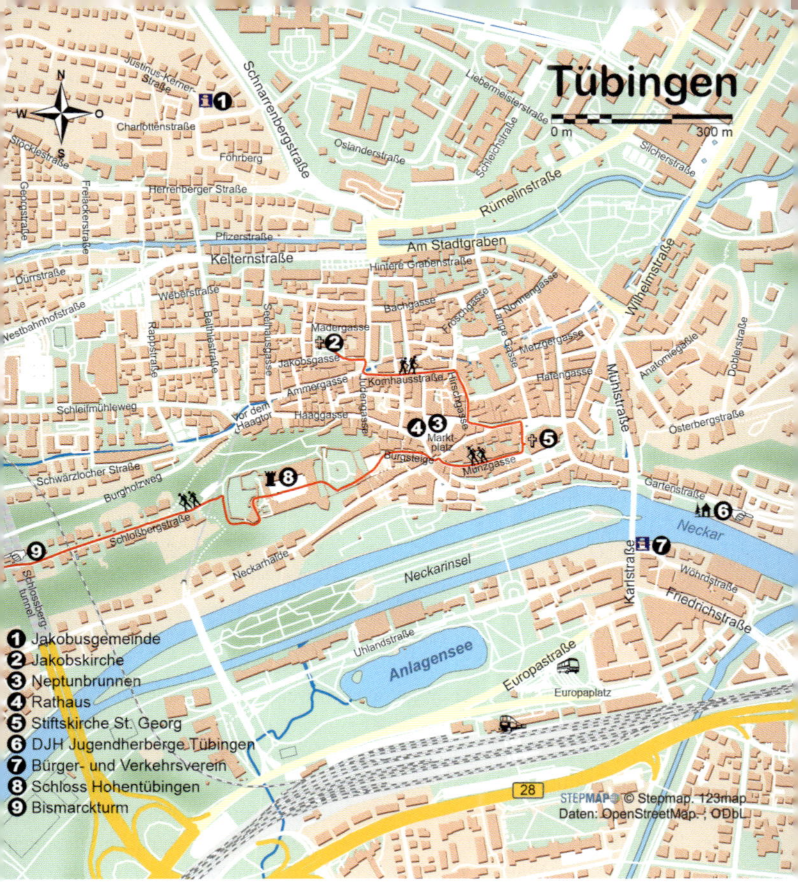

ker. Der Lettner, eine Art Schranke zwischen dem Kirchenschiff der Laien und dem Chorraum der Geistlichkeit, blieb auch nach der Reformation erhalten, da Herzog Ulrich den Chorraum kurzerhand zur Grablege des württembergischen Fürstenhauses machte. Die Gottesdienste hielt man danach nur noch im Kirchenschiff ab.

Am Marktplatz steht das historische Rathaus aus dem Jahr 1435 mit dem Renaissancebrunnen davor. Der Brunnen entstand 1617 und zeigt Neptun mit dem Dreizack.

Das Schloss Hohentübingen ist ein schöner Renaissancebau. Lange Zeit war das Gebäude nur eine einfache Burg, die 1078 erstmals erwähnt wurde. Ab dem 16. Jahrhundert wurde sie immer wieder ausgebaut und befestigt, mehrfach

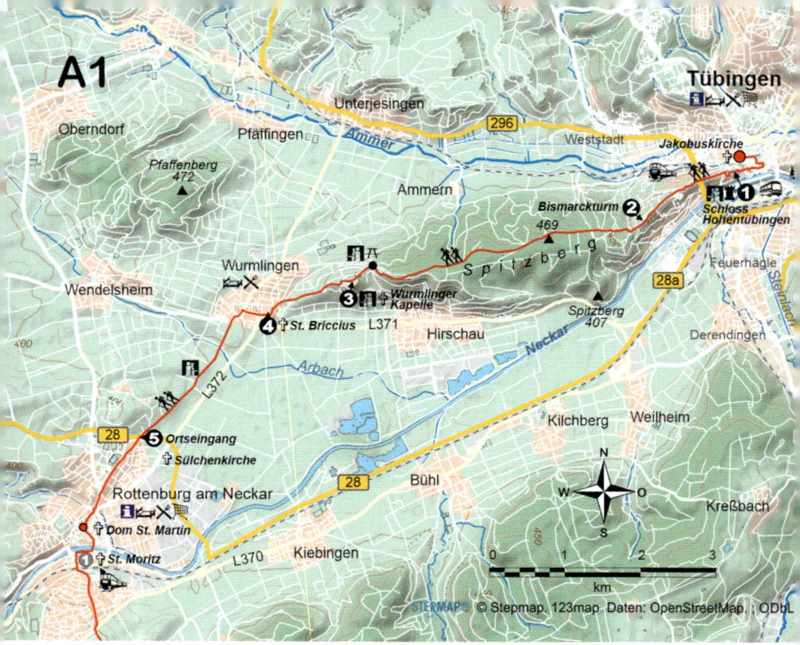

belagert und den jeweiligen Kriegsgewinnern übergeben. Im Jahr 1797 besuchte Johann Wolfgang von Goethe das Schloss. Heute gehört das gesamte Gebäude der Universität Tübingen.

Der Bismarckturm wurde 1907 erbaut. Früher konnte man ihn besteigen und die grandiose Aussicht genießen. Aktuell ist er leider verschlossen. Nach dem Tod des Reichskanzlers Otto von Bismarck im Jahr 1898 riefen deutsche Studenten dazu auf, Bismarcksäulen zu errichten. In der Folge entstanden mehr als 40 dieser Säulen bzw. Türme in Deutschland. Sie standen für die Einigung, Größe und Stärke Deutschlands. Meist an den Westhängen erbaut dienten sie als Drohung an Frankreich. Tübinger Studenten, Bürger, Beamte und Professoren spendeten das Geld für den Bau des Turmes in Tübingen.

🚲 Der Fahrradweg von Tübingen nach Wurmlingen verläuft vom Tübinger Bahnhof am Neckar entlang und biegt dann nach rechts ab. Sie fahren parallel zur L371 nach Hirschau und weiter nach Wurmlingen. Von hier können Sie einen Abstecher hinauf zur ✝ Wurmlinger Kapelle machen. Zurück im Ort geht es auf dem beschriebenen Jakobsweg, der gleichzeitig ein Fahrradweg ist, nach Rottenburg am Neckar.

Der Jakobsweg startet an der ✝ Jakobuskirche in Tübingen. Gerade der Beginn des Weges durch die historische Altstadt Tübingens ist sehr schön. Die mittelalterlichen Gebäude und die engen Gassen begeistern.

Von der Kirche spazieren Sie durch die Jakobsgasse in östlicher Richtung zur Krummen Brücke und weiter durch die Kornhausstraße zur Hirschgasse. Durch diese gehen Sie hinauf zur evangelischen Stiftskirche ✝ St. Georg.

An der Stiftskirche wandern Sie in westlicher Richtung zum herrlichen Marktplatz mit dem historischen Rathaus und dem Renaissancebrunnen.

Von hier gelangen Sie über die Burgsteige zum ♜ Schloss Hohentübingen ❶.

Vor dem Burgtor genießen Sie eine großartige Aussicht auf die Stadt Tübingen.

Sie gehen durch das Burgtor zum Innenhof und verlassen diesen in westlicher Richtung durch einen schmalen Tunnel. Weiter spazieren Sie zur Schlossbergstraße, der Sie nach Westen folgen. An einer Kreuzung wenden Sie sich nach links auf den Lichtenberger Weg, der Sie hinauf zum Bismarckturm ❷ bringt. Hier oben genießen Sie einen wunderbaren Ausblick auf die Stadt Tübingen.

Vom Bismarckturm tauchen Sie geradeaus in den Wald des Spitzberges ein. Sie spazieren immer geradeaus über den Höhenrücken bis zu seinem westlichen Ende. Unterwegs eröffnen sich herrliche Blicke nach Süden. Schließlich folgen Sie dem Weg ein Stück abwärts.

Bald schon sehen Sie links die Wurmlinger Kapelle. Auf einer neben dem Weg stehenden Bank können Sie kurz rasten und den großartigen Ausblick genießen. Der Weg bringt Sie hinunter in die Senke vor der Kapelle. Nun ist es nicht

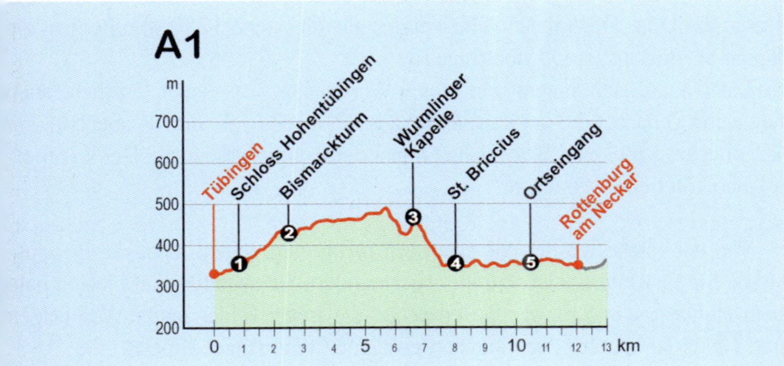

mehr weit bis zur kleinen ✝ Wurmlinger Kapelle ❸ oberhalb von **Wurmlingen**, von der Sie einen grandiosen Ausblick auf das Ammer- und Neckartal mit den Städten Tübingen und Rottenburg haben. Der Blick reicht weit bis zum Albtrauf im Süden und dem Schwarzwald im Westen.

Von der ✝ Kapelle wandern Sie auf dem Kreuzweg hinunter zum Parkplatz am Ortsrand von Wurmlingen. Der Kapellenweg bringt Sie in den Ort und zur ✝ Pfarrkirche St. Briccius ❹.

Wurmlingen ✝ ⊙ ⇧ 349 m

Gasthof Rössle, Bricciusstraße 25, 72108 Rottenburg/Wurmlingen, ☏ 074 72/984 22 33, info@roessle-wurmlingen.de, www.roessle-wurmlingen.de, ÜF EZ € 45, DZ € 65, Wäsche- und Schuhservice, Mi Ruhetag

♦ Gasthof Adler, Bricciusstraße 57, 72108 Rottenburg/Wurmlingen, ☏ 074 72/253 53, ÜF EZ € 45, DZ € 65, abends tägl., Wäsche- und Schuhservice

✝ Wurmlinger Kapelle und St. Briccius

⊙ Pilgerstempel: Gasthof Rössle und Gasthof Adler

Wurmlingen ist ein Stadtteil von Rottenburg am Neckar. Auf dem Gemeindegebiet liegt die Wurmlinger Kapelle. Die erste Kapelle wurde 1050 als Grabkapelle errichtet. Um 1150 entstand die romanische Krypta. 1644 vernichtete ein Brand den gotischen Nachfolgebau. Die heutige, barocke Kapelle wurde 1685 eingeweiht. Sie ist dem heiligen Remigius geweiht.

Während bis im 14. Jahrhundert die Wurmlinger Kapelle das Zentrum des kirchlichen Lebens war, verlegte man im 15. Jahrhundert die Wohnung des Pfarrers in das Dorf. Die Kirchenrechte wurden allerdings erst 1780 vom Berg an die Kirche St. Briccius im Ort übertragen.

Einer Sage nach stammt der Name Wurmlingen von einem Drachen, auch Lindwurm genannt, der am Kapellenberg gelebt haben soll. Im Fassadenbild von St. Briccius kann man eine kleine Erinnerung daran erkennen: Der Erzengel Michael tötet einen Drachen.

Von der Kirche wenden Sie sich nach rechts und gehen durch die Bricciusstraße bis zur Unterjesinger Straße. Hier wandern Sie nach links und folgen bald dem Hohenzollern-Radweg. Sie erreichen die freien Felder hinter Wurmlingen und blicken zurück zur traumhaft gelegenen Wurmlinger Kapelle.

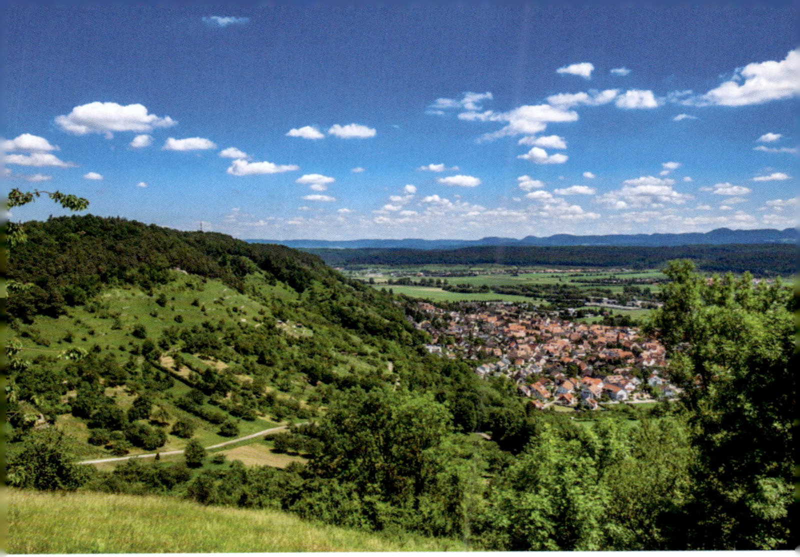

Ausblick von der Wurmlinger Kapelle auf Tübingen-Hirschau (mr)

Der Radweg bringt Sie bis nach **Rottenburg am Neckar**. Am Ortseingang ❺ von Rottenburg erblicken Sie links den Turm der katholischen ✞ Sülchenkirche. Sie folgen der Jahnstraße an den Sportanlagen vorbei bis zur Seebronner Straße. Hier biegen Sie nach links zum Kreisverkehr ab, an dem Sie geradeaus gehen. Über die Königsstraße kommen Sie zum ✞ Dom St. Martin im Zentrum von Rottenburg.

Rottenburg am Neckar ⇧ 349 m

- **i** Touristinformation Rottenburg am Neckar, Marktplatz 24, 72108 Rottenburg am Neckar, ☏ 074 72/91 62-36, info@wtg-rottenburg.de, www.rottenburg.de, Mo-Fr 8:00-17:00, Sa 8:00-13:00
- ♦ Dorfpfarramt St. Martin, Marktplatz 3, 72108 Rottenburg am Neckar, ☏ 074 72/93 78 60, pfarramt@dom-st-martin.de, www.dom-st-martin-rottenburg.de
- Johann-Baptist-Hirscher-Haus, Karmelitenstraße 9, 72108 Rottenburg am Neckar, ☏ 074 72/92 20, hirscherhaus.rottenburg@drs.de, ÜF im EZ € 40, DZ € 60 (mit Pilgerausweis), Mo-Fr 8:00-18:00 erreichbar, Wäsche- und Schuhservice
- ♦ Privatzimmer Frau Michel-Geiger, Heuberger Hof 1, 72108 Rottenburg am Neckar, ☏ 074 72/235 94, s.u.s.i.michel@web.de, Ü € 20, Selbstversorger, Wäsche- und Schuhservice, 2 km vom Ort entfernt

- Gasthof Anker, Tübingerstraße 15, 72108 Rottenburg am Neckar, ☎ 074 72/81 01, info@anker-rottenburg.de, www.anker-rottenburg.de, ÜF EZ € 57-85, DZ € 79-120, Wäsche- und Schuhservice
- ♦ Haus Seeger, Kleiststraße 30, 72108 Rottenburg am Neckar, ☎ 074 72/225 10 oder 01 74/332 81 84, rdseeger@web.de, Ü € 23, F nach Absprache, Wäsche- und Schuhservice
- In Rottenburg gibt es einige Restaurants, vor allem im Bereich des Domplatzes.
- Sie finden in der Stadt einige Supermärkte.
- ✝ Dom St. Martin und Kirche St. Moritz
- ⊙ Pilgerstempel: Johann-Baptist-Hirscher-Haus, Gasthof Anker, Haus Seeger
- Bahnhof mit Anschluss nach Stuttgart und Tübingen

Auch die Gebiete um Rottenburg wurden bereits in vorgeschichtlicher Zeit besiedelt. Die Römer herrschten hier wahrscheinlich ab 98 n. Chr. seit der Errichtung des Neckar-Odenwald-Limes. Die Gründung der römischen Siedlung Sumelocenna geht auf diese Zeit zurück. Die Siedlung lag direkt an der römischen Fernstraße, die von Cannstatt über Rottweil bis in die Schweiz führte. Sumolecenna, wahrscheinlich nach einer keltischen Sippe benannt, war eine der bedeutendsten Römerstädte in Baden-Württemberg. In der Siedlung gab es eine über 7 km lange Wasserleitung und mehrere öffentliche Bäder. Später wurde von den Römern sogar eine Stadtmauer gebaut. Im 3. Jahrhundert folgte nach Kämpfen am Limes der Untergang von Sumelocenna.

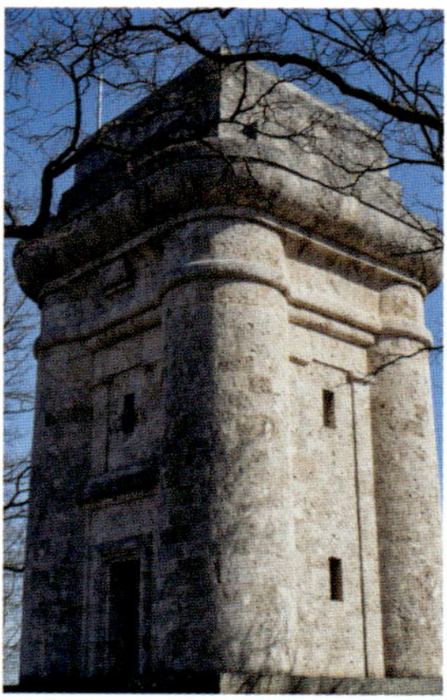
Bismarkturm Tübingen (mr)

Erst 1274 wird Rottenburg eindeutig urkundlich erwähnt. Die Bürger nannte man „civis in Rotenburg". 1280 gründete Graf Albrecht II. von Hohenberg ganz in der Nähe der Siedlung eine neue Stadt, die in der Folge als „rothinburch" bezeichnet wurde. 1381 verkaufte man die Stadt als Teil der Grafschaft Hohenberg an die Habsburger. Obwohl die Reformation auch hier Anhänger fand, bestanden die Österreicher auf einem Festhalten am katholischen Glauben und setzten dies mittels heftiger Strafen durch. Belege für Hexenverfolgung gab es ab 1600. Hunderte Frauen und vereinzelte Männer wurden verfolgt und über 150 Menschen hingerichtet.

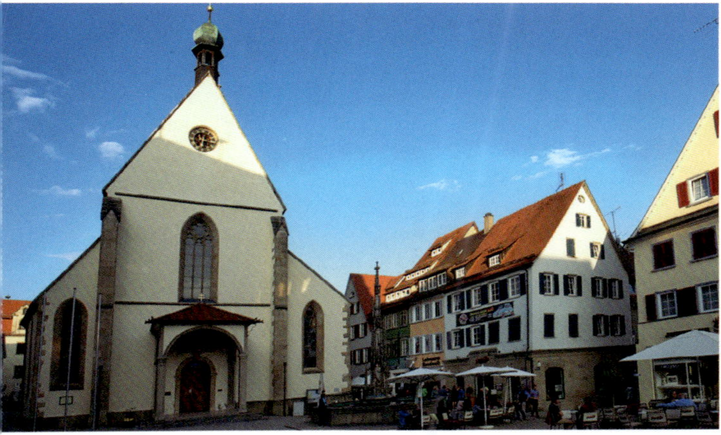

Der Domplatz in Rottenburg (mr)

Die Pestepidemie während des Dreißigjährigen Krieges dezimierte die Bevölkerung empfindlich. Stadtbrände vernichteten große Teile der mittelalterlichen Gebäude. Heute kann man deshalb in Rottenburg vorrangig barocke Bauwerke bewundern. 1805 kam Rottenburg an Württemberg.

Der Dom in Rottenburg ist eines der bedeutendsten Bauwerke der Stadt. Der erste Bau war eine frühgotische Kapelle, die um 1280 am Marktplatz errichtet wurde. 1424 wurde an Stelle der Kapelle die Stadtpfarrkirche gebaut und dem heiligen Martin geweiht. 1655 entstand ein Neubau, nachdem die Kirche dem Stadtbrand 1644 zum Opfer gefallen war. 1821 wurde Rottenburg zum Bischofssitz für das Bistum im Königreich Württemberg bestimmt. St. Martin wurde zur Bischofskirche erhoben. Die ehemalige Stadtpfarrkirche wurde in den letzten zwei Jahrhunderten mehrfach renoviert, um ihr einen der Domkirche angemessenen Rahmen zu geben.

Die Kirche St. Moritz kann auf eine lange Geschichte als Wallfahrtskirche zurückblicken. Bereits im 10. Jahrhundert gab es im Rottenburger Stadtteil Ehingen eine Mauritiuskapelle. Diese geht auf eine Sage zurück. Wahrscheinlicher ist allerdings, dass der Bischof Ulrich von Augsburg im Jahr 940 nach St. Maurice reiste, um Reliquien des heiligen Mauritius zu holen. Für diese Reliquien wurde eine neue Kirche am Neckarufer gebaut. Die heutige Kirche wurde 1323 fertiggestellt. In der Kirche finden sich einige bedeutende Kunstwerke aus verschiedenen Epochen.

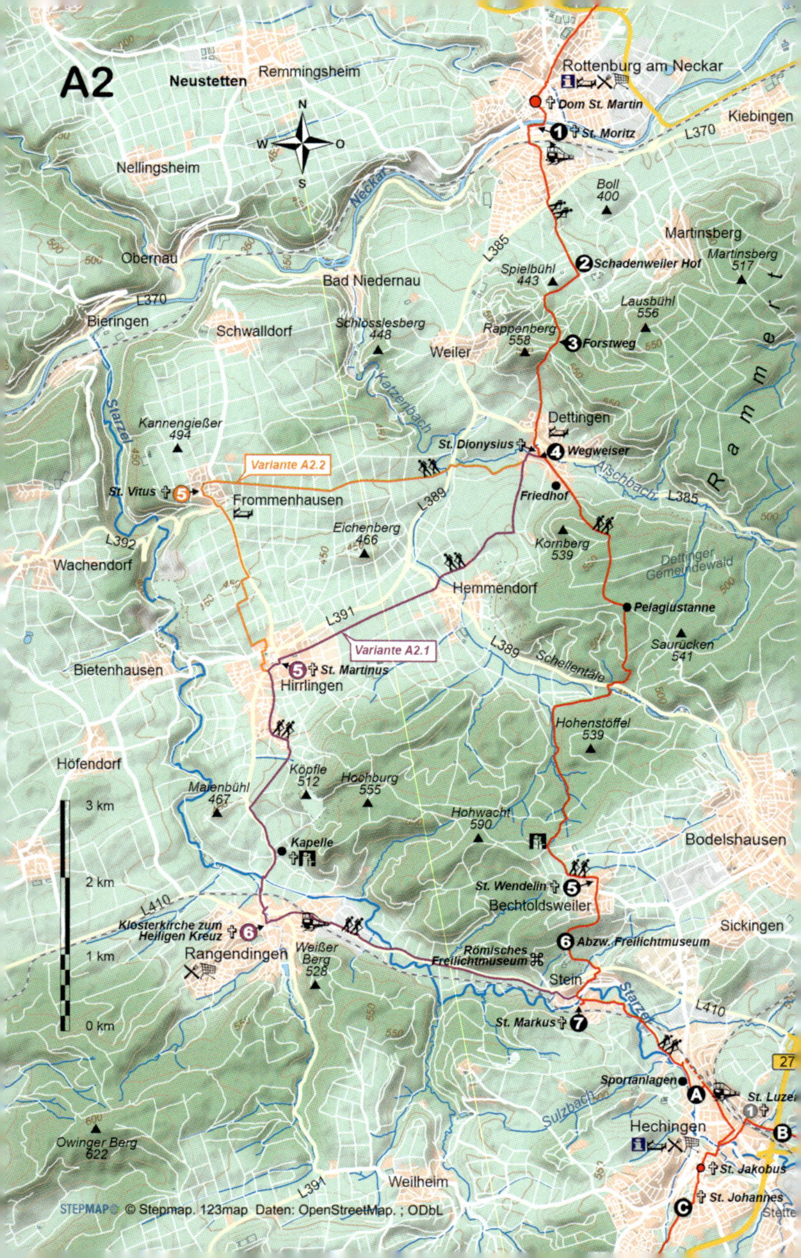
A2
Neustetten
Remmingsheim
Rottenburg am Neckar
Dom St. Martin
1 St. Moritz
Kiebingen
L370
Nellingsheim
Neckar
Boll
400
Martinsberg
Martinsberg
517
Obernau
L385
2 Schadenweiler Hof
Spielbühl
443
Bad Niedernau
L370
Lausbühl
556
Bieringen
Schwalldorf
Schlösslesberg
448
Rappenberg
558
3 Forstweg
Weiler
Rammert
Katzenbach
Starzel
Kannengießer
494
Dettingen
St. Dionysius
4 Wegweiser
Variante A2.2
St. Vitus 5
Frommenhausen
Friedhof
Aischbach
L385
L389
L392
Eichenberg
466
Kornberg
539
Wachendorf
Dettinger Gemeindewald
Hemmendorf
Pelagiustanne
L391
Saurücken
541
Variante A2.1
L389
Schellentäle
Bietenhausen
5 St. Martinus
Hirrlingen
Hohenstöffel
539
Höfendorf
Köpfle
512
Hochburg
555
Maienbühl
467
3 km
Hohwacht
590
Kapelle
Bodelshausen
2 km
St. Wendelin 5
Bechtoldsweiler
L410
Klosterkirche zum Heiligen Kreuz 6
Sickingen
Rangendingen
6 Abzw. Freilichtmuseum
1 km
Weißer Berg
528
Römisches Freilichtmuseum
Stein
Starzel
L410
0 km
St. Markus 7
27
Sportanlagen
A
St. Luzen
Sulzbach
Hechingen
B
Owinger Berg
622
St. Jakobus
L391
Weilheim
St. Johannes
C
Stetten
STEPMAP © Stepmap. 123map Daten: OpenStreetMap. ; ODbL

2. Etappe: Von Rottenburg nach Hechingen

19,7 km, 5 Std. 30 Min., ↑ 520 m, ↓ 341 m, ⇧ 338-563 m

0,0 km	⇧ 349 m	Rottenburg am Neckar
5,7 km	⇧ 416 m	Dettingen
13,5 km	⇧ 555 m	Bechtoldsweiler
15,7 km	⇧ 469 m	Stein
19,7 km	⇧ 528 m	Hechingen

Diese Etappe können wir für Radfahrer nicht empfehlen, denn der letzte Abschnitt vor Bechtoldsweiler führt über einen schmalen Steig. Es wäre nur ein Umweg über Bodelshausen möglich. Wir schlagen stattdessen eine der beiden beschriebenen Varianten (2.1 oder 2.2) vor.

Vom Domplatz in Rottenburg gehen Sie auf der Bahnhofstraße zum Neckar, den Sie auf einer Brücke überqueren. Gleich hinter der Brücke biegen Sie nach rechts ab und erreichen die Kirche St. Moritz ❶.

Nach der Kirche gehen Sie nach links zum Ehinger Platz. Sie spazieren weiter nach Süden und biegen nach den Bahngleisen nach links in die Schadenweiler Straße ab.

Auf dieser Straße steigen Sie bergauf bis zur Landstraße L385. Sie gehen unter dieser hindurch und folgen dem Radweg zum Schadenweiler Hof ❷. Kurz nach dem Hof biegen Sie nach rechts ab und wandern über eine Streuobstwiese. Der Weg taucht bald in den Wald ein und biegt nach links in Richtung Dettingen ab. An der folgenden Abzweigung wenden Sie sich ebenfalls nach links und steigen auf einem steilen Pfad bergauf.

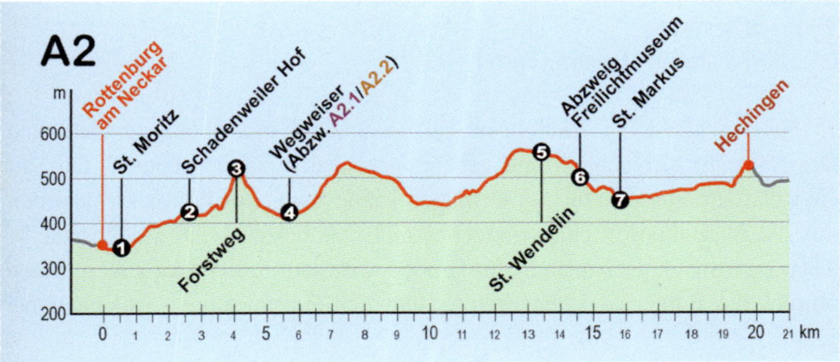

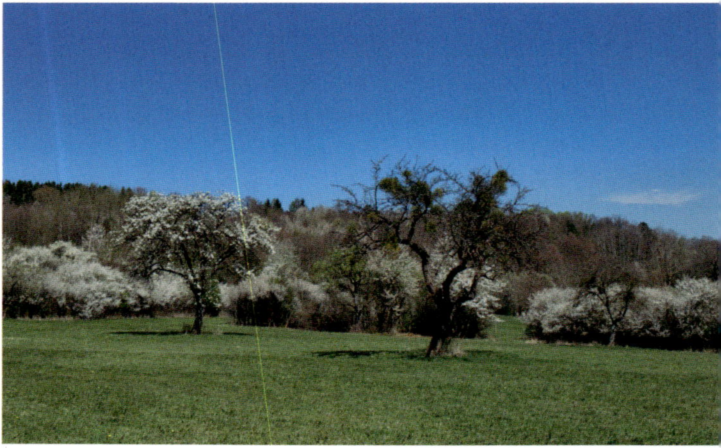

Frühling auf dem Weg nach Stein (mr)

Sie erreichen einen quer verlaufenden, breiten Forstweg ❸. Hier können Sie erst einmal durchatmen. Sie befinden sich jetzt am Höhenzug des Rammert. Sie überqueren den Forstweg und wandern auf einem Steig hinunter nach Dettingen. Es geht in den Ort hinein zur Ortsmitte. Hier befindet sich ein Wegweiser ❹, der auf die drei Wegvarianten hinweist. Am Hauptweg gehen Sie von der Ortsmitte nach links in Richtung Friedhof.

Dettingen

🛏 ✕ ✞ ⊙ ⇧ 416 m

🛏 ✕ Gasthof Löwen, Hechingerstraße 36, 72108 Dettingen, ☏ 074 72/96 45 72, ÜF EZ € 64, DZ € 84, Wäsche- und Schuhservice

✞ St. Dionysius

⊙ Pilgerstempel: Gasthof Löwen

Aus dem Jahr 1275 stammt eine erste urkundliche Erwähnung von Dettingen. Der Name ist alemannisch und geht wahrscheinlich auf den Begriff „Tato" für Gerichtsstätte zurück. Auch in Dettingen wurde schon zur Römerzeit gesiedelt, was die Ausgrabungen eines römischen Gutshofs belegen. 1975 wurde die bis dahin eigenständige Gemeinde der Großen Kreisstadt Rottenburg zugeschlagen, obwohl die Bürger in einem Referendum der Eingemeindung widersprochen hatten.

Vom Friedhof nimmt Sie der Jakobsweg mit hinauf in den Wald. Sie spazieren nun auf dem breiten Forstweg durch den Wald. Dabei passieren Sie den Skulpturenpark im Dettinger Wald, der von Künstlern aus Sturmholz geschaffen wurde.

Sie wandern auch an einem schönen Wegkreuz vorbei. An der Pelagiustanne biegen Sie nach rechts ab und kommen in das Schellentäle mit der Landstraße. Sie überqueren die Straße und wenden sich an der folgenden Wegverzweigung gleich nach rechts. Dann gehen Sie am Waldrand entlang und biegen recht bald nach links ab.

Der Weg führt durch den Wald zu einer Wegkreuzung. Kurz gehen Sie nach rechts und anschließend gleich nach links. Ein schmaler Pfad bringt Sie hinauf zur Anhöhe von **Bechtoldsweiler**. Hier können Sie eine wunderschöne Aussicht bis zur Burg Hohenzollern genießen.

Bechtoldsweiler ✞ ⇧ 555 m

✞ Kirche St. Wendelin

Bechtoldsweiler ist seit 1972 ein Stadtteil von Hechingen. Der Ort wurde ursprünglich von einem Ritter namens Bechtold gegründet. 1453 verkauften die Herren von Ow zu Bodelshausen den Ort an Württemberg. 1472 wurde er der Grafschaft Zollern zugeschlagen. 1812 erbaute man die Kirche St. Wendelin. Beim heiligen Wendelin wird gerne Fürsprache erbeten, wie es im Patronatslied heißt: „Schütz uns alle vor Gefahr, rette, was verloren war. Wendelin, Wendelin, zu dir gerne Pilger zieh'n."

Sie spazieren in den Ort hinein und machen einen Abstecher zur ✞ Kirche St. Wendelin ❺. Von der Kirche gehen Sie nach Süden zum Kriegerdenkmal. Haben Sie den Ort verlassen, folgen Sie dem Weg zu einer Wegteilung. Hier können Sie nach rechts zum ⌘ Freilichtmuseum Stein wandern, das im Sommer besichtigt werden kann. Ansonsten gehen Sie weiter nach Süden in den Ort **Stein** ❻.

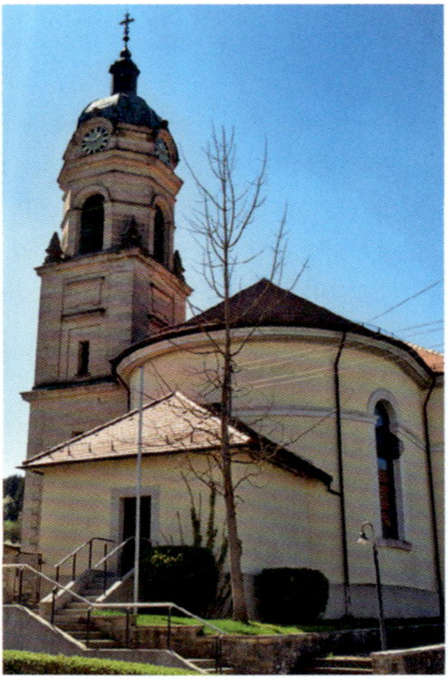

St. Markus in Stein (mr)

Stein ✞ ⇧ 469 m

✞ Kirche St. Markus

Man vermutet, dass die Römer Stein gegründet haben. 1252 wird der Ort in den Kirchenbüchern der Pfarrei erwähnt. Die Herren von Ow zu Bodelshausen kamen im 14. Jahrhundert in seinen Besitz, verkauften den Ort aber schon um 1450 an Württemberg. Wie Bechtoldsweiler ging Stein 1472 in den Besitz der Grafen von Zollern über. Etwa 2 km westlich von Stein befand sich die Höhenburg Burg Stauffenberg, die später ebenfalls den Grafen von Zollern gehörte. Schon im 16. Jahrhundert wurde sie, wie viele Burgen auf der Schwäbischen Alb, zerstört. Eine weitere bereits zerstörte Burg bei Stein ist die Volksburg.

Stein ist seit 1972 ein Stadteil von Hechingen.

Bei der Kirche St. Markus in Stein handelt es sich um einen hellen und schlichten Bau. Pate für die Kirche war die Jakobuskirche von Hechingen. Dies fällt besonders beim Blick auf den Glockenturm auf, der nach dem Hechinger Vorbild erbaut wurde.

Sie überqueren die Landstraße, gehen hinunter zum Bach Starzel in Stein und unternehmen einen kleinen Abstecher zur ✞ Kirche St. Markus ❼.

Anschließend wandern Sie auf der Mühläckerstraße durch den Ort und folgen dann dem Radweg entlang der Starzel bzw. der Landstraße bis nach **Hechingen** hinein.

Nach den Sportanlagen biegen Sie nach links in die Max-Eyt-Straße ab. Sie folgen dieser bis zu den Bahngleisen und gehen dann nach rechts auf der Ermelestraße zum Bahnhof von Hechingen. Über die Bahnhofstraße und die Herrenackerstraße erreichen Sie die Stadtmitte von **Hechingen**.

Hier beeindruckt die ✞ Stiftskirche St. Jakobus.

Hechingen ⇧ 528 m

Tourismus und Kultur Hechingen, Kirchplatz 12, 72379 Hechingen, ☏ 074 71/940-220, btb@hechingen.de, www.hechingen.de, Mo-Fr 8:30-13:00, Di und Do 14:00-18:00, Sa 10:00-12:00

Hotel-Café Klaiber, Obertorplatz 11, 72379 Hechingen, ☏ 074 71/22 57, ÜF ab € 68 im EZ, info@hotel-klaiber.de, www.hotel-klaiber.de, Wäsche- und Schuhservice, Trockenraum

Bildungshaus St. Luzen, Klostersteige 6, 72379 Hechingen, ☏ 074 71/934 10, ÜF MBZ ab € 34, mail@luzen.de, www.luzen.de, Wäsche- und Schuhservice

- ♦ Pension Rapphof, Niederhechingerstraße 57, 72379 Hechingen, ☏ 074 71/27 79, ÜF EZ € 30, DZ € 60, Pizzeria nebenan, Wäsche- und Schuhservice
- ✕ In Hechingen gibt es mehrere Restaurants.
- Es sind mehrere Supermärkte für den Einkauf im Ort zu finden.
- ✞ Stiftskirche St. Jakobus, St. Luzen
- ⦿ Pilgerstempel: Pension Rapphof, Stadtverwaltung am Obertorplatz, Bildungshaus St. Luzen
- ♜ Burg Hohenzollern, www.burg-hohenzollern.com, Sommersaison: 16.03.-31.10. 10:00-17:30, Wintersaison: 01.11.-15.03. 10:00-16:30, tägl. außer 24. Dez, 31. Dez und 1. Jan
- Zugverbindung mit der Hohenzollerischen Landesbahn nach Tübingen und Balingen

Hechingen als drittgrößte Stadt im Zollernalbkreis war früher die Residenz der Grafen und später der Fürsten von Hohenzollern. Die Burg Hohenzollern steht auf einem Zeugenberg über der Stadt und ist ihr Wahrzeichen. Sie ist Stammsitz des preußischen Königshauses und der Fürsten von Hohenzollern.

Auch Hechingen wurde bereits früh besiedelt. Die Gründung als alemannische Siedlung geht auf das 6. oder 7. Jahrhundert zurück. Sie erfolgte durch Hacho und seine Söhne. Aus dem Jahr 786 findet man eine Erwähnung von Hechingen als Hahhingum. Im 11. Jahrhundert kam das Gebiet um den Zollerberg an die Hohenzollern, davor gehörte es den Herren von Zell.

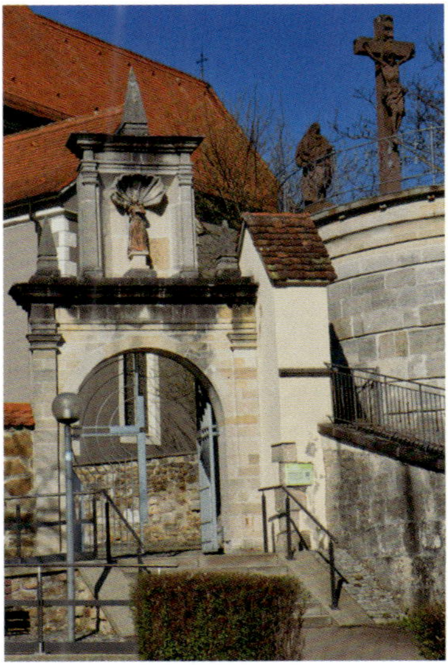

Eingang von St. Luzem mit Jakobsmuschel (mr)

Schon im Mittelalter führte eine bedeutende Reichsstraße an Hechingen vorbei nach Rottweil und weiter zu den Alpenpässen. Die Zollergrafen hatten im 14. und 15. Jahrhundert erhebliche Geldprobleme, sodass die Stadt an Graf Eberhard II. von Württemberg verpfändet wurde. Nach einem Stadtbrand und dem folgenden Wiederaufbau musste Friedrich von

Zollern seinen gesamten Besitz an Württemberg verkaufen. Aber das reichte nicht. Deshalb wurde die Reichsacht über ihn ausgesprochen und vollzogen, sodass 1423 die Burg erobert und zerstört wurde. Im 15. Jahrhundert bekam der Erbfolger Graf Jos Niklaus von Hohenzollern die Erlaubnis, die Burg wiederaufzubauen.

Hechingen wurde im 16. Jahrhundert ein Zentrum für die Renaissance. Gebäude wurden in diesem Stil erbaut, z. B. die Klosterkirche St. Luzen.

Im Dreißigjährigen Krieg verarmte die Region durch Angriffe der Schweden und Belagerungen der Württemberger und letztlich der kaiserlichen Truppen sehr stark. Danach brach auch noch die Pest aus. Nach mehreren Besitzerwechseln gab es für die Menschen in der Region kaum mehr etwas zu essen.

Schon im Mittelalter siedelten Juden in Hechingen, da die Grafen sich davon wirtschaftliche Vorteile versprachen. Sie errichteten eine Synagoge. 1592 wurden sie jedoch vom Grafen ausgewiesen. Im Jahr 1742 kamen die Juden zurück und errichteten sogar zwei Synagogen sowie eine Talmudschule. Mitte des 19. Jahrhunderts waren ca. 25 % der Einwohner Hechingens jüdisch, danach nahm die Zahl aber wieder deutlich ab. Der Beginn der Industrialisierung wurde fast ausschließlich von jüdischen Unternehmern vorangetrieben. Ab 1873 waren mehrere Textilfabriken in Hechingen ansässig. In der Zeit des Nationalsozialismus wurden einige Juden deportiert und in der Folge ermordet.

Während des Zweiten Weltkrieges wurden einige Firmen in den Raum Hechingen umgesiedelt. Die Dehomag, ein Vorläufer der IBM, verlegte die Großmaschinenproduktion von Berlin nach Hechingen. Teile des Kaiser-Wilhelm-Instituts für Physik samt Personal kamen nach Hechingen.

In der Nachkriegszeit wurde Hechingen Teil der französischen Besatzungszone.

In der Gemeindereform von 1973 kam Hechingen zum Zollernalbkreis und trat die Nachfolge als Kreisstadt an Balingen ab.

Die Stiftskirche St. Jakob wurde 1783 eingeweiht. Der Vorgängerbau war die Kollegiatkirche eines Chorherrenstiftes und seit 1536 Pfarrkirche von Hechingen. Im Innenraum der Kirche finden Sie mehrere Abbildungen des heiligen Jakobus.

Die Grafen von Zollern waren immer katholisch und auch in der Zeit der Reformation blieben sie und die Stadt Hechingen katholisch.

1857 wurde die evangelische Pfarrkirche St. Johannes erbaut, da nach dem Anschluss an Preußen und dem Zuzug preußischer Funktionäre und Offiziere immer mehr evangelische Bürger in Hechingen ansässig wurden.

Die Spitalkirche geht auf eine mildtätige Stiftung zurück. Eine Kirche gehörte zu einem ehemaligen Spital.

Die Klosterkirche St. Luzen stammt aus dem 14. Jahrhundert und ist eines der bedeutendsten Gebäude der Spätrenaissance in Süddeutschland. Die erste Kirche an dieser Stelle wurde 1318 urkundlich erwähnt, eine Schwesternklause 1370. Die Schwestern lebten seit 1390 nach den Regeln der Franziskaner. Zeitweise fungierte die Kirche als Pfarrkirche Hechingens. Als dies der Stiftskirche übertragen wurde, vernachlässigte man die Kirche. 1586 wurde ein Franziskanerkloster gegründet und die Kirche in den Folgejahren grundlegend umgebaut. Nach einer Barockisierung wurde sie im 20. Jahrhundert wieder in der Farbgestaltung von 1589 restauriert. Die Straße zur Kirche wird von Kreuzwegstationen gesäumt und endet auf dem Kalvarienberg mit der Grabeskapelle.

Variante 2.1: Von Rottenburg nach Hechingen über Hirrlingen und Rangendingen

23,7 km, 6 Std., ↑ 389 m, ↓ 209 m, ⇧ 338-532 m

0,0 km	⇧ 349 m	Rottenburg am Neckar
5,7 km	⇧ 416 m	Dettingen
10,7 km	⇧ 423 m	Hirrlingen
14,8 km	⇧ 421 m	Rangendingen
23,7 km	⇧ 528 m	Hechingen

Eine Variante der 2. Etappe führt über Hirrlingen und Rangendingen nach Hechingen. Am Friedhof von Hirrlingen befindet sich das Grab des Jakobuspilgers Jakob Beyter aus Frommenhausen. Er pilgerte 1510 nach Santiago de Compostela. Die Inschrift auf seinem Grabstein erinnert an die Pilgerreise.

Aus Rottenburg heraus halten Sie sich an den vorher beschriebenen Weg. Der Abschnitt durch den Wald vom Schadenweiler Hof nach Dettingen ist ein schmaler Wanderweg. Daher empfiehlt es sich, von der Unterführung entlang der L371 nach Weiler und weiter nach Dettingen zu fahren. Von Dettingen führt der Jakobsweg auf dem Wander- und Fahrradweg nach Hirrlingen und weiter über Rangendingen nach Hechingen und kann somit problemlos mit dem Fahrrad befahren werden.

Wie bei der 2. Etappe beschrieben wandern Sie auf dem Jakobsweg von Rottenburg bis nach Dettingen. Von dort gehen Sie dann aber nicht in Richtung Friedhof, sondern folgen dem Fahrradweg in westliche Richtung.

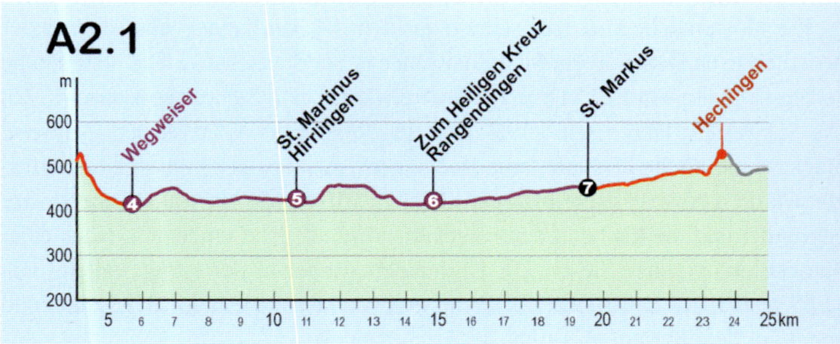

An einer Abzweigung wenden Sie sich nach links und spazieren auf dem breiten Weg über die Felder bis in die Nähe von Hemmendorf. An einer Wegkreuzung gehen Sie geradeaus zur Landesstraße, die Sie überquerern. Der breite Weg bringt Sie bis nach **Hirrlingen** mit der ✝ Kirche St. Martinus ❺.

Hirrlingen ✝ ⇧ 423 m

✝ St. Martinus

In einer Urkunde des Klosters Allerheiligen in Schaffhausen aus dem Jahr 1091 wird Hirrlingen erstmals genannt. Um 1100 hatten die Herren von Hirrlingen Besitz und Rechte. Da das Geschlecht ausstarb, ging der Besitz in der Folge an die Grafen von Hohenberg und von diesen als Lehen an die Herren von Ow, die 1557/58 das Hirrlinger Schloss erbauten. Ein Dominikanerinnenkloster entstand im 14. Jahrhundert aus der Gemeinschaft von religiösen Frauen. Es wurde 1789 säkularisiert. 1805 kam Hirrlingen an Württemberg. Das Schloss ging an die Gemeinde, die es heute als Rathaus nutzt.

Der erste Kirchenbau in Hirrlingen stammt möglicherweise aus der Zeit um 1000. Belege gibt es für ihre Existenz im Jahr 1606. 1563 erfolgten die Vergrößerung der Kirche St. Martinus und die Erhöhung des Turmes. Im Jahr 1770 baute man die Kirche nochmals um.

Im Ort gehen Sie nach links und folgen dem Jakobsweg bis zur L391. Parallel zu dieser wandern Sie in Richtung **Rangendingen**. Vor dem Ort kommen Sie noch zu einem Kreuzweg mit einer kleinen ✝ Kapelle, von der Sie eine großartige Aussicht haben. Sie gehen in den Ort hinein und besuchen die ehemalige ✝ Klosterkirche zum Heiligen Kreuz ❻.

Rangendingen ⇧ 421 m

Gasthof Rössle, Haigerlocher Straße 5, 72414 Rangendingen, ☏ 074 71/984 92-0, kontakt@roessle-rangendingen.de, www.roessle-rangendingen.de, Mi-Mo 11:30-24:00

In Rangendingen gibt es zwei Supermärkte.

Klosterkirche zum Heiligen Kreuz.

In Rangendingen gibt es eine Haltestelle der Hohenzollerischen Landesbahn mit Anschluss an Hechingen.

Urkundlich ist Rangendingen seit 795 bezeugt. Reste der Burg Hohenrangendingen aus dem 13. Jahrhundert findet man auf der Anhöhe Hochburg. Zu Beginn des 14. Jahrhunderts stiftete der Ritter Hans Heinrich von Lindach ein Frauenkloster, das erstmals 1431 urkundlich erwähnt wird. Nach seinem Niedergang wurde das Kloster 1580 neu gegründet. Im 17. Jahrhundert wuchs es und wurde erweitert. Anfang des 18. Jahrhunderts, zur Hochzeit des Klosters, wurde der Bau der Klosterkirche beschlossen, die 1750 bis 1754 gebaut wurde. Da das Geld nicht reichte, wurde die Kirche allerdings nie ganz fertig, was heute noch zu sehen ist. Das Kloster wurde schließlich 1802 aufgehoben. Heute befindet es sich im Besitz der Gemeinde und beherbergt das Rathaus.

Rangendingen gehört als Gemeinde zum Zollernalbkreis.

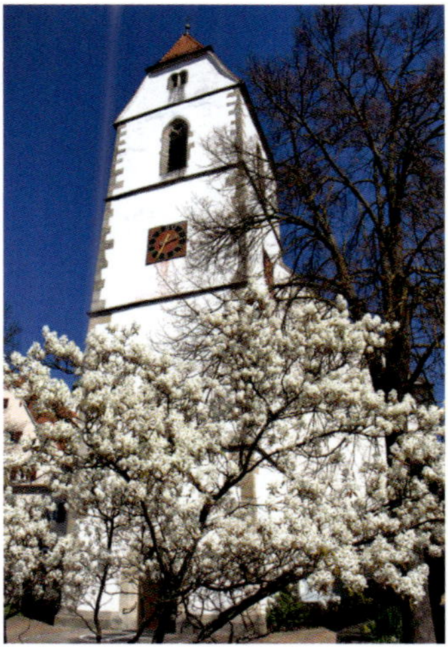

St. Martinus Kirche (mr)

Sie wandern entlang der L410 bis nach **Stein** und machen dort einen Abstecher zur Kirche St. Markus ❼. Dann folgen Sie dem Jakobsweg wie in der 2. Etappe beschrieben nach **Hechingen**.

Hechingen ⇧ 528 m

☞ Informationen zu Hechingen finden Sie am Ende der 2. Etappe, S. 42.

Variante 2.2: Von Rottenburg nach Hechingen über Frommenhausen und Rangendingen

26,6 km, 7 Std., ↑ 415 m, ↓ 235 m, ⇧ 338-532 m

0,0 km	⇧ 349 m	Rottenburg am Neckar
5,7 km	⇧ 416 m	Dettingen
10,1 km	⇧ 482 m	Frommenhausen
13,7 km	⇧ 423 m	Hirrlingen
17,9 km	⇧ 421 m	Rangendingen
26,6 km	⇧ 528 m	Hechingen

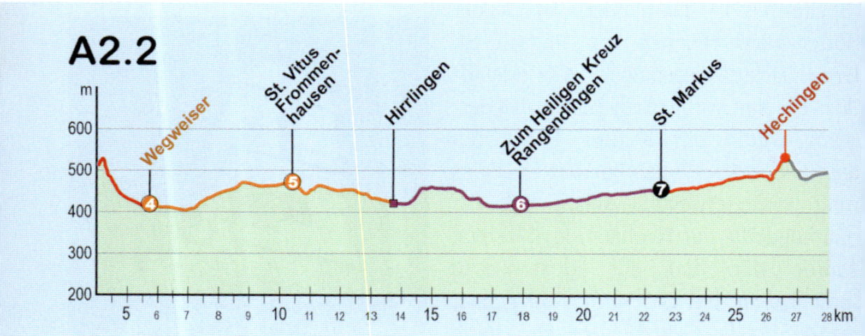

Eine weitere Variante der 2. Etappe bringt Sie über Frommenhausen, Hirrlingen und Rangendingen nach Hechingen.

Wie in Variante 2.1 beschrieben fahren Sie nach Dettingen, von dort wie oben beschrieben nach Frommenhausen und weiter über Hirrlingen nach Hechingen.

Wie bei der 2. Etappe beschrieben wandern Sie auf dem Jakobsweg von Rottenburg bis nach Dettingen. Nun folgen Sie der Variante 2.1 nach Westen, biegen dann aber nicht in Richtung Hemmendorf ab, sondern gehen auf dem breiten Weg geradeaus bis zur L389, die Sie überqueren. Über freie Felder führt der Weg geradeaus bis nach Frommenhausen. Sie bleiben auf der Hauptstraße durch den Ort und verlassen diese bald nach rechts. In Frommenhausen können Sie noch die ✞ Pfarrkirche St. Vitus ❺ besuchen.

Frommenhausen ⇧ 482 m

Pilgerherberge, Raiffeisenstraße 25, 72108 Frommenhausen, ☏ 074 78/461, kurt.hallmayer@rottenburg.de, info@pilgerherberge-frommenhausen.de, auf Spendenbasis (Richtpreis € 15), Wäsche- und Schuhservice

✞ Pfarrkirche St. Vitus

⊙ Pilgerstempel: in der Pilgerherberge

Seit 1972 ist Frommenhausen ein Stadtteil von Rottenburg, liegt allerdings nahezu 10 km entfernt und etwas abgeschieden von allen Verkehrswegen oben auf der Gäuhochfläche in einer Höhe zwischen 369 m und 493 m. Die einzige Besonderheit ist die große Wildbienenanlage am Waldrand mit ihrem Arboretum.

Die Pfarrkirche St. Vitus wurde wahrscheinlich 1770/72 erbaut. An dieser Stelle stand zuvor bereits eine Kapelle. Das Deckengemälde zeigt wunderbar den ländlichen Spätbarock.

Parallel zur L392 gehen Sie bis nach Hirrlingen. Hier treffen Sie auf die Variante 2.1 und wandern auf dieser bis nach Stein und ab dort mit der Hauptroute weiter bis nach **Hechingen**.

Hechingen ⇧ 528 m

☞ Informationen zu Hechingen finden Sie am Ende der 2. Etappe, S. 42.

B. Hohenzollerischer Jakobsweg

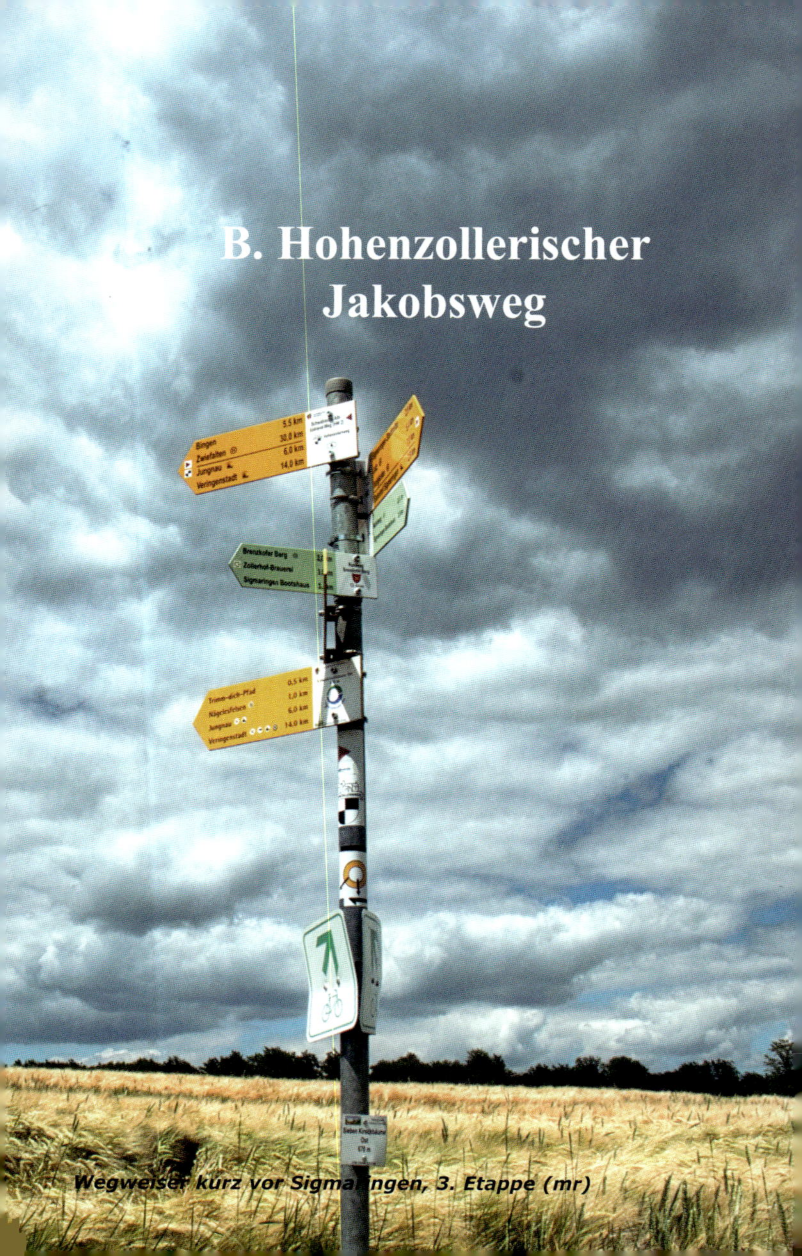

Wegweiser kurz vor Sigmaringen, 3. Etappe (mr)

Der Hohenzollerische Jakobsweg nimmt Sie mit durch die ehemaligen Ländereien der Fürsten von Hohenzollern. Von Hechingen pilgern Sie das Killertal hinauf nach Burladingen. Entlang von Fehla und Lauchert wandern Sie weiter nach Veringenstadt, um dann Sigmaringen mit dem Schloss Hohenzollern zu erreichen. Vorbei am ehemaligen Kloster Inzigkofen spazieren Sie durch weite Landschaften und ein längeres Waldgebiet bis nach Meßkirch. Dieser Abschnitt ist 72,6 km lang.

1. Etappe: Von Hechingen nach Burladingen

20,6 km, 5 Std. 30 Min., ↑ 197 m, ↓ 433 m, ⇧ 480-878 m

0,0 km	⇧ 528 m	Hechingen
5,3 km	⇧ 552 m	Schlatt
8,1 km	⇧ 597 m	Jungingen
10,8 km	⇧ 656 m	Killer
14,2 km	⇧ 825 m	Ringingen
20,6 km	⇧ 722 m	Burladingen

Von Hechingen führt der Jakobsweg auf breiten Wegen und teilweise ausgeschilderten Fahrradwegen nach Killer und weiter nach Ringingen. Der Weiterweg nach Burladingen ist eine Bike-Cross-Strecke. Sie können aber auch einfach durch das Ringinger Tal nach Burladingen radeln.

Alternativ fahren Sie auf dem Fahrradweg von Killer über Hausen nach Burladingen. Diese Strecke können Sie auch zu Fuß gehen.

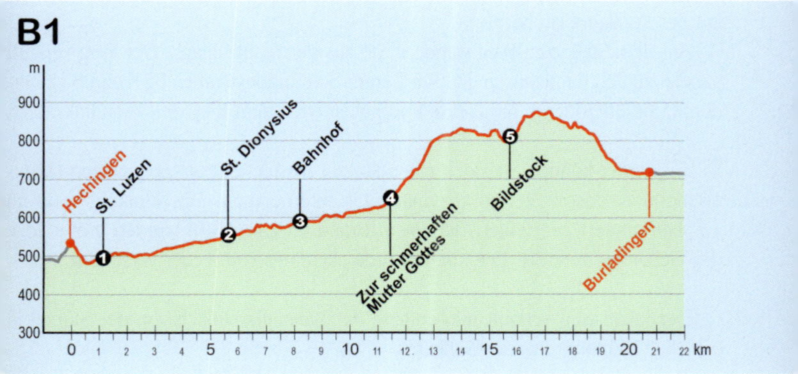

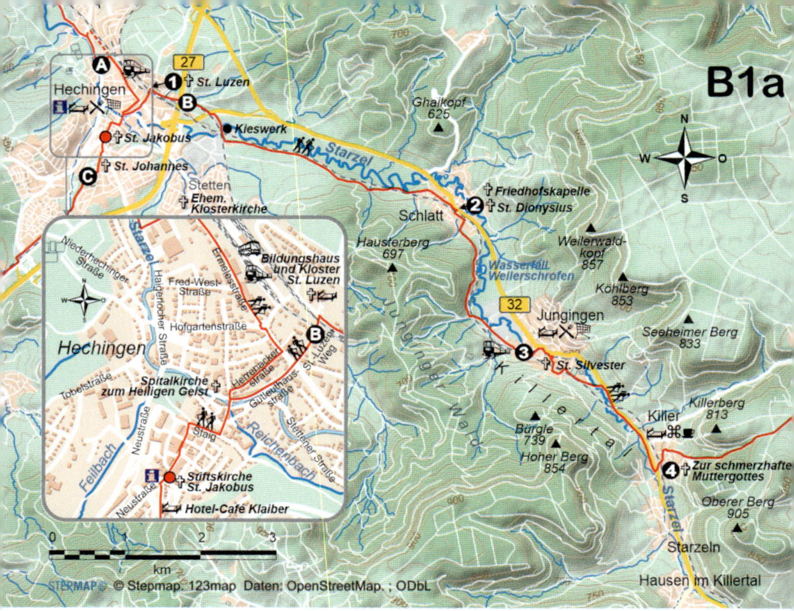

Diese Etappe beginnt in der Stadtmitte von Hechingen an der ✝ Stifts- und Stadtpfarrkirche St. Jakobus. Von der Kirche spazieren Sie zum nahen Marktplatz und durch das Untere Tor zur Unterstadt. Sie überqueren die Starzel und wandern über die Hospitalstraße zum ehemaligen Spital mit der ✝ Spitalkirche zum Heiligen Geist.

Nun gehen Sie auf der Guthleuthausstraße bis zur Bahnhofstraße, die Sie überqueren. Der Jakobsweg bringt Sie zum ✝ Franziskanerkloster St. Luzen ❶ mit der Wallfahrtskirche.

Auf dem St.-Luzen-Weg wandern Sie aus der Stadt hinaus. Der Weg verläuft parallel zu den Bahngleisen und führt unter den Bundesstraßen B27 und B32 hindurch. Sie überqueren die Gleise und gehen nach dem Kieswerk nach links.

↳ ☺ Vorher können Sie noch einen kurzen Abstecher zum ehemaligen Dominikanerinnenkloster Stetten im Gnadental unternehmen. Das Kloster wurde im 13. Jahrhundert gegründet. Bei einem Brand im Jahr 1898 wurden große Teile des Gebäudes zerstört. Die Kirche wurde allerdings vom Feuer verschont.

Der Jakobsweg verläuft nun entlang der Bahnlinie südlich von der Starzel in östlicher Richtung bis nach **Schlatt**.

Schlatt

✞ ⇧ 552 m

✞ Friedhofskapelle Schlatt und St. Dionysius

Schlatt ist seit 1972 ein Stadtteil von Hechingen. Im Gründungsbericht des Klosters Zwiefalten wird der Ort Sclata 1134 zum ersten Mal erwähnt. Die Grafen von Zollern verkauften das Gebiet 1415 an Württemberg, erwarben Schlatt zusammen mit anderen Gebieten aber schon 1433 wieder zurück. Später, im Dreißigjährigen Krieg, wurde das Dorf von den Schweden niedergebrannt. Als eine Rezession zur Hungersnot führte, wanderten zwischen 1830 und 1866 viele Einwohner aus.

Die Friedhofskapelle, die ehemalige Pfarrkirche, ist das Wahrzeichen von Schlatt, liegt etwas oberhalb des Ortes und grüßt von oben hinunter in das Killertal. Die Kirche am Berg wurde mit der Zeit zu klein, zudem verlagerte sich das Leben immer mehr ins Tal. So erbaute man von 1899 bis 1902 im neugotischen Backsteinstil die Kirche St. Dionysius.

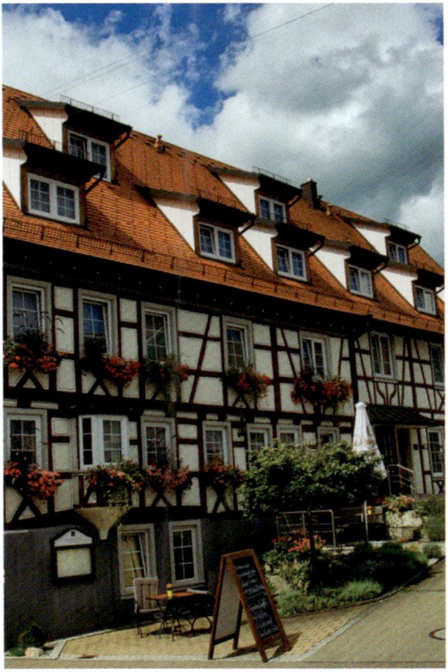

Gasthof in Jungingen (mr)

Über den Brunnenweg wandern Sie zur neuen ✞ Pfarrkirche St. Dionysius ❷. Der Ständelweg führt Sie nach rechts aus dem Ort hinaus. Sie erreichen einen Feldweg, der Sie am Waldrand entlang mit schönen Ausblicken in Richtung **Jungingen** führt.

↳ ☺ Ein kleiner Abstecher unterwegs zum Wasserfall Weilerschrofen lohnt sich.

Sie gelangen nach Jungingen, wandern am Bahnhof ❸ vorbei und gehen in den Ort zur katholischen ✞ Pfarrkirche St. Silvester.

Jungingen

597 m

Hotel Post Jungingen, Killertalstraße 19, 72417 Jungingen, ☏ 074 77/92 99-0, info@hotel-post-jungingen.com, www.hotel-post-jungingen.com, ÜF EZ € 90, DZ € 110

Privatzimmer Angelika Baldus, Bruckstraße 42/1, 72417 Jungingen, ☏ 074 77/15 11 66, angelika.baldus@t-online.de, ÜF € 15-20, gemeinsames Essen auf Wunsch € 10 pro Person, Wäsche- und Schuhservice

Vor Jungingen gibt es einen Supermarkt.

Pfarrkirche St. Silvester

Pilgerstempel: in der Kirche

Die Gemeinde Jungingen liegt im Zollernalbkreis. Vermutlich wurde der Ort im 4. Jahrhundert vom Alemannen Jungo gegründet. Die erste Urkunde stammt aus dem Jahr 1075. Die Burg der Adeligen von Jungingen, Burg Hohenjungingen, stand auf einem Hügel in der Nähe. 1278 kam der Johanniterorden in ihren Besitz, 1300 dann Graf Eberhard I. von Württemberg. Im Städtekrieg von Reutlingen wurden 1311 sowohl Burg als auch Dorf niedergebrannt.

Marienfigur in der Kirche von Jungingen (mr)

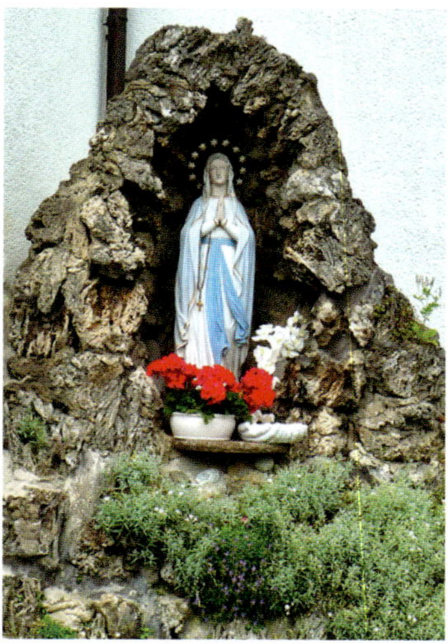

1473 übernahmen die Grafen von Zollern die neu aufgebaute Siedlung. 1852 gründeten Unternehmer im Zuge der Industrialisierung ihre Geschäfte in Jungingen, z. B. Ludwig Bosch seine Waagenfabrik. Dadurch stieg die Einwohnerzahl in den folgenden Jahrzehnten an. Die heutige Pfarrkirche St. Silvester wurde 1819 erbaut. Der erste Kirchenbau in Jungingen geht auf das 13. Jahrhundert zurück. Einmal im Monat findet in der Kirche ein Wallfahrtsgottesdienst statt.

Hinter der Pfarrkirche wenden Sie sich nach rechts zum alten Schulhaus und überqueren wenig später die Bahngleise. An der Hochmeisterstraße gehen Sie nach links, überqueren wieder die Gleise und spazieren auf dem Wander- und Radweg nach **Killer**.

Killer 🛏 ✝ ⊙ ⇧ 656 m

🛏 Jakobsbruderschaft Roland und Hilde Simmendinger, Hohe Straße 13, 72393 Killer, ☏ 074 77/766 oder 📱 01 51/26 86 02 43, ✉ sunnemut@web.de, 2 Klappbetten im Jugendraum und Turm der Kirche, Wäsche- und Schuhservice

✝ Kirche zur Schmerzhaften Muttergottes

⊙ Pilgerstempel: bei der Jakobsbruderschaft, ☏ 074 77/766

Der Ort Killer gehört seit 1973 zur Stadt Burladingen. Er liegt direkt im Killertal, dem Oberlauf der Starzel. 1255 taucht Killer als „Kilwilar" das erste Mal urkundlich auf. Somit ist der Ort wahrscheinlich die jüngste Siedlung im Killertal. Der Ort war nach dem Bau der heutigen Kirche Mater Dolorosa ein vielbesuchter Wallfahrtsort. Leider vernichtete ein Erdbeben 1978 den Kirchturm, der in der Folge neu aufgebaut werden musste.

Bis nach dem Zweiten Weltkrieg wurden in Killer Peitschen produziert, weshalb dort das Peitschenmuseum besichtigt werden kann.

Im Ort können Sie die Wallfahrts- und Filialkirche zur Schmerzhaften Muttergottes besuchen. Vor dem ersten Kirchenbau stand an der Stelle wahrscheinlich ein heidnisches Heiligtum. Die erste Kirche war gleichzeitig die erste Kirche im Tal. Die Glocke aus dem Jahr 1275 ist die größte Glocke des Regierungsbezirks Sigmaringen aus dem 13. Jahrhundert. Sie musste 1832 aufgrund eines Risses umgegossen werden. 1917 wurde die Glocke im Rahmen der Kriegsmetallsammlung abgeliefert. Im Deckengemälde kann man einen Jakobspilger erkennen, der dem Betrachter den Rücken zuwendet, weshalb man keine Jakobsmuschel sehen kann.

1510 wurde in Killer die Jakobsbruderschaft gegründet. Sie besitzt eine Bruderschaftsstatue mit einem Opferschlitz.

Hinter der ✝ Kirche zur Schmerzhaften Muttergottes ❹ wandern Sie auf der ehemaligen Killerstraße in Richtung **Ringingen**.

Ringingen ✝ ♜ ⇧ 825 m

✝ Martinskirche

♜ Burg Hohenringingen

Seit 1974 ist Ringingen ein Teil der Stadt Burladingen. Urkundlich belegt ist, dass die Abtei Reichenau 799 bei Ringingen Boden besaß. Im 12. Jahrhundert wohnten die Herren von Ringingen in ihrer Burg am Nähberg. Die Burg

Hohenringingen entstand im 11. Jahrhundert. Der Bergfried wurde 2008 als Aussichtsturm renoviert. Weiterhin sind noch Teile der Ringmauer vorhanden.

Die alte Straße führt im Bogen auf die Albhochfläche hinauf. Sie gehen durch eine schöne Allee mit alten Bäumen und blicken hinüber zur ✞ Salmendinger Kapelle auf dem Kornbühl. Vor dem Ort biegen Sie nach rechts und wandern über die Helschlochstraße bis zur Bachstraße. Hier steht ein Brunnen mit einem Bildstock ❺ mit einer Statue des heiligen Jakobus.

↳ ☺ Sehr lohnend ist ein Abstecher zur 4 km entfernten ✞ Salmendinger Kapelle. Der Wanderweg beginnt an der ✞ Pfarrkirche von Ringingen. Die Salmendinger Kapelle ist der heiligen Anna geweiht und eine beliebte Wallfahrtskirche. Sie wurde erstmals 1507 erwähnt.

Sie überqueren die Kreisstraße und gehen zum Parkplatz der Burg Hohenringingen. Von hier können Sie einen kurzen Abstecher zur Burgruine unternehmen. Von der Spitze des Turmes haben Sie einen herrlichen Blick auf die Albhochfläche.

Der Weg nimmt Sie weiter mit zu einem Rastplatz, an dem sich ein Bildstock mit der Statue des heiligen Bernhard von Clairvaux befindet. Nun wandern Sie parallel zur Kreisstraße bergauf und folgen dann dem Weg entlang des Traufes nach **Burladingen**.

Burladingen ✞ ⇧ 722 m

i Stadtverwaltung Burladingen, Hauptstraße 49, 72393 Burladingen, ☎ 074 75/892-156, b.rheinberger@burladingen.de, www.burladingen.de, Mo-Do 8:00-11:30, Fr 8:00-12:00, Do 14:00-18:00

Privatzimmer Familie Flad, Schäfergasse 17, 72393 Burladingen, Familie.flad@t-online.de, ☎ 074 75/91 50 82 oder 01 59 /02 49 00 35, ÜF EZ € 40, DZ € 50

✕ Zum Kesselhaus, Michael Roder, Ambrosius-Heimstraße 22, 72393 Burladingen, ☎ 074 75/953 57 77, info@zum-kesselhaus.de, Mi-Fr 11:30-13:30 und 17:30-21:00, Sa ab 17:30, So 11:30-13:30 und 17:30-20:00

♦ Ristorante Pizzeria Da Emanuele, Hauptstraße 54, 72393 Burladingen, ☎ 074 75/17 87, www.da-emanuele.de, Di 17:00-22:00, Mi-Sa 11:30-14:00 und 17:00-22:00, So 11:30-14:00 und 17:00-21:30

In Burladingen gibt es mehrere Supermärkte.

✞ ehemalige Pfarrkirche St. Georg

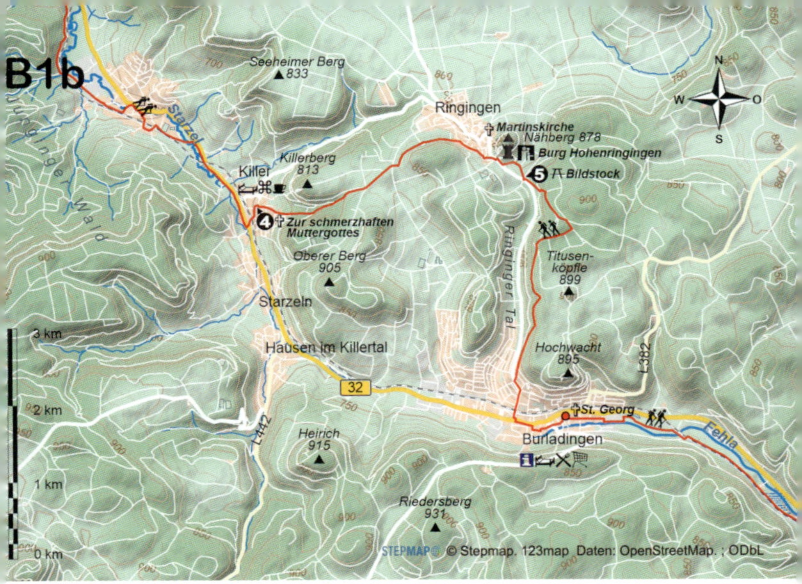

In Burladingen fand man Spuren aus der Bronze- und Eisenzeit. Die Römer errichteten hier ein Kastell. Nördlich davon gab es eine römische Siedlung, die aber um das Jahr 260 wegen der Alemannen aufgegeben wurde. Wahrscheinlich siedelten die Alemannen hier dann ab dem 4. Jahrhundert. Erwähnung findet der Ort als „Burlaidingen" 772. Ab 1300 waren wechselweise die Hohenzollern und die Württemberger im Besitz des Gebiets. 1473 besaß der Graf Hohenzollern-Hechingen Burladingen, das bald darauf Marktrecht erhielt.

Im 20. Jahrhundert dominierte die Textilindustrie in Burladingen, die bis heute allerdings sehr stark zurückgegangen ist. Trigema ist der letzte in Burladingen verbliebene Betrieb.

Die Kirche St. Georg entstand im Jahr 1770 und wurde bei einem Erdbeben im Jahr 1978 schwer beschädigt. Im Sommer finden in der Kirche noch Gottesdienste statt. Zudem wird sie gerne für musikalische Veranstaltungen genutzt.

St. Georg in Burladingen (mr)

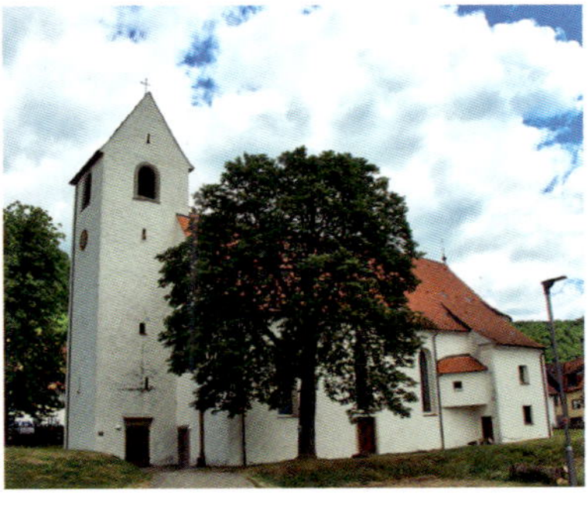

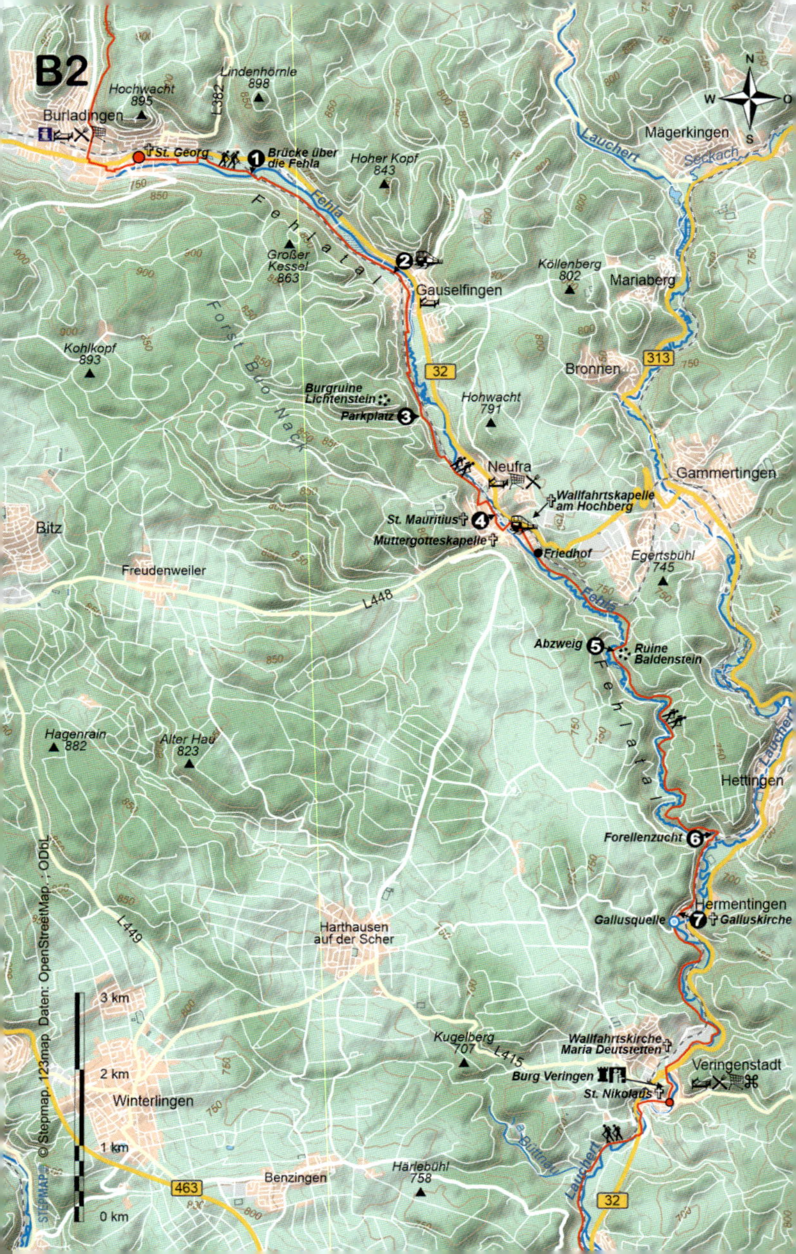

B2
Burladingen
Hochwacht 895
Lindenhörnle 898
L382
St. Georg
1 Brücke über die Fehla
Hoher Kopf 843
Fehla
Fehlatal
Großer Kessel 863
Forst Buo Nack
2
Gauselfingen
Köllenberg 802
Mariaberg
Mägerkingen
Lauchert
Seckach
Kohlkopf 893
32
313
Bronnen
Burgruine Lichtenstein
3 Parkplatz
Hohwacht 791
Neufra
Gammertingen
Wallfahrtskapelle am Hochberg
St. Mauritius 4
Muttergotteskapelle
Friedhof
Egertsbühl 745
Bitz
Freudenweiler
L448
Abzweig 5
Ruine Baldenstein
Hagenrain 882
Alter Hau 823
Hettingen
Forellenzucht 6
Hermentingen
Gallusquelle 7 Galluskirche
L449
Harthausen auf der Scher
Kugelberg 707
L415
Wallfahrtskirche Maria Deutstetten
Burg Veringen
St. Nikolaus
Veringenstadt
Winterlingen
Benzingen
Härlebühl 758
463
3 km
2 km
1 km
0 km
© Stepmap, 123map Daten: OpenStreetMap, ODbL

2. Etappe: Von Burladingen nach Veringenstadt

19,9 km, 5 Std., ↑ 3 m, ↓ 88 m, ⇧ 630-717 m

0,0 km	⇧ 722 m	Burladingen
4,4 km	⇧ 697 m	Gauselfingen
8,1 km	⇧ 680 m	Neufra
16,3 km	⇧ 632 m	Hermentingen
19,9 km	⇧ 631 m	Veringenstadt

Der Jakobsweg verläuft bis kurz hinter Neufra auf dem Fahrrad- und Wanderweg. Danach teilt sich der Weg. Sie können den rechten Fahrradweg nehmen, aber auch auf dem geschotterten, breiten Jakobsweg bleiben. Später treffen beide Wege wieder zusammen und führen gemeinsam nach Veringenstadt.

Über den Traufweg und die Ambrosius-Heimstraße erreichen Sie den Kreisverkehr im Ort an der Durchgangsstraße. Hier gehen Sie nach links auf die Hauptstraße (B32) und dann rechts in die Josengasse. An der Eisdiele biegen Sie nach links in die St.-Veits-Gasse ab. An deren Ende gehen Sie nach links und dann gleich wieder nach rechts ins „Gässle“ und weiter zur ehemaligen katholischen ✝ Pfarrkirche St. Georg. Von hier gehen Sie über die Straßen Beim Schlößle und die Mayinger Straße an einer Spedition vorbei zum Ortsende über eine Brücke über die Fehla ❶.

Nun folgen Sie dem Rad- und Wanderweg entlang der Bahngleise ❷ und der jungen Fehla am Bahnhof vorbei bis nach **Gauselfingen**.

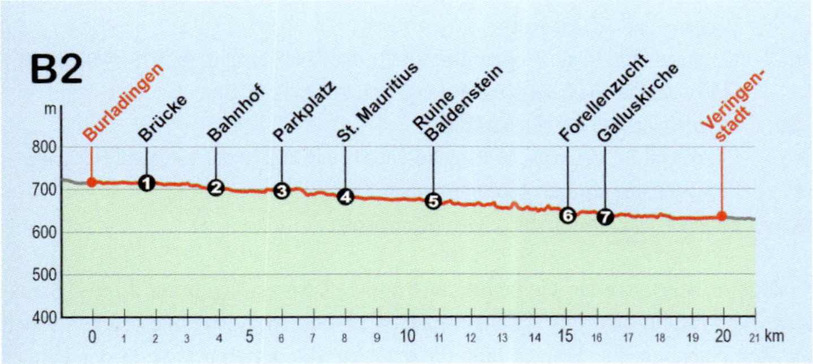

Gauselfingen 697 m

Hotel WIR-Projekt, Reckensteinstraße 14, 72393 Gauselfingen, 074 75/914 32 48, bernd.kappel@gmx.de, www.wir-projekt.de, Ü EZ € 22, DZ € 28, im MBZ € 14, Wäsche- und Schuhservice

St.-Peter-und-Paul-Kirche

Seit 1974 ist Gauselfingen von Burladingen eingemeindet. 722 wird der Ort in derselben Schenkungsurkunde wie Burladingen erwähnt. Auf der Gemarkung des Ortes fand man drei prähistorische Grabhügel. Im 15. Jahrhundert wurde Gauselfingen durch die Grafen von Zollern gekauft.

Nach dem Anschluss an die Bahn gab es einen wirtschaftlichen Aufschwung durch die Textilindustrie, die allerdings in der 70er-Jahren in eine Strukturkrise geriet. Nach dieser Krise gibt es heute kein Textilunternehmen mehr im Ort.

Über die Recksteinstraße gelangen Sie in den Ort. Sie kommen an die Kreuzung mit der Langen Gasse. Hier gehen Sie geradeaus und verlassen Gauselfingen bald in südliche Richtung. Durch das schöne Fehlatal spazieren Sie auf dem Weg weiter in Richtung Neufra.

Der Weg führt teilweise am Waldrand entlang bis zu einem Parkplatz ❸. Hier zweigt ein Weg zu den Ruinen Lichtenstein ab. Wer Lust hat, kann einen Abstecher zu den beiden ehemaligen Burgen unternehmen.

Der Jakobsweg zieht aber weiter durch das Fehlatal bis nach **Neufra**.

Neufra 680 m

Katholisches Pfarramt St. Mauritius, Herr Kopp, Kirchstraße 22, 72419 Neufra, 075 74/914 60, st.mauritius@t-online.de, auf Spendenbasis, 2 Klappbetten, Wäsche- und Schuhservice

Gasthaus Zum Rädle, Hohenzollernstraße 14, 72419 Neufra, 075 74/93 26 88, Mo - Do ab 16.00, Fr & Sa ab 15.00 Uhr, So ab 12.00 Uhr

Metzgereien und Bäckereien im Ort

Pfarrkirche St. Mauritius, Muttergotteskapelle und Wallfahrtskapelle am Hochberg

Pilgerstempel: am katholischen Pfarramt

Bahnhof mit Zugverbindung nach Sigmaringen

Neufra liegt als erste Gemeinde im Landkreis Sigmaringen auf Ihrem Jakobsweg. Hier siedelten bereits in der Bronzezeit Menschen, was Funde belegen. Auch die Römer haben ihre Spuren hinterlassen. Wie die anderen Orte in der Umgebung geht Neufra aus einer alemannischen Siedlung im 6./7. Jahrhundert hervor, die „Niwifara" hieß. 1138 werden „Nufiron" und 1182 die Herren von Lichtenstein erstmals erwähnt. 1468 verkauften die Württemberger Gammertingen und Neufra. 1534 besetzten sie es wieder und führten die Reformation ein. Die Speths herrschten in Neufra von 1507 bis 1806, als das Gebiet an die Fürsten von Hohenzollern-Sigmaringen fiel. Neufra wurde 1850 mit dem Fürstentum preußisch. 1814 brach Typhus aus und in der Folge gab es eine große Hungersnot.

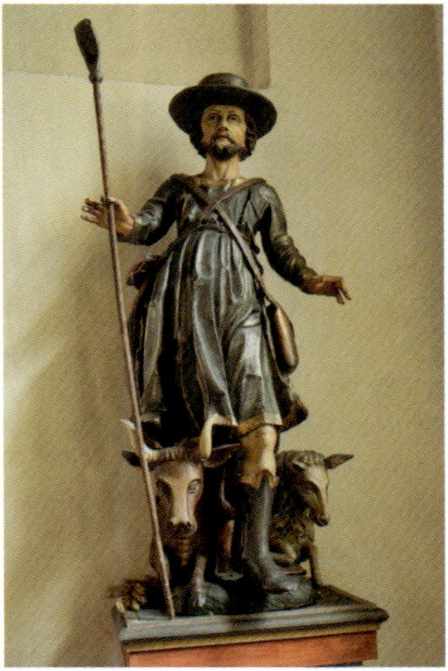

Figur in der Hochbergkapelle bei Neufra (mr)

Einige Bauwerke sind erhalten, etwa das Speth'sche Schlössle von 1690, das aber nur von außen besichtigt werden kann. Die Ruine des Alten Schlosses kann man besuchen. Es stammt aus dem 11. oder 12. Jahrhundert. Dort wurden orientalische Spielfiguren gefunden.

Die Gemeinde besitzt gleich drei Kirchen: die Pfarrkirche St. Mauritius, die Muttergotteskapelle und etwas oberhalb des Ortes am Hochberg eine Wallfahrtskirche, die Sie auf einem Kreuzweg erreichen können.

Die Pfarrkirche St. Mauritius wurde 1860 bis 1862 im neugotischen Stil als Ersatz für eine Vorgängerkirche erbaut. Die Kirche war eigentlich etwas größer geplant worden, allerdings hätte man dann die Fehla überbauen müssen. Somit verkleinerte man den Bau.

Die Muttergotteskapelle im Unterdorf wurde 1591 erbaut. Sie besitzt noch einen geschnitzten Flügelaltar aus der Erbauungszeit.

Die Kapelle am Hochberg oberhalb von Neufra wurde im Jahr 1751 von Pfarrer Sallwürk erbaut, nachdem es 14 Jahre lang viel Hagel gegeben hatte.

Von der Ortsmitte in Neufra gehen Sie an der Kirche St. Mauritius ❹ vorbei bis zum Friedhof und folgen dem breiten Weg durch das Fehlatal. Sie kommen an eine Wegteilung. Während der Fahrradweg nach rechts abzweigt, nehmen Sie den breiten Wanderweg, der geradeaus führt.

Kurz nach der Wegteilung biegt nach links ein Steig zur Ruine Baldenstein ❺ ab. Sie bleiben aber auf dem Hauptweg durch das Tal bis zur Forellenzucht am Ende des Tales ❻. Hier mündet die Fehla in die Lauchert, außerdem treffen Sie hier auf den Jakobsweg, der von Reutlingen hierherführt. Sie biegen nach rechts ab, überqueren die Fehla und spazieren auf dem Rad- und Wanderweg nach **Hermentingen**.

Hermentingen

✟ ⇧ 632 m

✟ Galluskirche

Heute gehört Hermentingen zu Veringenstadt. Erstmals wird der Ort 1138 urkundlich erwähnt, allerdings begann die Siedlungszeit deutlich früher. Der Ort hatte einen natürlichen Wasserreichtum, was eine Siedlung im Vergleich zu anderen Orten auf der Schwäbischen Alb deutlich begünstigte. Die Realteilung ermöglichte zu Beginn, dass mehrere Familien hier Ackerbau betreiben konnten.

Die Kirche in Hermentingen ist dem heiligen Gallus, einem Wandermönch aus Irland, geweiht. Sie stammt aus dem 14. Jahrhundert, die Wandfresken aus dem 15. Jahrhundert.

An der Gallusquelle (mr)

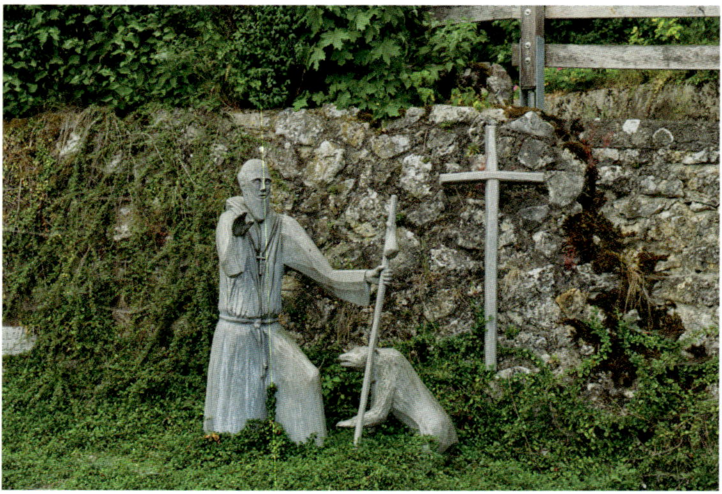

Im Ort gehen Sie zur am Hang gelegenen ✞ Galluskirche ❼. Nach der Kirche folgen Sie dem Weg zur Gallusquelle, die heute an die Trinkwasserversorgung des Zweckverbands Zollernalbgruppe angeschlossen ist. Neben der Karstquelle steht eine Statue des heiligen Gallus. Nun wandern Sie entlang der Lauchert bis nach **Veringenstadt**.

Veringenstadt ⇧ 631 m

Lauchertstüble, Bianca und Roland Feil, Im Städtle 117, 72519 Veringenstadt, ☏ 075 77/93 34 93, info@lauchertstüble.de, ÜF EZ € 55, DZ € 106, Wäsche- und Schuhservice, Fr Ruhetag

Pizzeria Ristorante da Raffaele im Burgblick, An der Reute 2, 72519 Veringenstadt, ☏ 075 77/933 76 44, info@pizzeria-burgblick.de, www.pizzeria-burgblick.de, Di-So 11:30-14:00 und 17:00-22:00

Einkaufsmöglichkeiten im Ort

✞ Wallfahrtskirche Maria Deutstetten und St. Nikolaus

⊙ Pilgerstempel: Pfarrbüro

Burg Veringen

⌘ Heimatmuseum

In Veringenstadt befindet sich das älteste Rathaus Hohenzollerns, in dem heute noch die Stadtverwaltung untergebracht ist. Es stammt aus dem Jahr 1415. Im ehemaligen Bürgersaal des Rathauses können Sie das Heimatmuseum besuchen, das neben altsteinzeitlichen Funden auch das Hexenhemd der Bader-Ann, einer in Veringenstadt als „Hexe“ beschuldigten und verbrannten Frau enthält.

Veringenstadt wurde schon sehr früh besiedelt. In der Nähe befinden sich Höhlen, in denen zwischen 1934 und 1948 Ausgrabungen stattfanden. Dabei entdeckte man Gegenstände der Neandertaler von vor etwa 50.000 Jahren.

Die erste urkundliche Erwähnung stammt aus dem Jahr 786. Der Name leitet sich von einem „Fara“ oder „Faro“ ab, was später zu „Faringa“ und um 1130 zu „Veringin“ wurde.

Die Grafen von Veringen errichteten von 1100 bis 1134 die Burg nahe Veringendorf. Sie waren sehr wohlhabend und siedelten gezielt neue Einwohner an, sodass 1250 die Stadt Veringenstadt ihre Gründung fand. 1344 wurden die Burg und die Stadtrechte an die Grafen von Württemberg verkauft. Nach wechselnder Eigentümerschaft fiel das Gebiet zuletzt an die Habsburger, die es 1535 dem Grafen von Zollern als Lehen gaben. Erst 1806 endete die Zugehörigkeit zu Österreich.

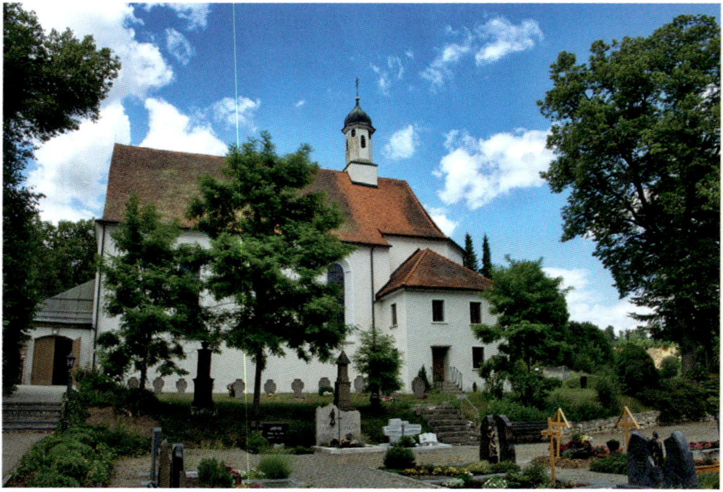

Maria Deutstetten in Veringenstadt (mr)

Nach dem Dreißigjährigen Krieg warb man mehr als 1.650 Bauernfamilien aus Tirol an, die nach Veringenstadt zogen. Die Burg zerfiel immer mehr und wurde lange Zeit als Steinbruch genutzt.

In mehreren Auswanderungswellen ab 1750 nahm die Bevölkerung wieder ab. 1850 wurde auch Veringenstadt preußisch. Nach dem Zweiten Weltkrieg verdoppelte sich die Einwohnerschaft quasi, da Heimatvertriebene aufgenommen wurden.

Ab 1978 wurde die Burgruine gesichert, heute ist sie frei zugänglich. Neben der Burgruine steht die Peterskapelle aus dem 10. oder 11. Jahrhundert. Hier findet man auch Hinweise zur Jakobusverehrung.

Die Wallfahrtskirche Maria Deutstetten wurde an der Stelle einer Vorgängerkirche erbaut und 1753 geweiht. Der Name der Pfarrei Deutstetten reicht bis in das Jahr 1241 zurück. Auf dem Vorplatz der Kirche finden Sie die Kriegerdenkmale von Veringenstadt.

Das Ortsbild wird von der Pfarrkirche St. Nikolaus bestimmt. Der erste Vorgängerbau stammte aus dem Jahr 1316. Zwischenzeitlich wurde sie mehrfach erweitert. 1811 sollte die Wallfahrtskirche Deutstetten mit der Pfarrei Veringenstadt zusammengelegt und St. Nikolaus abgebrochen werden. Dazu kam es allerdings nie. Stattdessen wurde die Kirche 1821 zur Pfarrkirche erhoben. 1861 wurde sie bis zum unteren Teil des Kirchturmes abgerissen und in ihrer heutigen Größe 1871 eingeweiht. Im Jahr 1957 wurde die Kirche umgestaltet und durch eine Verlängerung der Chorfenster deutlich heller.

3. Etappe: Von Veringenstadt nach Sigmaringen

➲ 15,1 km, ⌛ 4 Std., ↑ 81 m, ↓ 131 m, ⇧ 581-681 m

0,0 km	⇧ 631 m	Veringenstadt
3,9 km	⇧ 625 m	Veringendorf ✞
6,8 km	⇧ 610 m	Jungnau ✞
15,1 km	⇧ 581 m	Sigmaringen

Der Jakobsweg führt von Veringenstadt auf einem Wander- und Fahrradweg bis zum Abzweig des Steiges zum Nägelesfelsen. Der Steig ist nicht mit dem Rad befahrbar. Daher bleiben Sie besser auf dem Radweg, der Sie nach Sigmaringen bringt.

☺ In Veringenstadt lohnt sich der Abstecher zur ✞ Wallfahrtskirche Maria Deutstetten, die sich etwas nördlich vom Ortszentrum befindet.

In Veringenstadt gehen Sie zur ✞ Nikolauskirche und zur Burganlage hinauf. Von hier oben genießen Sie eine wunderbare Aussicht auf das Tal der Lauchert.

Nach der Besichtigung der Burganlage und einem Spaziergang durch die Stadt gehen Sie über die Lauchertbrücke ❶ weiter in Richtung Sigmaringen. Hier verabschiedet Sie eine Skulptur des Neandertalers.

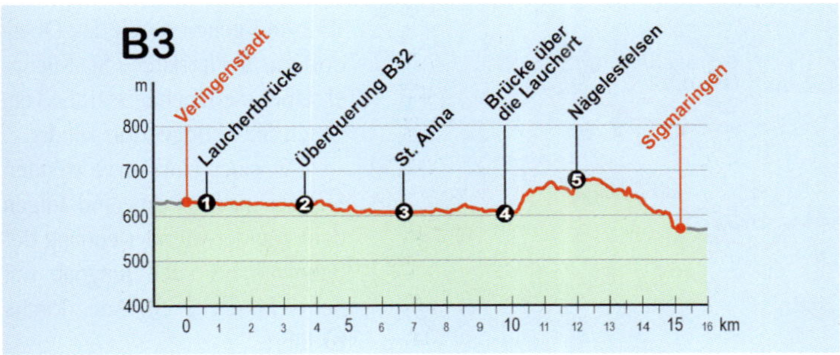

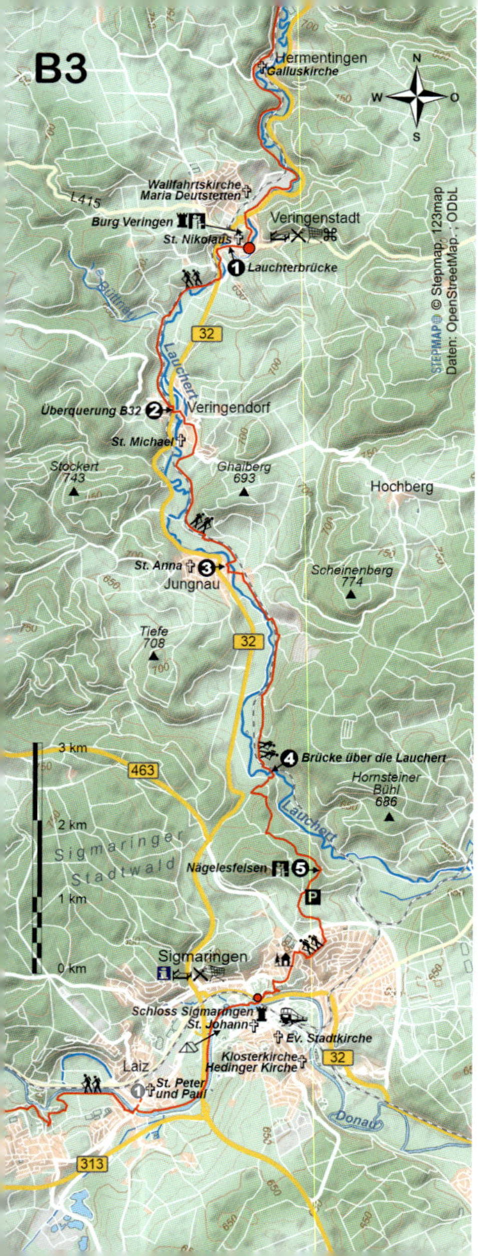

Kurz nach Verlassen des Ortes wenden Sie sich nach rechts und wandern unter der B32 hindurch ❷. Nun folgen Sie den Bahngleisen der Hohenzollerischen Landesbahn durch das Tal der Lauchert bis nach **Veringendorf**.

Veringendorf ✝ ⇧ 625 m

✝ Pfarrkirche St. Michael

Veringendorf ist seit 1975 ein Stadtteil von Veringenstadt. Die ältere der beiden Siedlungen ist Veringendorf, in dessen Nähe die Burg errichtet wurde und später in unmittelbarer Nachbarschaft zur Burg Veringenstadt entstand.

Bei der Kirche St. Michael in Veringendorf handelt es sich um die älteste Kirche Hohenzollerns. Der Chor und die Doppelturmanlage stammen aus der Zeit um 1000.

Im Ort überqueren Sie die B32 und gehen durch das Oberdorf zur ✝ Pfarrkirche St. Michael. Über die Hochbergstraße verlassen Sie Veringendorf wieder.

An einer Linkskurve wenden Sie sich nach rechts und folgen dem Wanderweg, der entlang der Bahnlinie bis nach **Jungnau** mit der schönen ✝ St.-Anna-Kirche ❸ führt.

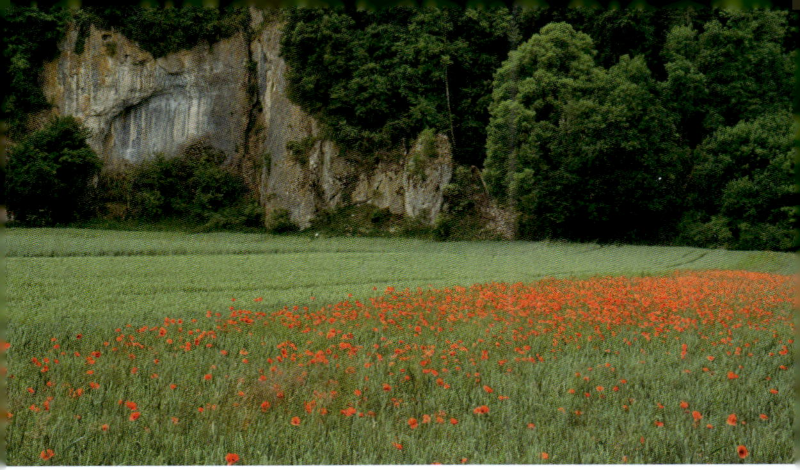

Landschaft kurz nach Veringenstadt (mr)

Jungnau

✝ ⇧ 610 m

✝ St.-Anna-Kirche Jungnau

Seit 1974 ist Jungnau, zuvor eine eigenständige Gemeinde, ein Stadtteil von Sigmaringen. Ungefähr um 800 v. Chr. gab es bereits die Vorgängersiedlung Hoppental. Auf dem Friedhof fand man ein Skelett aus der Bronzezeit mit zwei Armringen aus Bronze. Später kamen die Kelten und ließen sich um 400 v. Chr. hier nieder. Sie gaben dem Fluss den Namen Lauchert. Dann übernahmen die Römer das Gebiet und legten Straßen an. Ein paar Gegenstände aus der Römerzeit wurden hier gefunden. Die Alemannen eroberten die Gebiete um 260 n. Chr. und gründeten bei Jungnau Siedlungen, die es heute nicht mehr gibt. Erst 1333 fand Jungnau überhaupt eine urkundliche Erwähnung.

Von der Burg Jungnau, errichtet 1316, kann man nur noch den Bergfried im alten Dorfkern sehen, da sie 1844 abgerissen wurde.

Die St.-Anna-Kirche stammt aus dem Jahr 1738/39. Sie besitzt einen achteckigen Turm.

Von Jungnau spazieren Sie durch die Talaue der Lauchert in Richtung Sigmaringen. An einer Wegteilung verlassen Sie den Radweg nach links. Sie überqueren die Lauchert ❹ und wandern weiter nach Süden, bis Sie auf den Radweg treffen.

Jetzt gehen Sie weiter in Richtung Sigmaringen, biegen bald aber nach links ab. Der Steig führt im Wald steil bergauf zu einer kleinen Hütte. Von hier folgen Sie dem Wegweiser in Richtung Nägelesfelsen ❺.

Nach einer kurzen Pause gehen Sie zu einem Parkplatz und wandern nun hinunter in Richtung **Sigmaringen**. Sie erreichen die Häuser und lassen sich von den Markierungen zum Ortskern leiten.

Sigmaringen ⇧ 581 m

Touristinfo, Leopoldplatz 5, 72488 Sigmaringen, 075 71/10 62 24, tourismus@sigmaringen.de, www.sigmaringen.de, Mo-Fr 10:00-13:00 und 14:00-18:00, Sa und So 10:00-13:00

♦ Pfarrbüro Mittendrin, Kirchberg 2, 72488 Sigmaringen, 075 71/73 09 30, info@mittendrin-sigmaringen.de, mittendrin-sigmaringen.de, Mo, Di, Do und Fr 9:30-12:30 und 14:00-17:00, Sa 9:30-12:30, Mi geschlossen

HZ Jugendherberge, Katja und Enrico Netto, Hohenzollernstraße 31, 72488 Sigmaringen, 075 71/132 77, info@jugendherberge-sigmaringen.de, ÜF € 32,30 (über 27 Jahre), Abendessen € 6, nur mit Jugendherbergsausweis, Wäsche- und Schuhservice

Gasthof Traube, Frau Stahl, Fürst-Wilhelm-Straße 19, 72488 Sigmaringen, 075 71/645 10, traube@hotel-traube-sigmaringen.de, hotel-traube-sigmaringen.de, ÜF EZ ab € 45, DZ € 70-98, Wäsche-/ Schuhservice

♦ Pension Eichamt, Donaustraße 15, 72488 Sigmaringen, 075 71/149 18 oder 01 71/681 18 02, info@pension-eichamt.de, ÜF EZ € 60, DZ € 80, auch MBZ möglich, Wäsche- und Schuhservice

Campingplatz out&back, Frau Stadler, Georg-Zimmerer-Straße 6, 72488 Sigmaringen, 075 71/504 11, info@outandback.de, www.outandback.de, Ü 1 Person € 27, 2 Personen € 34, 3 Personen € 40,50, Schlafsack erforderlich, in Hütten für 4 Personen, Wäsche- und Schuhservice

Im Ort gibt es mehrere Restaurants.

Im Ort gibt es mehrere Einkaufsmöglichkeiten.

✝ Stadtpfarrkirche St. Johann Evangelist, Klosterkirche Hedinger Kirche, evangelische Stadtkirche

⊙ Pilgerstempel: Jugendherberge, Gasthof Traube, Pension Eichamt, Campingplatz out&back, Pfarrbüro Mittendrin (spezieller Stempel)

Schloss Sigmaringen, Karl-Anton-Platz 8, besichtigung@hohenzollern.com, www.hohenzollern-schloss.de, April-Okt tägl. 9:00-18:00, Nov, Dez und März tägl. 10:00-17:00, 075 71/729-230, Eintritt für Erwachsene € 9,50 (Schloss) bzw. € 12,50 (mit Waffenhalle), Kinder (4 bis 17 Jahre) € 5 bzw. € 7, auch Familienkarten erhältlich

Bahnhof der Hohenzollerischen Landesbahn mit Anschluss an Tübingen

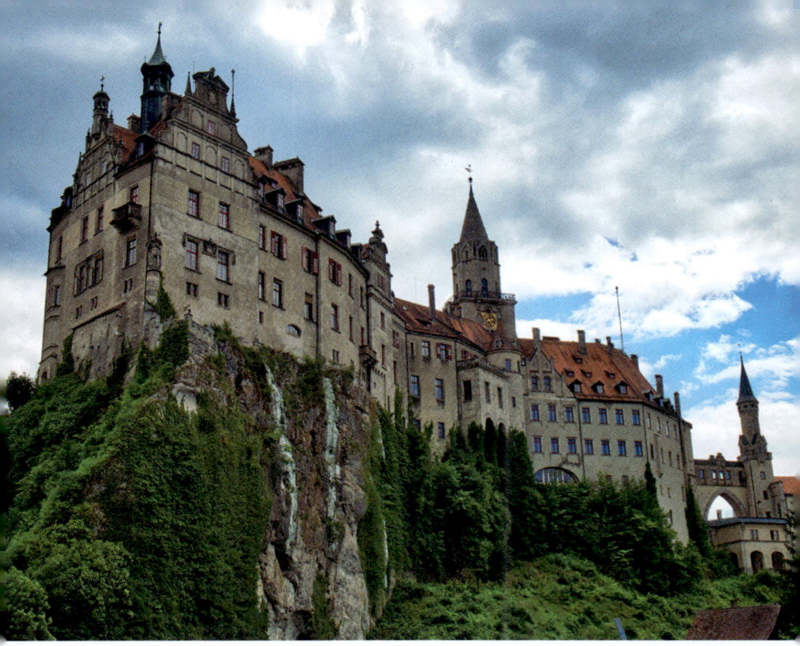

Schloss Sigmaringen (mr)

Sigmaringen liegt im schönen Donautal. Bereits in der Altsteinzeit gab es hier erste Siedlungen von Menschen. Auch keltische und römische Funde zeugen von einer langen Besiedlungsgeschichte. Der Name geht auf den Alemannenritter Sigmar zurück, der sich im 6. Jahrhundert am Schlossfelsen niedergelassen hatte. Erstmals urkundlich erwähnt wird die Burg Sigimaringin im Jahr 1077. 1250 gründete sich dann offiziell die Stadt Sigmaringen.

Danach folgte eine wechselhafte Geschichte mit vielen Besitzern, bis 1535 Kontinuität eintrat und die Hohenzollern das Gebiet samt Burg übernahmen. Im 16. Jahrhundert machten sie den Ort zur fürstlichen Residenz und bauten die Burg in ein Schloss um. 1632 besetzten die Schweden das Schloss. Nach der Rückeroberung erhielten die Hohenzollern die Grafschaft Sigmaringen als Lehen. Dank der guten Beziehungen zur Ehefrau von Napoléon Bonaparte blieb das Fürstentum Hohenzollern ein souveränes Fürstentum. Von 1806 bis 1849 war Sigmaringen Hauptstadt und Residenz des Fürsten von Hohenzollern-Sigmaringen. Aus dieser Zeit stammen Umbauten und Gebäude in der Stadt. 1850 fiel Sigmaringen an Preußen und war bis 1945 Sitz der preußischen Regierung für die Hohenzollernschen Lande.

Nach einem Brand 1893 wurde das Schloss zu Beginn des 20. Jahrhunderts neu aufgebaut. Von Oktober 1944 bis April 1945 war Sigmaringen Sitz der geflohenen französischen Vichy-Regierung.

Jahrhundertelang war Sigmaringen katholisch. Erst als Hohenzollern preußisch wurde, veränderte sich ab 1850 auch das Bild der Kirchen. Beamte, Richter und Staatsdiener wurden evangelisch.

Die heutige Stadtpfarrkirche St. Johann Evangelist geht auf eine Vorgängerkirche zurück und wurde 1580 erbaut. Die wunderbare Barockkirche diente als Grablege der Grafen von Werdenberg und der Fürsten von Hohenzollern-Sigmaringen.

Am südlichen Ortsrand von Sigmaringen liegt das ehemalige Kloster Hedingen mit der Klosterkirche. Die Hedinger Kirche wurde 1680 bis 1682 gebaut. Eine Chorkuppel im Jugendstil über der Hohenzollerngruft erhielt sie 1889. Man findet sie am Ende der Karlsstraße im südlichen Stadtrand.

Die ✟ evangelische Stadtkirche wurde 1861/62 gebaut.

Auf dem Weg nach Inzigkofen (mr)

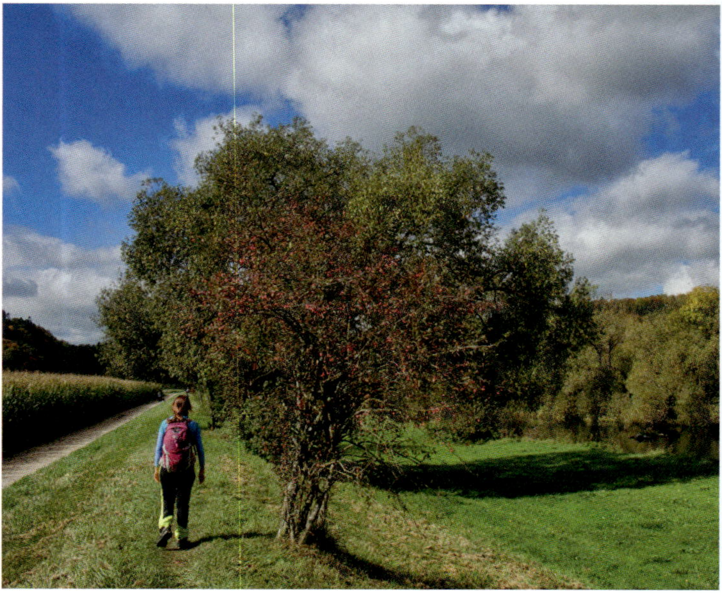

4. Etappe: Von Sigmaringen nach Meßkirch

19,1 km, 5 Std., ↑ 118 m, ↓ 85 m, ⇧ 568-685 m

0,0 km	⇧ 581 m	Sigmaringen
2,6 km	⇧ 577 m	Laiz
5,9 km	⇧ 630 m	Inzigkofen
8,7 km	⇧ 666 m	Vilsingen
11,0 km	⇧ 673 m	Engelswies
19,1 km	⇧ 616 m	Meßkirch

Bis nach Laiz können Sie auf dem Fahrradweg entlang der Donau radeln. Dann folgen Sie aber nicht mehr dem Jakobsweg an der Donau, sondern nehmen den Fahrradweg zum Kloster Inzigkofen. Auch der Weg durch den Fürstlichen Park ist nicht für Fahrräder geeignet. Stattdessen bleiben Sie auf dem Fahrradweg durch den Ort. Hinter Inzigkofen treffen Sie wieder auf den Jakobsweg, der Sie als Wander- und Fahrradweg nach Engelswies bringt. Der weitere Weg nach Meßkirch ist zwar nicht als Fahrradweg ausgeschildert, verläuft aber auf breiten Schotterwegen, die gut befahrbar sind.

Von der Ortsmitte in Sigmaringen spazieren Sie durch die Fürst-Wilhelm-Straße und biegen am Gasthof Bären nach rechts zur Burgstraße ab. Sie überqueren auf einer Brücke die Donau und folgen nun dem Fußweg, der entlang der Donau bis nach **Laiz** führt.

☺ Es ist möglich, auf beiden Seiten der Donau bis nach Laiz zu wandern. Der Weg ist nicht zu verfehlen.

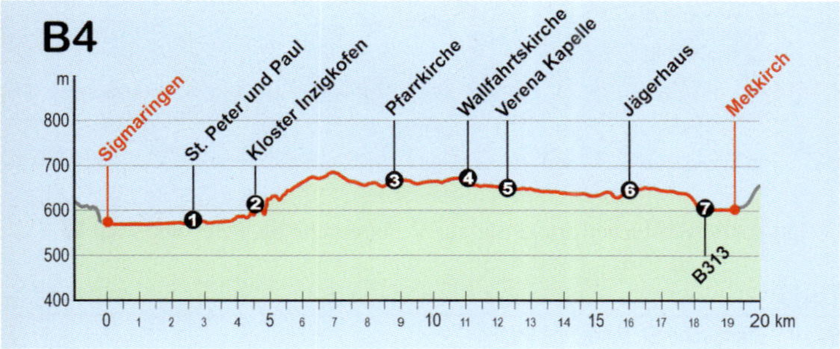

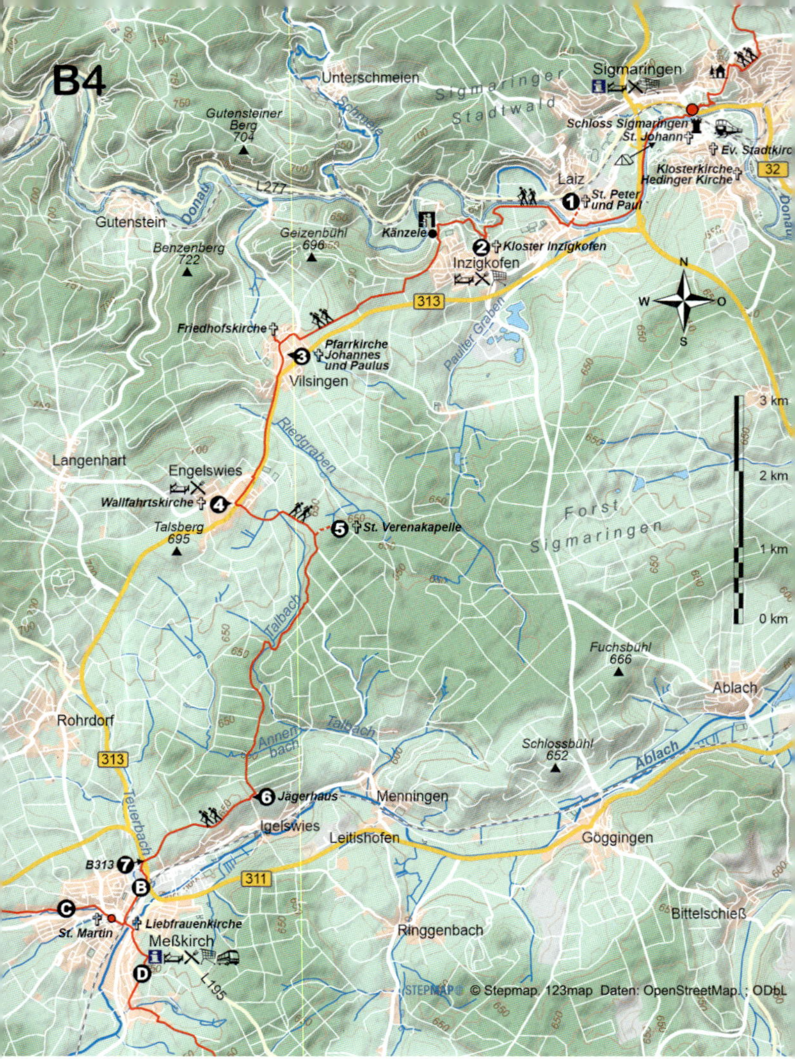

Ein kurzer Abstecher bringt Sie zur ✝ Pfarrkirche St. Peter und Paul ❶.

Laiz ✝ ⇧ 577 m

✝ Pfarrkirche St. Peter und Paul

1975 wurde Laiz als bisher eigenständige Gemeinde der Stadt Sigmaringen zugeschlagen. Die Region war schon sehr früh besiedelt. Während der Römerzeit führte durch Laiz eine Römerstraße, die die Schweiz mit Mainz verband. 1810 übernahm der souveräne Staat Fürstentum Hohenzollern-Sigmaringen Laiz.

Das Frauenkloster Laiz entstand 1356 aus einer Klause und wurde 1782 von Kaiser Joseph II. aufgehoben.

Die Pfarrkirche St. Peter und Paul wurde 1308 erbaut. Sie beherbergt einige bedeutende Figuren, darunter die Figur des heiligen Wendelin, an dessen Pelerine zwei Jakobsmuscheln angeheftet sind.

Zurück an der Donau gehen Sie über die Brücke und biegen gleich danach rechts ab. Der Weg führt weiter an der Donau entlang bis nach **Inzigkofen**.

Inzigkofen 🛏 ✕ 🛒 ✞ ⊙ ⇧ 630 m

🛏 Pension Kreuz, Rathausstraße 15, 72514 Inzigkofen, ☏ 075 71/518 12, ✉ info@kreuz-inzigkofen.de, ÜF € 38, Wäsche- und Schuhservice

✕ 🛒 Winkelhof mit Hofladen, Im Winkel 4, 72514 Inzigkofen, ☏ 075 71/68 55 42, ✉ info@winkel-hof.de, 💻 www.winkel-hof.de, 🚪 April-Sep Di, Sa ab 14:00, Fr, So ab 12:00

✕ Parkstüble, Schlossbühlweg 1, 72514 Inzigkofen, ☏ 075 71/517 33, ✉ info@parkstueble-inzigkofen.de, 💻 www.parkstueble-inzigkofen.de, am Eingang zum Fürstlichen Park, 🚪 Di-Sa 14:00-22:00, So 11:00-22:00

✞ Kloster Inzigkofen

⊙ Pilgerstempel: Pension Kreuz

Inzigkofen ist heute eine eigenständige Gemeinde im Landkreis Sigmaringen.

Bereits in der Ur- und Frühzeit siedelten Menschen hier, was Funde z. B. in der Burghöhle Dietfurt belegen. Erstmals erwähnt wird die Burg Utkoven im 13. Jahrhundert, 1306 wird der Ort Ünzkowen genannt. Mit der Zeit bildete sich der Name Inzigkofen heraus, der möglicherweise auf eine Person namens Unzo zurückgeht.

Das Kloster Inzigkofen wurde 1354 gegründet und 1366 erstmals urkundlich erwähnt. 1394 schlossen sich die Schwestern einer augustinischen Reformbewegung an. Im Jahr 1412 wurde das Kloster eine eigene Pfarrei, nachdem es sich vorher von der Pfarrei Laiz gelöst hatte. Im späten Mittelalter stieg das Kloster zu einem geistlich angesehenen Frauenkloster auf. Bis zum 17. Jahrhundert gehörten zum Kloster 44 Lehenshöfe. Am 5. November 1802 wurde das Kloster vom Fürst

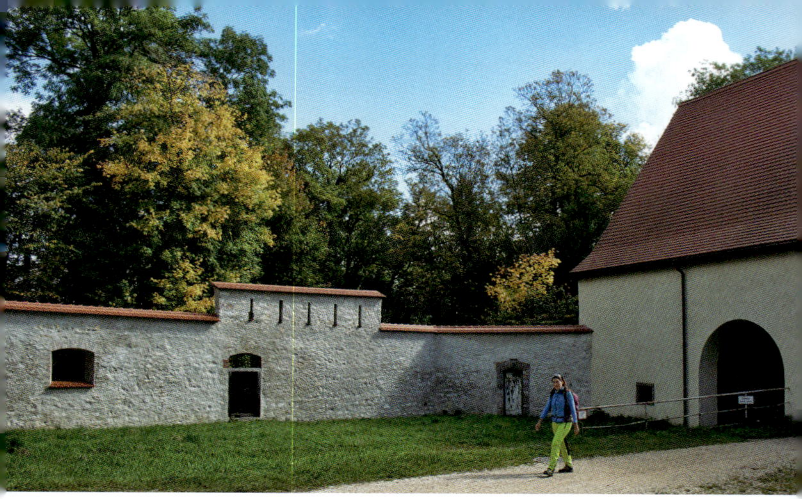

Im Klosterhof von Inzigkofen (mr)

von Hohenzollern-Sigmaringen enteignet und anschließend versteigert. Er hatte das Kloster als Ausgleich für den Verlust seiner Gebiete im Elsass erhalten. Die Schwestern hatten ein Bleiberecht bis zum Tod der letzten Nonne. Nun begann die 200-jährige fürstliche Zeit in Inzigkofen. Das Klosteramtshaus wurde zu einem Schlösschen umgebaut und die Hänge an der angrenzenden Donau wurden zu einem Landschaftsgarten umgestaltet. Heute gehört die Anlage der Gemeinde Inzigkofen und beherbergt ein Volksschulheim.

Sehenswert ist der Fürstliche Park Inzigkofen, ein Landschaftsgarten der Romantik aus den Jahren 1811 bis 1829. Heute ist der Park immer noch in Besitz der Hohenzollern, betreut wird er vom Schwäbischen Albverein Inzigkofen. Beeindruckend sind die Teufelsbrücke über die Höllschlucht, das Felsentor, der Aussichtspunkt Känzele und die Eremitage.

Sie gehen hinauf zum ehemaligen Augustinerchorfrauenstift ❷ und besuchen vielleicht die ✞ Klosterkirche. Anschließend spazieren Sie durch den Innenhof und den von Mauern umschlossenen Klostergarten. Sie folgen kurz der Teerstraße bergab und biegen an einem Feldkreuz nach links ab. Bald schon stehen Sie auf dem „Känzele", von dem Sie eine wunderbare Aussicht auf das Donautal genießen.

Nun gehen Sie nach links und erreichen bald den markierten Jakobsweg. Dieser führt an einer Neubausiedlung vorbei zum Ortsrand von Inzigkofen. Sie wandern ein Stück am Waldrand entlang, biegen nach links und wenig später wieder nach rechts ab.

Der Fahrrad- und Wanderweg bringt Sie dann nach **Vilsingen** mit der ✞ Pfarrkirche Johannes und Paulus ❸.

Vilsingen ✞ ⇧ 666 m

✞ Pfarrkirche Johannes und Paulus, Friedhofskirche

Vilsingen gehört gemeinsam mit Engelswies zu den ältesten Orten in der Region. Der Ort wird erstmals 793 urkundlich erwähnt. Heute gehört er zur Gemeinde Inzigkofen. Die Pfarrkirche Johannes und Paulus ist schon von Weitem sichtbar. Grund ist der 47 m hohe Kirchturm. Die Kirche stammt aus dem Jahr 1871. In ihrem Inneren befindet sich ein Taufstein des Künstlers Simon Korn, der aus Vilsingen stammt.

Die Friedhofskirche ist eine der ältesten Kirchen Hohenzollerns. Untersuchungen ergaben, dass die Grundmauern aus dem Jahr 850 stammen. Die heutige Kirche wurde 1470 erbaut und im 16. Jahrhundert erneuert. Nach dem Bau der neuen Pfarrkirche wurde sie zur Friedhofskirche.

Gleich nach dem Ortseingang biegen Sie nach rechts ab und dann gleich wieder nach links, um über die Gässlestraße bis kurz vor die ✞ Friedhofskirche zu gehen, der Sie einen Besuch abstatten können. Anschließend gehen Sie über die Dorfstraße bis zur ✞ Pfarrkirche.

Nach der Besichtigung der Kirche verlassen Sie den Ort und wandern auf dem Fahrradweg entlang der B313 nach **Engelswies**.

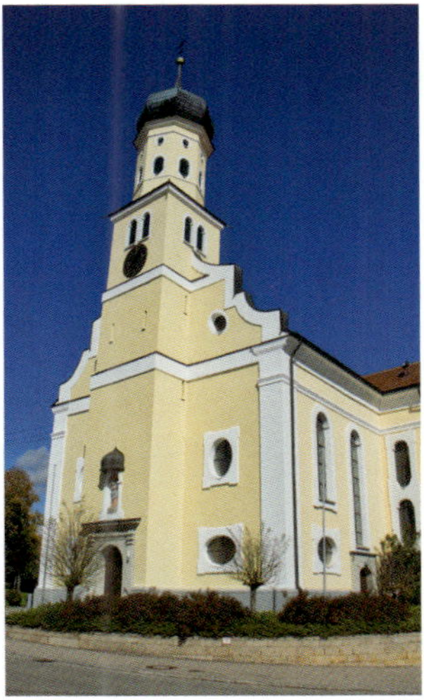

Die Kirche in Engelswies (mr)

Engelswies 🛏 ✕ ✞ ⦿ ⇧ 673 m

🛏 Firma Woru, Wolfgang Ruff, Hauptstraße 3, 72514 Engelswies, ☏ 075 75/29 52 oder 📱 01 76/96 72 11 89, ✉ wolfgang.ruff@woru.de, ein Gästezimmer mit WLAN, auf Spendenbasis, Wäsche- und Schuhservice, Frühstück und Abendessen auf Anfrage

✕ Pizzeria Mamma Mia, Am Kirchbühl 1, 72514 Engelswies, ☏ 075 75/32 08, Do-Mo 11:00-13:30 und 17:00-21:30

✝ Wallfahrtskirche zur Schmerzhaften Muttergottes und St.-Verena-Kapelle

⊙ Pilgerstempel: Privatzimmer Wolfgang Ruff

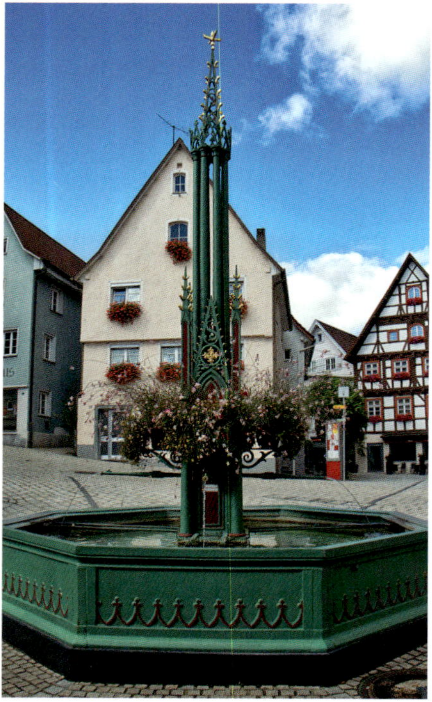

In Meßkirch (mr)

Auch Engelswies gehört zur Gemeinde Inzigkofen und wurde wie Vilsingen bereits 793 erwähnt. Die Wallfahrt wurde 1112 erstmals erwähnt. Die heutige Barockkirche stammt aus dem 18. Jahrhundert.

Die St.-Verena-Kapelle steht beim Verenabrunnen, der auf eine Legende zurückgeht, nach der die heilige Verena einem verdurstenden Hirtenjungen Wasser gab. Über Jahrhunderte wurden Kranke durch das Wasser von ihren Leiden geheilt. Daher wurde hier eine Kapelle erbaut. Die heutige Form erhielt sie 1730.

In Engelswies besuchen Sie die ✝ Wallfahrtskirche ❹ zur Schmerzhaften Muttergottes und gehen anschließend ein paar Meter zurück. Sie überqueren die Bundesstraße und wandern auf dem Verenaweg an einigen Bauernhöfen vorbei über Wiesen und Felder in Richtung Wald.

Sie gelangen zu einer Wegverzweigung, wenden sich nach links und erreichen kurz danach ein Feldkreuz. Hier gehen Sie nach rechts bis zum Waldrand, den Sie an einer alten, doppelstämmigen Eiche erreichen. Wenn Sie nach links gehen, stehen Sie nach wenigen Minuten vor der ✝ St.-Verena-Kapelle ❺.

Sie kehren wieder zur Eiche zu-rück und gehen auf dem Menninger Sträßle bis zu einer Wegteilung. Hier biegen Sie auf dem Schotterweg nach rechts ab und wandern am Waldrand entlang. Der Weg bringt Sie in den Wald, durch den Sie jetzt den Markierungen folgend immer weiter in Richtung Meßkirch laufen.

Beim Jägerhaus ❻ verlassen Sie den Wald und wenden sich nach rechts zu einem sanft abfallenden Höhenrücken. Auf diesem wandern Sie bis nach **Meßkirch**. Sie erreichen die B313 ❼ und überqueren die Straße auf einer Brücke. Auf der Bahnhofsstraße gelangen Sie zu einem Kreisverkehr und spazieren hier nach rechts durch die Fußgängerzone bis zur ✝ Stadtpfarrkirche St. Martin.

Meßkirch ⇧ 616 m

Touristinformation, Hauptstraße 25-27, 88605 Meßkirch, ☏ 075 75/206-14 22, info@messkirch.de, www.messkirch.de, Mo-Fr 9:00-12:00, Mo-Mi 14:00-16:00, Do 15:00-18:00

Herberge Bärenschenke, Jana Schnell, Hauptstraße 15, 88605 Meßkirch, 01 62/383 65 35, ÜF € 55, Schuh- und Wäscheservice

♦ Privatzimmer Ralf und Beate Keller, Lindemannweg 2, 88605 Meßkirch, ☏ 075 75/22 24, 01 71/652 47 69 oder 01 57/53 42 98 06, ÜF € 30, Schuh- und Wäscheservice

In Meßkirch bieten sich mehrere Möglichkeiten zur Einkehr.

Es gibt einige Supermärkte.

✝ St. Martin

⊙ Pilgerstempel: Touristinformation, Privatzimmer Keller (spezieller Stempel)

Busverbindung nach Sigmaringen, Pfullendorf und Stockach

Fundstücke im Raum Meßkirch lassen auf eine erste Besiedelung in der Bronzezeit schließen. Im Ortsteil Ringgenbach gibt es sieben Grabhügel aus der Hallstattzeit. Schon 15 v. Chr. übernahmen die Römer das Gebiet und bauten knapp 100 Jahre später die Donausüdstraße, die vom heutigen Straßburg über das Kinzigtal und das heutige Hüfingen nach Augsburg führte.

Um das Jahr 965 wurde Meßkirch erstmals erwähnt. Wahrscheinlich war „Messankilche" der Geburtsort des heiligen Heimerad. Die ursprüngliche Martinskirche wurde in der Zeit der Christianisierung im 8. Jahrhundert erbaut.

1241 wurde Meßkirch zur Marktsiedlung. Unter der Herrschaft des Freiherrn Werner von Zimmern wanderten im 14. Jahrhundert viele Bewohner in die benachbarten Reichsstädte ab. Erhobene Steuern und Frondienste zwangen sie dazu. Die Bürger kamen erst zurück, als Werner von Zimmern sie für frei erklärte.

Ein Erbe des Freiherrn errichtete die Martinskirche neu und ein weiterer Erbe ließ Meßkirch im 16. Jahrhundert erblühen. Er baute einige Gebäude und gestaltete das Schloss im Stil der Renaissance um.

Im 17. Jahrhundert nahmen die Fürsten zu Fürstenberg Meßkirch in Besitz. Meßkirch wurde zur Residenz des kaiserlichen Prinzipalkommissars des Regensburger Reichstags, Graf von Fürstenberg-Mößkirch. Jetzt stieg Meßkirch zu einer der glanzvollsten Fürstenresidenzen in ganz Südwestdeutschland auf. Nach dem Tod des letzten Nachkommens verlor der Ort im 18. Jahrhundert aber wieder schlagartig an Bedeutung. 1806 kam das Fürstentum Fürstenberg zum Großherzogtum Baden.

Im Zweiten Weltkrieg wurde die Stadt bei Luftangriffen schwer beschädigt.

In Meßkirch sind die Einwohner mehrheitlich römisch-katholisch. Im Mittelalter gab es eine kleine jüdische Gemeinde, die aber in der Pestverfolgung von 1348/49 vernichtet wurde. Ab 1862 zogen wieder Juden nach Meßkirch. In den 1920er-Jahren verließen die letzten Juden den Ort dann wieder.

Die Kirche St. Martin wurde 1526 im spätgotischen Stil neu erbaut. 1769 und 1773 gestaltete man sie im Rokokostil um. 1732 bis 1739 wurde als Anbau zur Kirche die St.-Johannes-Nepomuk-Kapelle erbaut.

Die Liebfrauenkirche wurde 1356 erbaut. Eine Umgestaltung im Stil der Spätrenaissance erfolgte 1576.

C. Beuroner Jakobsweg

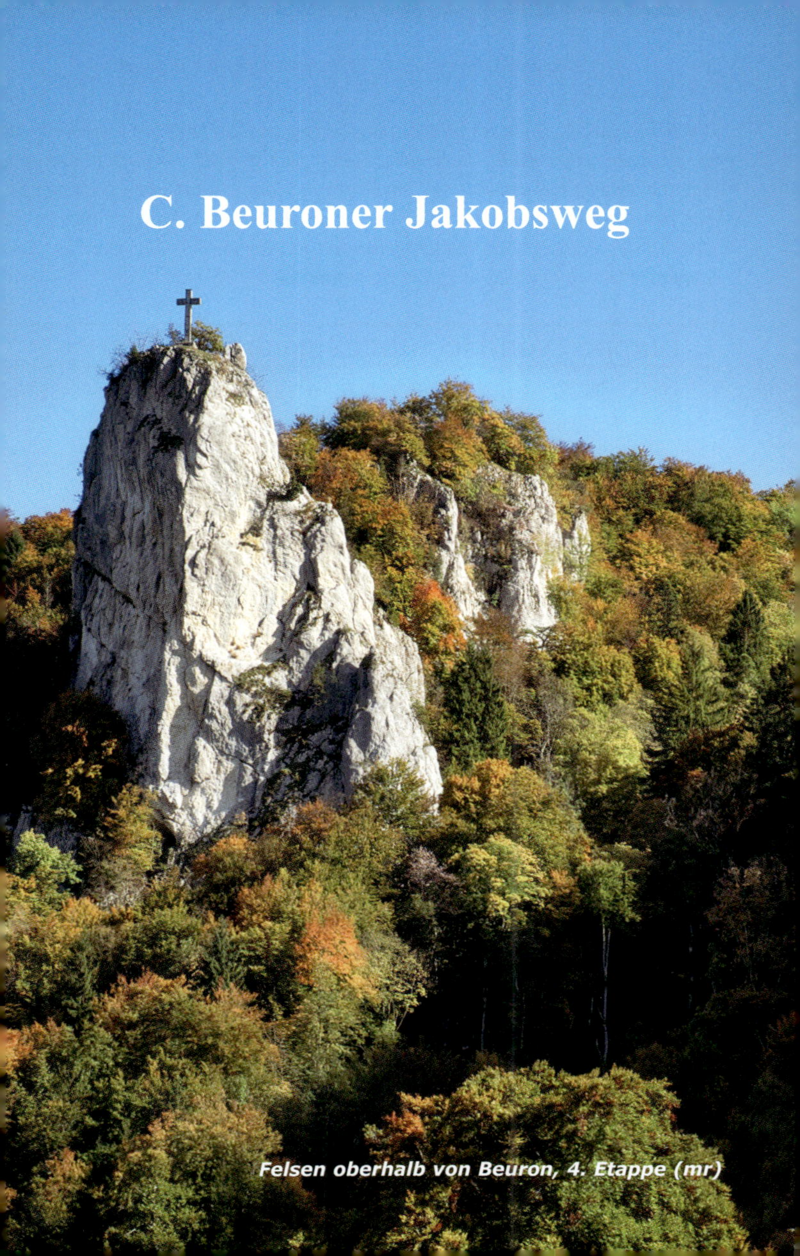

Felsen oberhalb von Beuron, 4. Etappe (mr)

Der Beuroner Jakobsweg ist mit 87,4 km der längste Abschnitt der Via Beuronensis. Er startet ebenfalls in Hechingen. Zuerst geht es noch flach nach Balingen, dann bezwingen Sie den Albtrauf am Tieringer Hörnle. Dort oben genießen Sie eine der schönsten Aussichten auf dem Jakobsweg. Über Nusplingen pilgern Sie zum Kloster Beuron, dem namensgebenden Kloster der Via Beuronensis. Eine schöne, relativ ruhige Etappe bringt Sie weiter nach Meßkirch.

1. Etappe: Von Hechingen nach Balingen

16,6 km, 4 Std. 30 Min., 163 m, 176 m, 502-587 m

0,0 km	528 m	Hechingen
4,0 km	525 m	Wessingen
7,2 km	561 m	Bisingen
11,5 km	516 m	Engstlatt
16,6 km	517 m	Balingen

Der Jakobsweg verläuft auf breiten Wegen und ist gut mit dem Fahrrad befahrbar.

Von der Stadtpfarrkirche St. Jakobus in Hechingen wandern Sie durch die südliche Vorstadt zum Obertorplatz und weiter durch die Zollernstraße zur evangelischen Pfarrkirche. Wenig später überqueren Sie die Zollernstraße und spazieren durch den Fürstengarten an der Villa Eugenia vorbei.

Durch eine Lindenallee verlassen Sie den Garten und gehen an der Bahnlinie entlang. Sie überqueren die Bisinger Straße und wenig später auch noch die Gleise

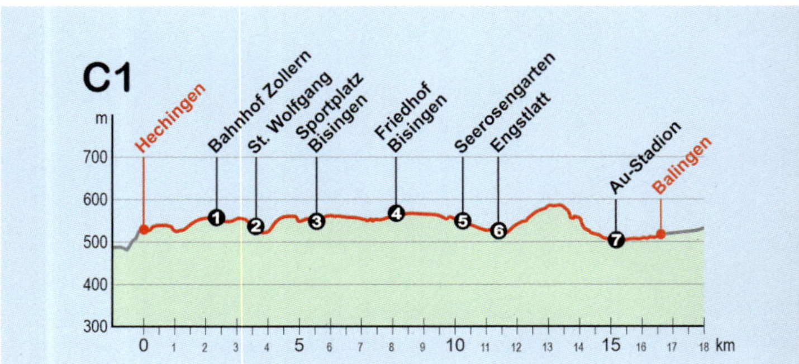

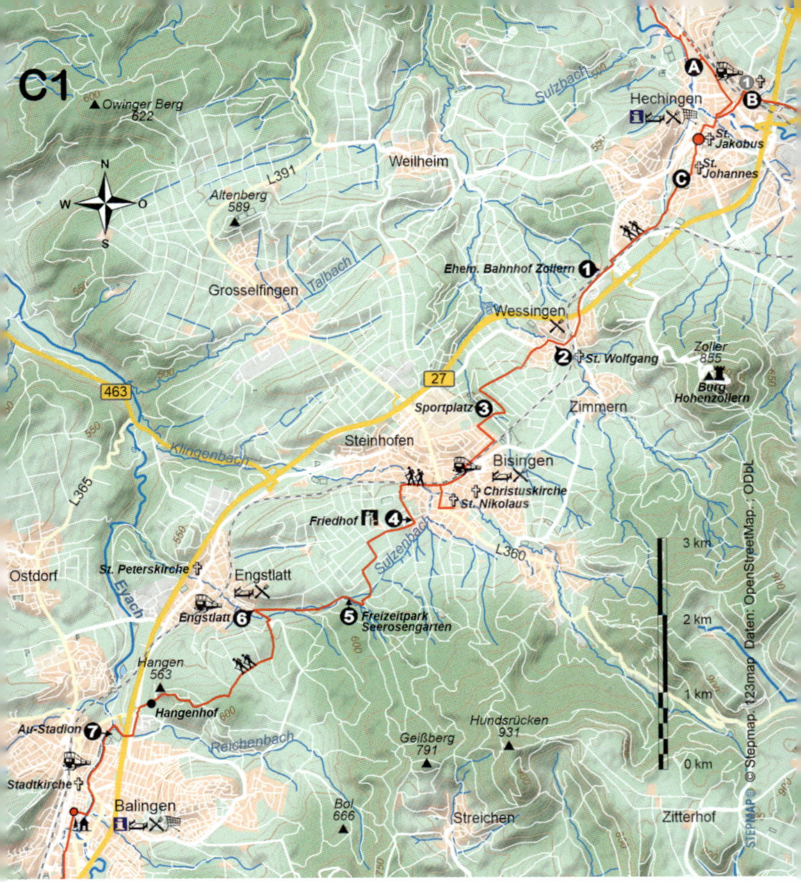

und kommen zum ehemaligen Bahnhof Zollern ❶. Dieser wurde 1874 als Endpunkt der kaiserlichen Züge im Stil der Burg Hohenzollern erbaut.

Sie erreichen die Hechinger Straße und wandern nach rechts unter der Bundesstraße B27 hindurch. Über die Dorfstraße gelangen Sie zur ✝ Kirche St. Wolfgang in **Wessingen** ❷.

Wessingen ✕ ✝ ⇧ 525 m

✕ Ristorante Löwen, Dorfstraße 41, 72406 Wessingen, ☎ 074 71/39 61, 💻 www.loewenloria.de, 🚪 Mi-Sa 17:00-21:00, So 11:30-14:00 und 17:00-21:00

✝ St. Wolfgang in Wessingen

Seit 1972 ist Wessingen ein Ortsteil von Bisingen. Eine erste Erwähnung fand „Uassingun" 786, als es in den Besitz des Klosters St. Gallen überging. Aber sehr wahrscheinlich wurde Wessingen durch die Alemannen gegründet. Deutlich später kam Wessingen zur Grafschaft Zollern.

Die erste Kirche in Wessingen wurde 1428 erbaut. Die heutige Kirche St. Wolfgang errichtete man vermutlich im ersten Viertel des 17. Jahrhunderts.

Nach der Besichtigung der ✞ Kirche gehen Sie zurück zur Dorfstraße und bleiben auf dieser bis kurz vor dem Ortsausgang. Hier wandern Sie geradeaus auf dem Sträßchen Taläcker weiter. Sie erreichen das ehemalige Konzentrationslager **Bisingen**. Sie wandern über das Gelände und erreichen den Sportplatz in Bisingen ❸. Über die Schelmengasse kommen Sie in den Ort.

Bisingen 🛏 ✕ ✞ ⊙ 🚆 ⇧ 561 m

🛏 Gästehaus Burgblick, Karin und Hartwin Löffler, Thanheimerstraße 35, 72406 Bisingen, ☏ 074 76/54 44 24, ✉ info@gaestehaus-burgblick.de, 💻 www.gaestehaus-burgblick.de, ÜF EZ € 60, DZ € 110

✕ Gasthof Restaurant Adler, Schlossstraße 1, 72406 Bisingen, ☏ 074 71/169 75, ✉ info@gasthof-adler-bisingen.com, 💻 www.gasthof-adler-bisingen.com, 🚪 Mi-Sa 17:00-22:00, So 11:30-14:30 und 16:30-21:00

✞ Pfarrkirche St. Nikolaus, Christuskirche

⊙ Pilgerstempel: Gästehaus Burgblick

🚆 Zuganbindung nach Balingen und Hechingen

In Bisingen siedelten schon sehr früh Menschen. Funde aus der Stein-, Bronze- und Eisenzeit und der La-Tène-Zeit stützen dies. Die Gründung von Bisingen geht ebenfalls wahrscheinlich auf die Alemannen zurück. Wie Wessingen ging Bisingen 786 an das Kloster St. Gallen, was auch die erste Erwähnung von „Pisingun" war. Eine Ruine weist auf eine adlige Herrschaft hin.

1944 gründeten die Nationalsozialisten das KZ Bisingen, um unter dem Namen „Unternehmen Wüste" aus dem in der Region vorhandenem Ölschiefer Öl zu gewinnen. Entlang der Bahnlinien Tübingen – Aulendorf und Balingen – Rottweil ließ die SS sieben KZ-Außenlager aufbauen. Die Häftlinge mussten dort Ölschiefer abbauen und sollten Öl gewinnen. 15.000 Häftlinge mussten nach Württemberg und Hohenzollern marschieren. Allein im KZ Bisingen starben 1.158 Häftlinge. Das Vorhaben scheiterte, da kaum und nur sehr ineffizient Öl gewonnen werden konnte und das Öl sehr minderwertig war.

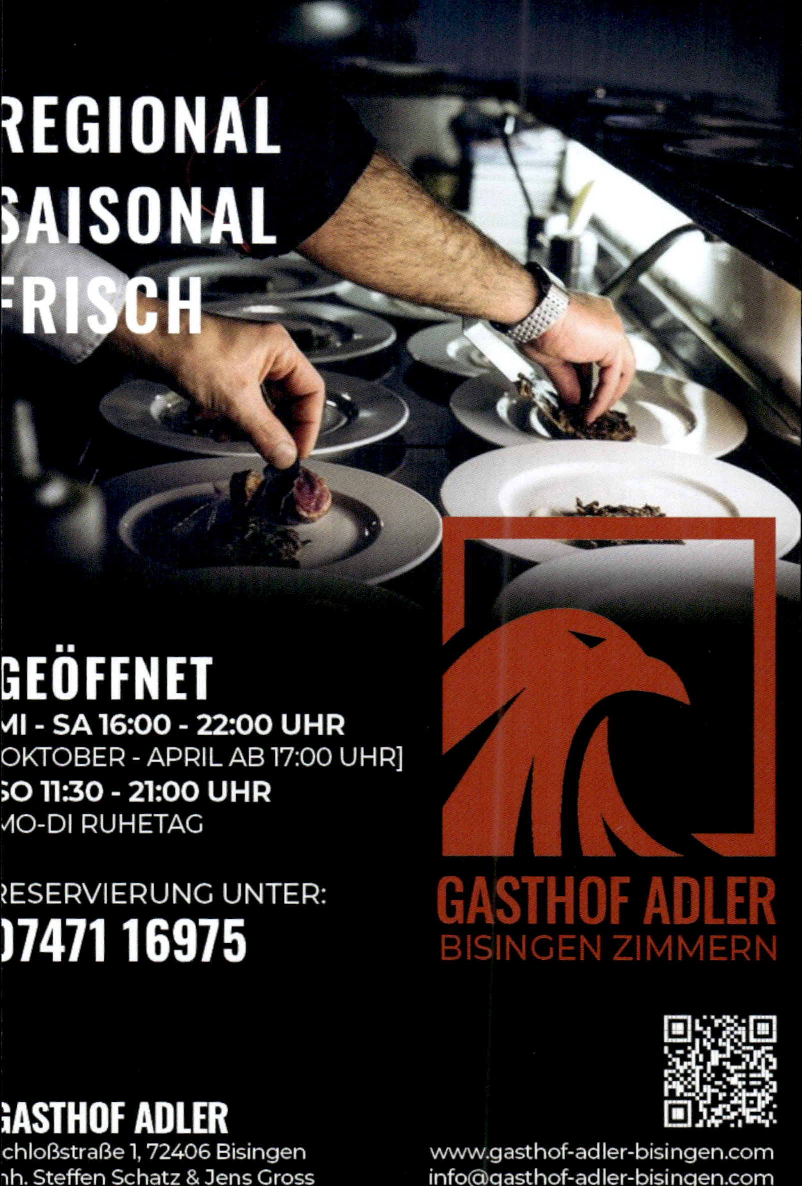
REGIONAL
SAISONAL
FRISCH
GEÖFFNET
MI - SA 16:00 - 22:00 UHR
OKTOBER - APRIL AB 17:00 UHR]
SO 11:30 - 21:00 UHR
MO-DI RUHETAG
RESERVIERUNG UNTER:
07471 16975
GASTHOF ADLER
BISINGEN ZIMMERN
GASTHOF ADLER
chloßstraße 1, 72406 Bisingen
nh. Steffen Schatz & Jens Gross
www.gasthof-adler-bisingen.com
info@gasthof-adler-bisingen.com

Die Bevölkerung Bisingens ist vorwiegend römisch-katholisch. Die evangelische Christuskirche gibt es seit 1959. Die älteste Kirche in Bisingen entstand 1229, wie eine Steinplatte zeigte, die beim Abriss der alten Kirche 1786 gefunden wurde. Der Neubau St. Nikolaus wurde 1795 eingeweiht. Da die Kirche zu klein wurde, musste sie erweitert werden, was in den Jahren bis 1902 geschah.

Hier wenden Sie sich nach links in die Reutestraße und spazieren dann über den Iris- und den Altenweg zum Bahnhof. Sie gehen bis zum Ende der Bahnhofstraße und biegen nach links zur ✞ Pfarrkirche St. Nikolaus ab.

Nach der Besichtigung der Kirche gehen Sie zur Hauptstraße und biegen noch vor der Eisenbahnbrücke nach links in eine schmale Gasse ab. Diese bringt Sie zum Schulzentrum. Nach dem Schulgelände gehen Sie hinauf zum Friedhof ❹ und biegen gleich nach rechts auf ein schmales Teersträßchen ab. Dabei genießen Sie einen wunderbaren Blick auf die Burg Hohenzollern.

Sie folgen den Markierungen des Jakobsweges bis zum Freizeitpark Seerosengarten ❺. Wenig später treffen Sie auf einen Fahrweg, der Sie rechts bis nach **Engstlatt** ❻ bringt.

Engstlatt ✞ ⊙ ⇧ 516 m

Gasthof Ochsen, Schweizerstraße 1, 72336 Engstlatt, ☏ 074 33/69 94, ochsen.bl@web.de, ÜF EZ ab € 28, DZ ab € 56, Wäsche- und Schuhservice, Mo 11:30-13:00, Di, Mi, Do 11:30-13:30 und 17:00-20:00, Fr, Sa 17:00-20:00, So 11:30-14:00 und 17:00-19:30

Landhotel „Zur Schwane“, Silvia Bien, Hechingerstraße 8, 72336 Engstlatt, ☏ 074 33/955 80 32, info@landhotel-schwane.de, www.landhotel-schwane.de, ÜF EZ € 70, DZ € 110, Wäsche- und Schuhservice

✞ Peterskirche

⊙ Pilgerstempel: Landhotel „Zur Schwane“, Gasthof Ochsen

Erst im 12. Jahrhundert wird Engstlatt als „Ingislatt“ in einer Urkunde erwähnt. 1403 ging der Ort an Württemberg und gehörte ab 1806 zum Königreich Württemberg. Seit 1973 ist Engstlatt ein Teil von Balingen.

Der Turm der Peterskirche fällt bereits von der Bundesstraße B27 auf. Die Kirche stammt aus dem Jahr 1471. Besonders erwähnenswert ist die Holzfelderdecke.

☺ Von Engstlatt lohnt sich ein Abstecher zur ✞ Peterskirche, die hoch über dem Ort auf einem Hügel liegt.

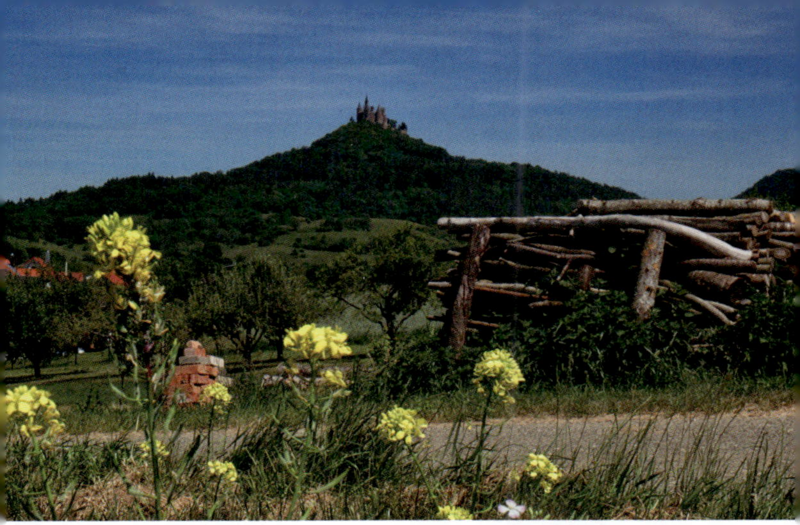

Blick auf die Burg Hohenzollern (mr)

Vom Ort folgen Sie dem Rad- und Wanderweg in Richtung Balingen. Er führt Sie am Hangenhof vorbei und dann hinunter in das Tal von Balingen. Sie gelangen zu einem Kreisverkehr und bleiben noch ein Stück auf der Kreisstraße. Dann gehen Sie unter der Kreis- und Bundesstraße hindurch und wandern weiter zum Au-Stadion ❼. Entlang der Eyach spazieren Sie nun in die Stadtmitte von **Balingen**.

Balingen ⇧ 517 m

Stadt Balingen, Färberstraße 2, 72336 Balingen, ☏ 074 33/170-333, stadt@balingen.de, www.balingen.de, Mo-Do 8:30-18:00, Fr 8:30-13:00, Sa 9:00-13:00

Jugendgästehaus Balingen, Schlossstraße 5, 72336 Balingen, ☏ 074 33/208 05, info@jugendgaestehaus-balingen.de, www.jugendgaestehaus-balingen.de, Ü € 40,80 (ab 27 Jahren, mit Bettwäsche), Wäsche- und Schuhservice

Ferienzimmer Markus Schneider, Hölderlinstraße 4, 72336 Balingen, 01 72/569 49 91, marscheid1@gmail.com, Ü € 25, Etagenbad und Gemeinschaftsküche, Wäsche- und Schuhservice

In Balingen gibt es mehrere Restaurants.

Sie finden mehrere Einkaufsmöglichkeiten im Ort.

Stadtkirche Balingen

Pilgerstempel: Jugendgästehaus Balingen

Zuganbindung nach Hechingen und Tübingen

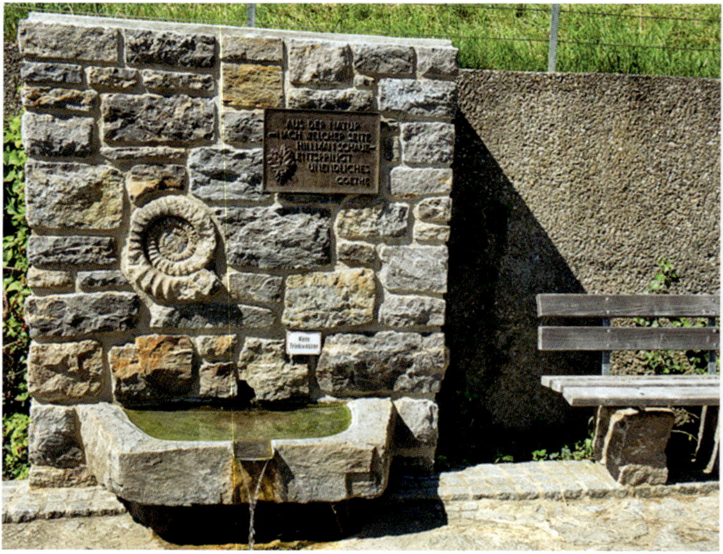

Brunnen auf dem Weg nach Balingen (mr)

Balingen ist seit 1974 eine Große Kreisstadt. Sie ist die zweitgrößte Stadt im Zollernalbkreis. 863 wird „Balginga“ erstmals in einer Urkunde erwähnt. Bis 1162 war Balingen im Besitz der Herrschaft Haigerloch. Im 13. Jahrhundert kam es zur Grafschaft Zollern. Von der bisherigen Siedlung gesehen ein wenig flussaufwärts gründete man 1255 die Stadt Balingen. 1403 kaufte Württemberg die Stadt. Im 15. Jahrhundert wurde sie mehrfach verpfändet. 1514 übernahm die Bewegung des Armen Konrad die Stadt.

Von 1598 bis 1600 war die Witwe des Bürgermeisters, Anna Murschel, Opfer eines Hexenprozesses und der Folter.

1534 führte man aufgrund der Zugehörigkeit zu Württemberg in den meisten Stadtteilen von Balingen die Reformation ein. Nur Roßwangen blieb mit seinen Rittern katholisch.

1255 wird die erste Balinger Kirche erwähnt. Die Stadtpfarrkirche Balingen entstand 1443 bis 1541 als Erweiterungsbau der bestehenden Nikolauskapelle. Beeindruckend ist der achteckige Kirchturm, der das Wahrzeichen der Stadt ist. Die Sonnenuhr stammt von dem Onstmettinger Pfarrer Philipp Matthäus Hahn.

2. Etappe: Von Balingen nach Nusplingen

22,2 km, 6 Std. 30 Min., 496 m, 295 m, 517-941 m

0,0 km	517 m	Balingen
2,1 km	543 m	Endingen
12,3 km	802 m	Tieringen
15,9 km	777 m	Oberdigisheim
17,7 km	751 m	Unterdigisheim
22,2 km	723 m	Nusplingen,

Der Aufstieg auf die Schwäbische Alb ist der Knackpunkt auf dem Beuroner Jakobsweg. Der beschriebene Anstieg auf das Tieringer Hörnle ist mit dem Fahrrad nicht machbar. Es bleibt nur eine Umfahrung von Balingen auf dem Fahrradweg in Richtung Albstadt.

Bei Laufen biegen Sie nach rechts ab und folgen der Straße hinauf nach Tieringen, die auch als Fahrradweg ausgewiesen ist. Wer noch Lust hat, kann auf einem Sträßchen bis kurz vor das Tieringer Hörnle fahren und die letzten Meter zu Fuß zurücklegen, um die tolle Aussicht zu genießen.

Der weitere Jakobsweg nach Unterdigisheim verläuft auf dem Wander- und Fahrradweg. In Unterdigisheim nehmen Sie dann besser nicht den Weg an der kleinen Kapelle vorbei, da dieser kurz vor Nusplingen zum schmalen Steig wird. Hier empfiehlt es sich, auf dem Fahrradweg entlang der Oberen Bära zu bleiben.

Figur an der Fassade der Stadtkirche in Balingen (mr)

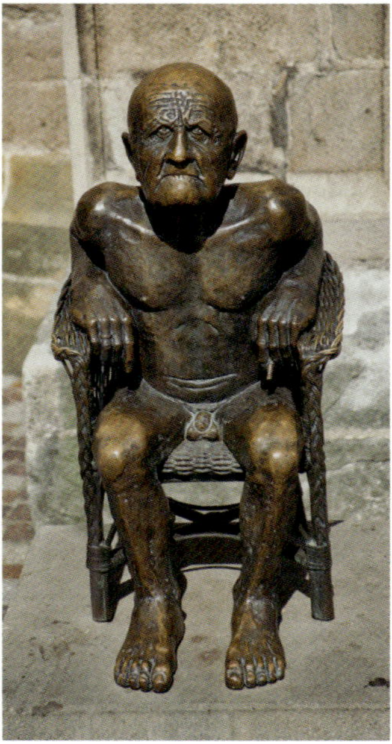

Von der Stadtkirche in Balingen wandern Sie zuerst auf der Friedrichstraße, dann auf der Schillerstraße zu einer kleinen Holzbrücke. Sie überqueren die Holzbrücke und spazieren auf dem Radwanderweg bis nach **Endingen**.

Endingen ✞ ⇧ 543 m

✞ Evangelische Kirche

Endingen ist seit 1971 Stadtteil von Balingen. 1937 entdeckte man hier ein alemannisches Grab mit Skelett und Grabbeigaben. Als „Eindeinga“ fand Endingen 793 erstmals Erwähnung. 1373 übernahmen die Grafen von Zollern-Schalksburg den Ort, 1403 kam er zu Württemberg.

Sie erreichen einen Bahnübergang, gehen hier nach links über die B27 ❶ und weiter auf der Dorfstraße Am Weltbach bis zum Ortsende. Hier wandern Sie auf dem links abzweigenden Weg vorbei am Schäfer- und Berghof in Richtung Weilstetten.

Vor dem Ort überqueren Sie die L442 und die Tieringer Straße. Über die Hauptstraße kommen Sie zur evangelischen ✞ St.-Dionysius-Kirche ❷.

Weilstetten ✞ ⇧ 606 m

✞ St.-Dionysius-Kirche

Weilstetten wurde bereits 793 in einer Urkunde des St. Gallener Klosters erwähnt. Seit der Gemeindereform 1975 ist der Ort ein Stadtteil von Balingen.

Am Tieringer Hörnle (mr)

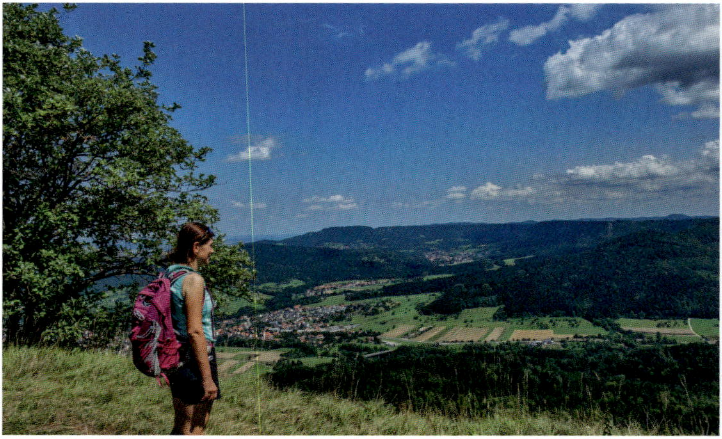

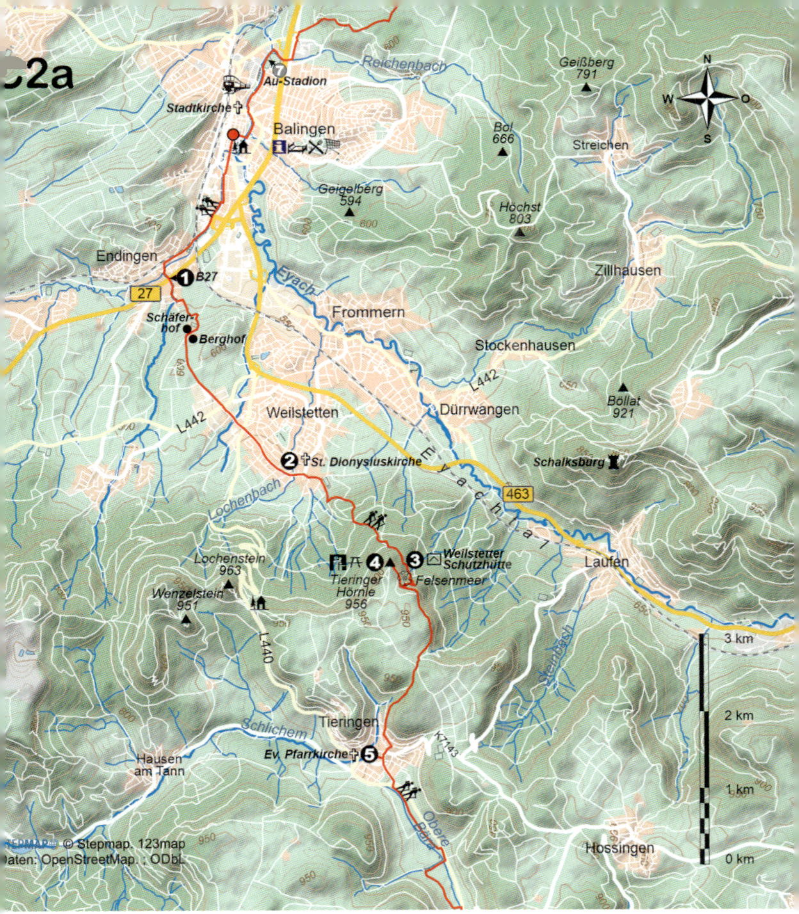

Die erste Erwähnung einer Dionysiuskapelle geht auf das Jahr 1429 zurück. Der Turm und der Chor stammen noch aus dieser Zeit. 1934 erfolgte dann eine umfangreiche Renovierung der Kirche. Auch 2004 wurde sie im Innenbereich noch einmal renoviert.

Sie überqueren den Lochenbach und bleiben bis zum Wanderparkplatz am Ortsende auf der Lindenstraße. Nun wandern Sie auf dem Weg Richtung Tieringer Hörnle weiter. Sie biegen nach 100 m links ab und folgen dem Schotterweg bergauf bis zu einer Wegverzweigung.

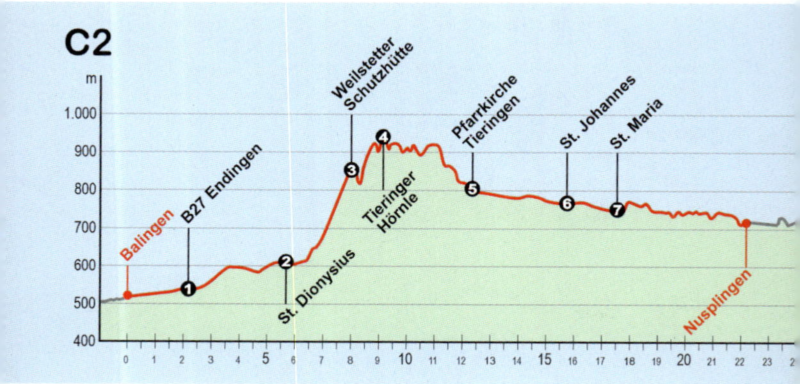

Hier gehen Sie auf dem schmalen Waldpfad geradeaus weiter. Der Weg überquert eine Forststraße und führt hinauf zur Weilstetter Schutzhütte ❸.

Anschließend spazieren Sie durch das Felsenmeer und steigen dann in vielen Kehren hinauf zum Tieringer Hörnle ❹ (⇧ 956 m), von dem Sie eine großartige Aussicht auf das Albvorland mit der Burg Hohenzollern genießen. Direkt unterhalb liegt das Eyachtal und darüber erkennen Sie den Böllat mit der Schalksburg. Oben am Hörnle lädt eine Bank zum Verweilen ein.

Nach der Pause wandern Sie auf einem schönen Wiesensteig durch das Naturschutzgebiet Hülenbuchwiesen in Richtung Tieringen. Immer wieder sind die Wiesen von kleinen Baumgruppen und Büschen aufgelockert. Sie erreichen einen Parkplatz und wenig später die Kreisstraße K7143. Kurz vorher biegen Sie nach rechts ab und spazieren durch ein kleines Tälchen nach **Tieringen**. Im Ort gehen Sie zur ✞ evangelischen Pfarrkirche ❺.

Tieringen ✞ ⇧ 802 m

✞ Kirche Unserer lieben Frau

1974 wurde Tieringen von Meßstetten eingemeindet. Der Ort liegt direkt auf der Europäischen Wasserscheide Rhein-Donau.

Tieringen geht auf eine alemannische Siedlung aus dem 4. Jahrhundert zurück. 1275 wird es erstmals urkundlich erwähnt. 1418 wurde das Gebiet an Württemberg verkauft. Ein Bauernaufstand 1525 hatte sein Zentrum in Tieringen und Oberdigisheim.

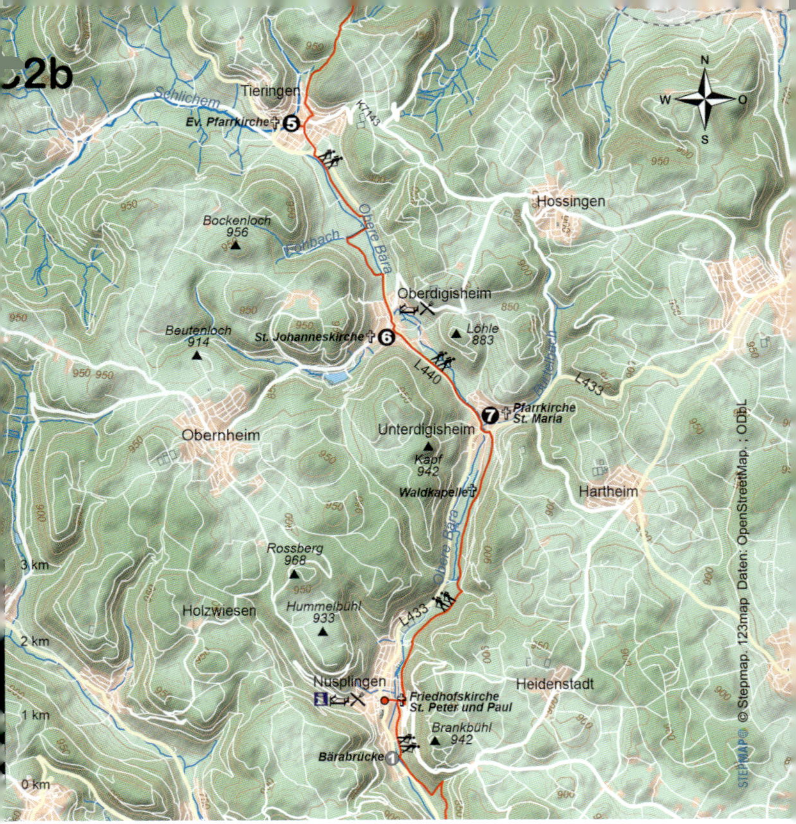

Da die Böden für Landwirtschaft eher ungeeignet sind, verließen im 19. Jahrhundert etliche Einwohner den Ort. Eine Alternative boten Betriebe der Weberei, Spinnerei und auch der Mechanik an, die sich in Tieringen niederließen und viele Arbeitsplätze schufen.

Heute ist Tieringen ein anerkannter Erholungsort, in dem sich auch ein Familienferiendorf befindet.

Von der ✝ Kirche wandern Sie auf der Markt- und Bühlstraße bis zur L440, die Sie überqueren. Sie gehen auf dem geteerten Weg in Richtung Oberdigisheim. Er mündet nach 1 km wieder in die Straße.

Sie wandern aber noch ein Stück geradeaus bis zur Einmündung des Fohbaches in die Obere Bära. Hier biegen Sie scharf nach rechts ab und folgen dem

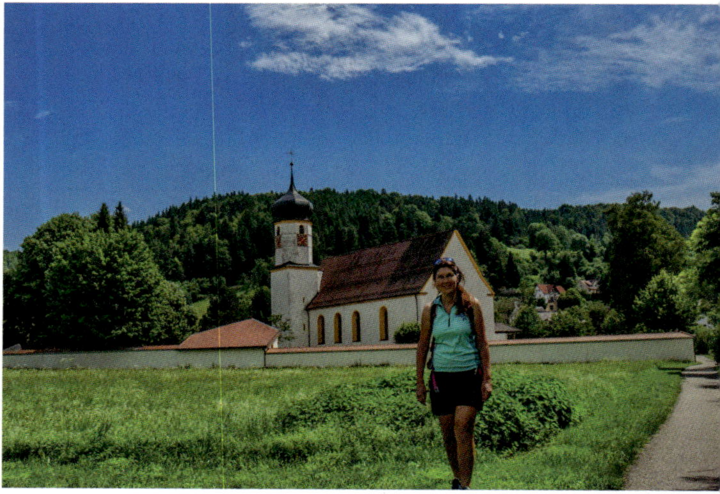

In Oberdigisheim (mr)

Bachlauf, bis Sie einen nach links abzweigenden Feldweg erreichen. Auf diesem kommen Sie wieder zur Landstraße und spazieren weiter nach **Oberdigisheim** mit der evangelischen ✞ St.-Johannes-Kirche ❻.

Oberdigisheim ✞ ⊙ ⇧ 777 m

✞ St.-Johannes-Kirche

⊙ Pilgerstempel: Gasthaus Grottental

Seit 1975 ist Oberdigisheim ein Stadtteil von Meßstetten. Im 12. und 13. Jahrhundert gab es in Oberdigisheim einen Ortsadel, der aber später wegzog. Ende des 14. Jahrhundert war der Ort im Besitz der Herrschaft Zollern-Schalksberg. 1403 ging auch Oberdigisheim an Württemberg. Und wie Tieringen war Oberdigisheim im Bauernkrieg ein Zentrum des Aufstands.

1738 förderten Bauern in arbeitsarmen Monaten bei Oberdigisheim Eisenerz für die Hochöfen in Tuttlingen. Die Handwerksmeister von Oberdigisheim waren in der Lage, vor Ort hochwertigen Stahl zu erzeugen, zu schmieden, aufzukohlen und zu härten. Mit der regionalen Geheimsprache Pleißne schützten die Meister ihr Können und ihre Prozesse. Aus dem Stahl stellten sie Waffen her.

Im Mittelalter gab es auch ein Heilbad, das aber aufgrund mangelhafter Hygiene häufig Krankheiten übertrug, da auch Aderlässe im Bad durchgeführt wurden.

Seitdem 1534 in Württemberg die Reformation durchgeführt wurde, ist Oberdigisheim evangelisch.

Von der ✞ Kirche folgen Sie dem Radwanderweg nach **Unterdigisheim ❼**.

Unterdigisheim ✞ ⇧ 751 m

✞ Pfarrkirche St. Maria

Der kleine Ort Unterdigisheim ist seit 1972 ebenfalls ein Stadtteil von Meßstetten. 1381 wurde der Ort an die Habsburger verkauft. 1805 kam Unterdigisheim dann zu Württemberg.

Wie auch in Oberdigisheim wird hier seit dem 19. Jahrhundert Obst angebaut. In Unterdigisheim gab es sogar eine Baumschule. Am Straßenrand und auf privatem Grund wurden Obstbäume gepflanzt. Das Obst wurde zum Teil gemostet. König Wilhelm, aber auch die Bürgergemeinden verschenkten Obstbäume. So entstanden die heute so berühmten Streuobstwiesen der Region Schwäbische Alb.

In Unterdigisheim können Sie die Pfarrkirche St. Maria mit dem markanten Zwiebelturm besuchen. Auf der Emporenbrüstung ist auch der heilige Jakobus zu finden.

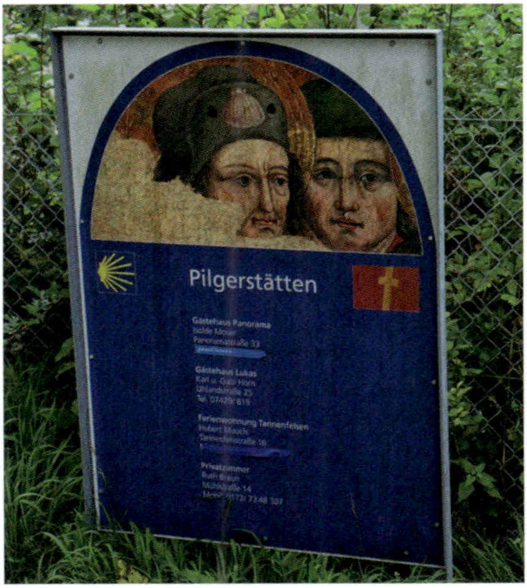

Schild mit Unterkünften am Ortseingang Nusplingen (mr)

Sie wandern auf der Landstraße in die Ortsmitte, vorbei an der ✞ Pfarrkirche St. Maria, und biegen hier nach links in die Appentalstraße ab. Sie passieren ein geschnitztes Wegkreuz, überqueren den Bach und biegen nach der Mühlenstraße in einen Wanderweg ab, der in Richtung Nusplingen führt.

Sie kommen zu einer kleinen ✝ Kapelle im Wald und folgen dem Wald- und Wiesenweg zur Kirche St. Peter und Paul in **Nusplingen**.

Nusplingen ℹ 🛏 ✕ ✝ ⊙ ⇧ 723 m

ℹ Gemeinde Nusplingen, Marktplatz 8, 72362 Nusplingen, ☎ 074 29/931 09 20, ✉ info@nusplingen.de, 💻 www.gemeinde-nusplingen.de, 🚪 Mo-Fr 8:00-12:00, Do 16:00-18:30

🛏 Privatzimmer Ruth Braun, Schillerstraße 6, 72362 Nusplingen, ☎ 074 29/13 23 oder 📱 01 72/734 83 07, ✉ ruthbraun307@gmail.com, ÜF € 28, nur Pilger, max. 1-3 Personen

🛏 Gästehaus Lukas, Karl und Gabi Horn, Uhlandstraße 25, 72362 Nusplingen, ☎ 074 29/815 oder 📱 01 51/27 18 53 19, ✉ horngabi@web.de, 💻 www.gaestehaus-lukas.de, Ü ab € 60, F € 8, Wäsche- und Schuhservice

🛏✕ Hotel-Restaurant Stern, Talstraße 7, 72362 Nusplingen, ☎ 074 29 / 53 90 027, ✉ stern@unity-mail.de, 💻 www.stern-nusplingen.de, ÜF EZ 80 DZ 95, 🚪 ab 18:00, So auch 11:30-14:00, Apr-Okt Mi Ruhetag, Nov-Mrz Fr-Sa Ruhetag

✕ Gasthof Karpfen, Marktplatz 11, 72362 Nusplingen, ☎ 074 29/35 91212, 🚪 12:00-15:00 und 16:00-20:30, montags nur abends

✝ Friedhofskirche St. Peter und Paul (Führungen möglich, Anmeldung bei Frau Brigitte Schwarz, Gemeindeverwaltung Nusplingen, ☎ 074 29/931 09 20, ✉ brigitte.schwarz@nusplingen.de)

⊙ Pilgerstempel: Privatzimmer Ruth Braun, Gästehaus Lukas

In Nusplingen gab es wie in den anderen Orten einen Ortsadel. 1805 kam Nusplingen zu Württemberg. Seit 1973 gehört der Ort zum Zollernalbkreis.

Der Nusplinger Plattenkalk ist bekannt für seine große Anzahl von Fossilien, die vor etwa 150 Millionen Jahren im tropischen Jurameer aufgrund einer oberhalb gelegenen Lagune entstanden.

Ein besonderes Schmuckstück ist die Friedhofskirche St. Peter und Paul. Ausgrabungen legten Fundamente frei, die aus dem Jahr 650 stammen. Die heutige Kirche geht auf das Jahr 1250 zurück. Um 1300 wurde das Gotteshaus gotisiert. Die Kalkmalereien, die man zwischen 1972 und 1975 fand, stammen aus dieser Zeit. Als Nusplingen im Oktober 1633 von den Schweden niedergebrannt wurde, blieben nur die Kirche St. Peter und Paul sowie die „Herrschaftsmühle" übrig. 1759 verlor die Kirche den Status einer Pfarrkirche. Ab 1957 war sie geschlossen, bis sie in den Jahren 1997 bis 2003 restauriert wurde. Führungen durch die Kirche sind jederzeit nach Anmeldung möglich (☞ oben).

3. Etappe: Von Nusplingen nach Beuron

17,7 km, 5 Std., ↑ 285 m, ↓ 377 m, ⇧ 607-865 m

0,0 km	⇧ 723 m	Nusplingen
4,6 km	⇧ 669 m	Bärenthal
10,4 km	⇧ 831 m	Gnadenweiler
14,4 km	⇧ 820 m	Irndorf
17,7 km	⇧ 625 m	Beuron

Der Weg ab Nusplingen ist teilweise ein schmaler Steig. Daher radeln Sie besser auf dem Fahrradweg bis Bärenthal. Den Aufstieg nach Gnadenweiler bewältigen Sie am besten auf der Straße.

Der Weiterweg nach Irndorf ist dann wieder problemlos auf dem Jakobsweg möglich. Die Abfahrt auf direktem Weg ins Donautal ist dann allerdings wieder sehr steil. Einfacher ist es, auf der Kreisstraße nach Beuron hinunterzubrausen.

Die Kirche in Bärenthal (mr)

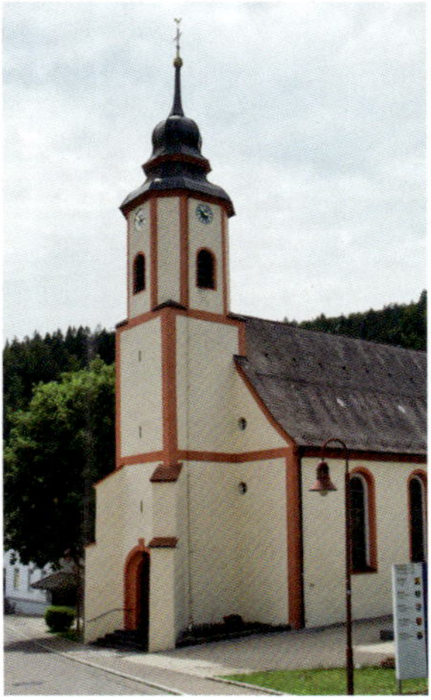

Im Ort spazieren Sie hinauf zur ✝ Friedhofskirche St. Peter und Paul, die Sie nach Möglichkeit besichtigen sollten. Von der Friedhofskirche St. Peter und Paul gehen Sie über die Friedhofstraße in den Ort hinunter. Vor der Bärabrücke ❶ mit der Statue von St. Nepomuk biegen Sie links in die Kirchwiesenstraße ein.

Der ausgeschilderte Weg führt über ein Wiesenstück nach links bergauf und gleich wieder nach rechts in einen schattigen Wald in Richtung Bärenthal.

Am Ende des Waldes überqueren Sie die Landstraße 440 ❷ und gehen links auf dem Radweg parallel weiter. Dieser führt zum Gebäude der Wasserversorgung ❸. Der auf den Karten eingezeichnete Weg durch das Naturschutzgebiet Galgenwiesen ist gesperrt. Hier treffen Sie auf den Heuberg-Jakobsweg.

Durch das Bäratal bringt Sie der Waldweg vorbei an der Schlösslemühle. Sie passieren eine Grillstelle und ein Sportgelände, überqueren die Straße und gelangen nach **Bärenthal**.

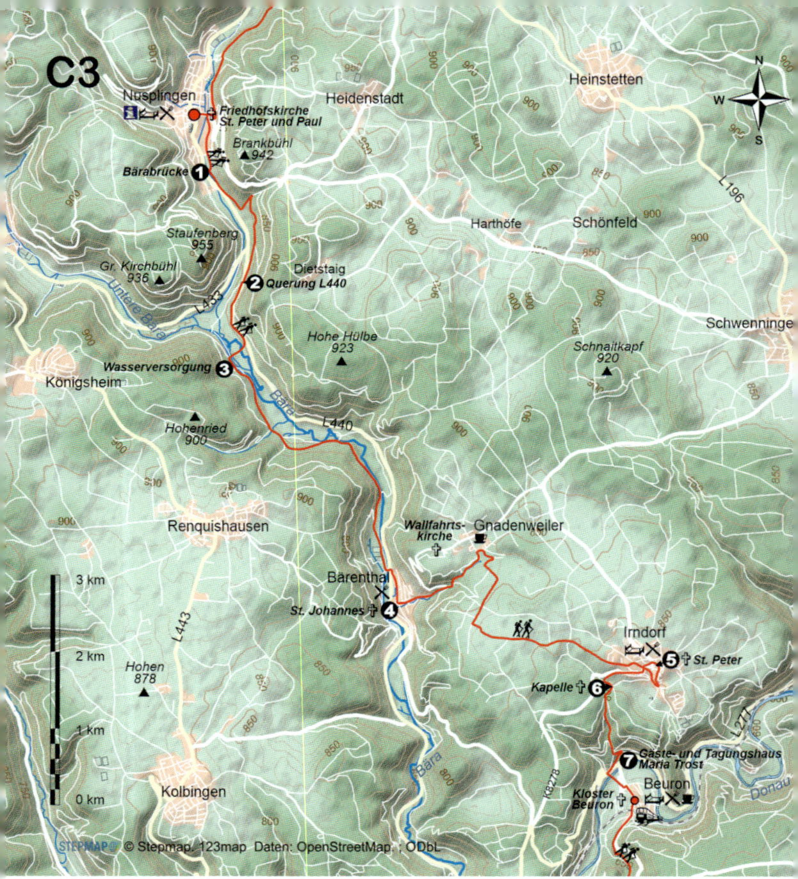

Bärenthal

✕ ✞ ⇧ 669 m

✕ Baeralodge, Gnadenweilerstraße 36, 78580 Bärenthal, ☏ 01 51/53 07 47 44, info@baeralodge.de, www.baeralodge.de, Mi, Do 17:00-20:00, Fr 17:00-21:00, Sa 11:30-21:00, So 11:30-20:00

✞ Pfarrkirche St. Johannes Baptist

Bärenthal ist eine der kleinsten eigenständigen Gemeinden in Baden-Württemberg. Funde deuten auf eine Besiedelung in vor- und frühgeschichtlicher Zeit hin. In der Römerzeit lag Bärenthal im geschützten Hinterland des Alblimes. Danach übernahmen die Alemannen die Gebiete. 1092 erwähnte man Bärenthal erstmals.

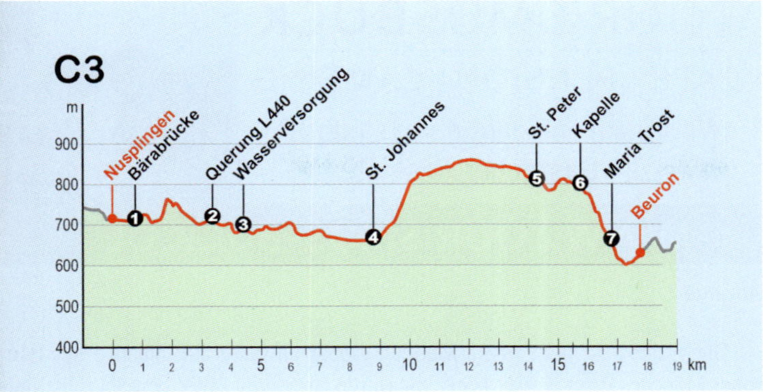

1803 wurde das Gebiet um Bärenthal dem Fürstentum Hohenzollern-Sigmaringen zugeschlagen und war danach eine hohenzollerische Exklave, die zwischen Baden und Württemberg lag. 1849 wurde die Exklave wie die anderen Gebiete des Fürstentums preußisch. Erst 1973 kam Bärenthal zum Landkreis Tuttlingen.

Die Bevölkerung von Bärenthal ist heute überwiegend römisch-katholisch. 1720 mussten zum Protestantismus übergetretene Einwohner den Ort verlassen.

1758 errichtete man die Pfarrkirche St. Johannes. Nachdem der barocke Hochaltar 1883 entfernt worden war, gab man der Kirche bei Renovierungen in den Jahren 1956 und 1989 das ursprünglich barocke Aussehen zurück.

Sie besuchen die katholische ✞ Pfarrkirche St. Johannes Baptist ❹ und folgen dann der Gnadenweiler Straße bergauf aus dem Ort heraus. An einer Linkskurve gehen Sie geradeaus durch ein tief eingeschnittenes Tal, das von Felswänden eingerahmt ist. Sie steigen hinauf auf die Hochebene. Hier lohnt sich ein Abstecher zur ✞ Wallfahrtskapelle von **Gnadenweiler**.

Gnadenweiler ☕ ✞ ⊙ ⇧ 831 m

☕ Café Kapellenblick, Gnadenweiler 4, 78580 Gnadenweiler, ☏ 074 66/91 05 47, ✉ info@cafe-kapellenblick.de, 💻 www.cafe-kapellenblick.de, 🚪 Sa-Do 11:00-20:00

✞ Wallfahrtskirche Maria Mutter Europas

⊙ Pilgerstempel: Café Kapellenblick

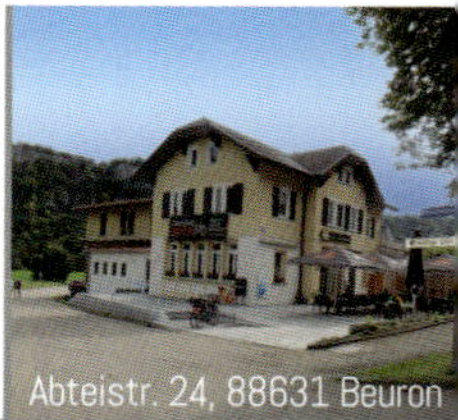

Die Wallfahrtskapelle Maria Mutter Europas entstand auf Initiative des Beuroner Mönches Pater Notker Hiegl. Sie wurde am 9. Juni 2007 geweiht. Die Muttergottesfigur stammt aus der Schweiz, ist 125 cm hoch und in ihrer ursprünglichen Gestalt und Fassung erhalten. Sie wurde ungefähr im Jahr 1750 gefertigt.

Nach dem Abstecher zur ✞ Wallfahrtskapelle wandern Sie auf der nach rechts führenden Straße weiter und kommen wenig später zu einer Querstraße, auf der Sie ebenfalls nach rechts abbiegen. Sie spazieren nun auf der Straße von Bärenthal nach Irndorf. Dabei gehen Sie durch das Naturschutzgebiet Irndorfer Hardt.

1 km vor Irndorf ignorieren Sie den nach rechts abzweigenden Wanderweg des Albvereins. Sie wandern geradeaus weiter und auf der Drei-Kreuze-Straße nach **Irndorf** hinein.

Irndorf ⇧ 820 m

Wanderheim „Rauher Stein", Rauher Stein 1, 78597 Irndorf, ☏ 074 66/276, info@wanderheim-rauher-stein.de, www.wanderheim-rauher-stein.de, Ü € 25 im MBZ, Mo, Mi Ruhetag

Haus Wildensteinblick, Eichfelsenstraße 25, 78597 Irndorf, ☏ 074 66/288, info@haus-wildensteinblick.de, ÜF € 35, 2 Ferienwohnungen für max. 4 Personen, Wäsche- und Schuhservice

✞ Pfarrkirche St. Peter

⊙ Pilgerstempel: Wanderheim „Rauher Stein", Haus Wildensteinblick

Die kleine Gemeinde Irndorf wurde erst 1972 umbenannt. Zuvor war sie als Irrendorf bekannt. Umbenannt wurde sie aufgrund eines Dokuments, das man bei Restaurierungsarbeiten in der Friedhofskirche fand.

Ein Adliger des Klosters Beuron, Ulrich von Urendorf, gründete den Ort 1094. Bis ins 19. Jahrhundert wechselte die Herrschaft mehrmals. 1796 fielen die Franzosen ein und brannten das Dorf nieder. 1805 kam das Dorf zu Württemberg.

Die Pfarrkirche St. Peter wurde 1848 erbaut. 1899 wurde sie im Beuroner Stil ausgemalt. Eine Besonderheit ist ein barockes Reliquiar der seligen Guten Beth von Reute, das sich in der Kirche befindet.

Über die Hauptstraße wandern Sie zur ✞ Pfarrkirche St. Peter ❺. Nach der Besichtigung der Kirche gehen Sie zurück, bis nach links die Triebstraße abzweigt. Auf dieser wandern Sie zum Ortsende und folgen nun dem Wanderweg in Richtung Beuron.

Über eine Wiese spazieren Sie zu einer ✞ Kapelle ❻ und folgen anschließend dem steil abfallenden Waldweg bis zum Gäste- und Tagungshaus Maria Trost ❼.

Von hier sehen Sie bereits das ✞ Kloster **Beuron**, zu dem Sie nun hinüberwandern.

Hoch über dem Donautal bei Irndorf (mr)

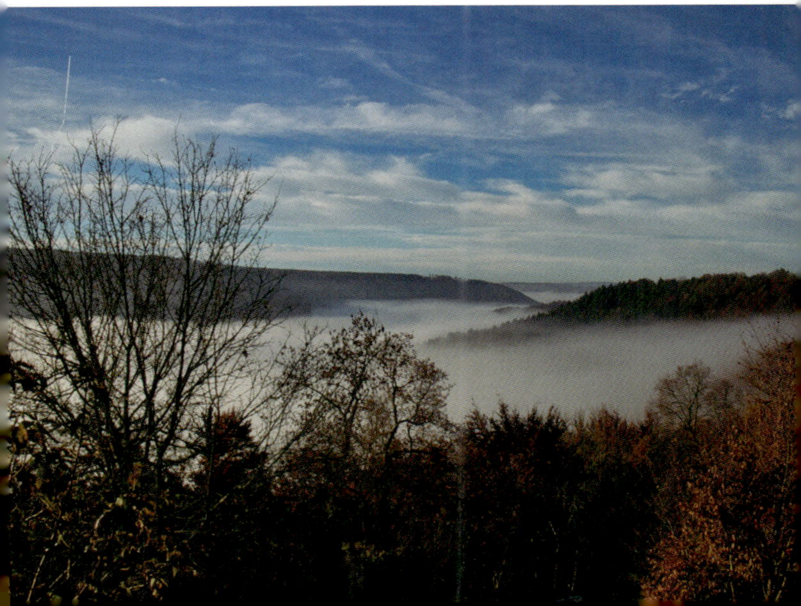

Beuron

625 m

- Kloster Beuron, Abteistraße 2, 88631 Beuron, ☏ 074 66/171 58, gastpater@erzabtei-beuron.de, www.erzabtei-beuron.de, aktuelle Preise im Kloster erfragen, Schuhservice
- ♦ Hotel Pelikan & Restaurant, Abteistraße 12, 88631 Beuron, ☏ 074 66/910 00-0, info@pelikanhotel.de, www.pelikanhotel.de, ÜF EZ € 75, DZ € 94-104
- ♦ Gästehaus Schönwälder, Donaustraße 5, 88631 Beuron, ☏ 074 66/12 94, aluebs@gmail.com, Ü DZ € 55, DBZ € 75, VBZ € 90, Schuhservice
- ♦ Café Drahtesel, Abteistraße 24, 88631 Beuron, ☏ 074 66/284 32 88, info@tourismus-buck.de, www.tourismus-buck.de, Ü EZ ab € 63, DZ ab € 89
- Café Härtl, Wolterstraße 1, 88631 Beuron, ☏ 074 66/71 00, Di-Fr 11:30-18:00, Sa, So 11:00-19:00
- ✞ Kloster Beuron
- ⊙ Pilgerstempel: Kloster Beuron, Gästehaus Schönwälder
- Bahnhof mit Zugverbindung nach Sigmaringen

Pilgerfigur vor dem Kloster Beuron (mr)

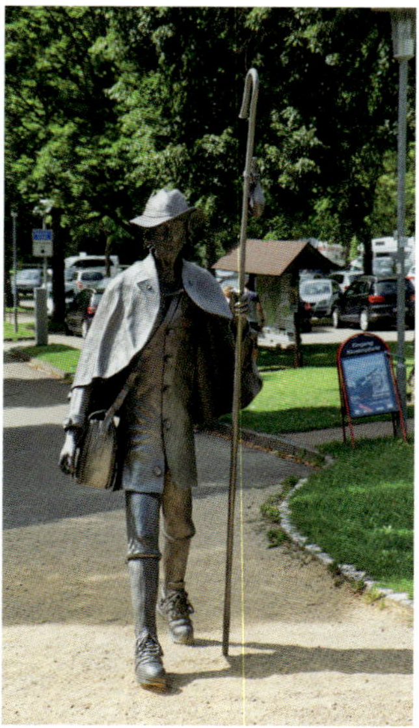

Im Jahr 1974 bildete man die Gemeinde durch den Zusammenschluss der Gemeinden Beuron und Hausen im Tal neu. Thiergarten gliederte man 1977 ein.

Schon in der Mittelsteinzeit siedelten Menschen hier. Die Kultur aus dieser Zeit wird sogar „Beuronien“ genannt. Im Kloster St. Gallen wurde „Purron“, wie Beuron genannt wurde, 861 als Besitz verzeichnet.

Zwischen dem 11. Jahrhundert und 1803 war die Erzabtei St. Martin zu Beuron ein Augustinerchorherrenstift. Die Gründung des Klosters geht auf die zweite Hälfte des 11. Jahrhunderts zurück. 1687 wurde die Propstei von Papst Innozenz XI. zur Abtei erhoben. 1862 war aufgrund einer Stiftung durch die Fürstin Katharina von Hohenzollern-Sigmaringen ein Neubeginn des klösterlichen Lebens möglich. 1863 wurde schließlich das Benediktinerkloster neu gegründet.

Die heutige Kirche St. Martin stammt aus dem 18. Jahrhundert. Sie ersetzte die alte Kirche. Eingeweiht wurde sie im Jahr 1738. Beeindruckend sind die Frührokokobeichtstühle, die beiden Seitenaltäre und der Hauptaltar. Dieser zeigt das zweite Patrozinium der Kirche, die Auffahrt Mariens in den Himmel. Eine Renovierung in den 70er-Jahren des 20. Jahrhunderts führte zum Erbau einer zweiten Orgel. Zum Kloster gehört noch die Gnadenkapelle aus dem Ende des 19. Jahrhunderts, die ganz der Verehrung Mariens gewidmet ist.

Das Kloster gehört zu den beeindruckendsten Klosteranlagen in der Region. Neben den genannten Kirchen gibt es weitere Wirtschaftsgebäude und verschiedene Gärten.

4. Etappe: Von Beuron nach Meßkirch

17,3 km, 4 Std. 30 Min., ↑ 219 m, ↓ 240 m, ⇧ 606-812 m

0,0 km	⇧ 625 m	Beuron
5,7 km	⇧ 793 m	Buchheim
10,3 km	⇧ 674 m	Altheim
14,0 km	⇧ 634 m	Heudorf
17,3 km	⇧ 616 m	Meßkirch

Der Aufstieg über das Schloss Bronnen ist nicht mit dem Fahrrad machbar. Sie können aber auf der Kreisstraße, die auch als Fahrradweg ausgeschildert ist, nach Buchheim radeln. Der weitere Weg über Altheim und Heudorf nach

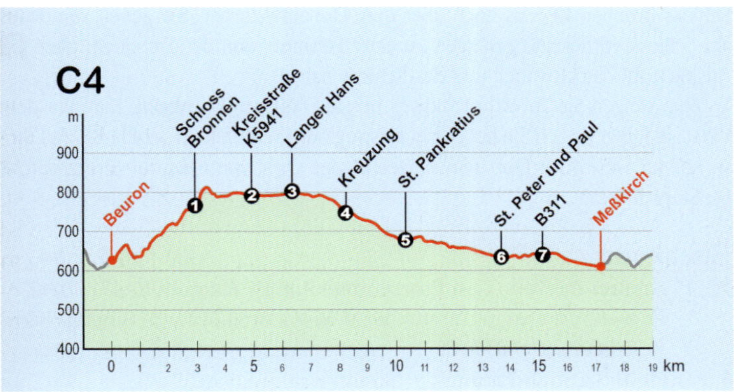

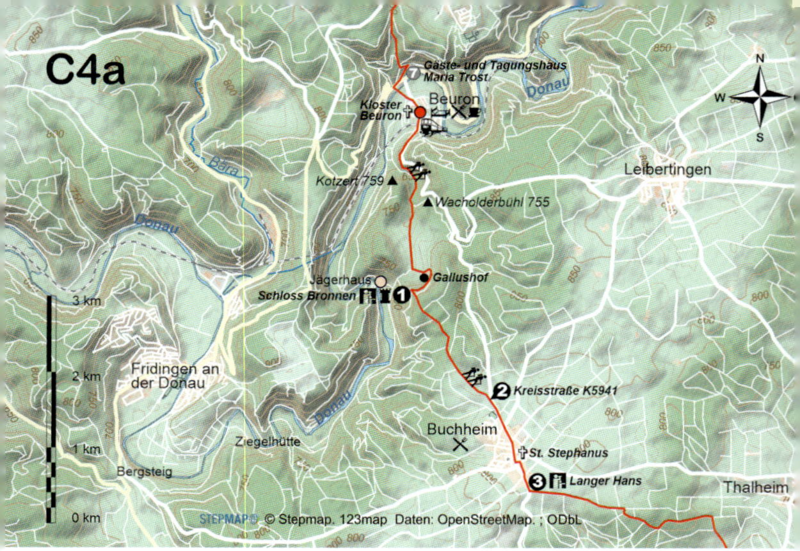

Meßkirch ist zwar nicht als Fahrradweg ausgeschildert, führt aber über breite Schotterwege und kann mit dem Fahrrad befahren werden.

Vom ✞ Kloster Beuron gehen Sie die Buchheimer Straße hinauf. Sie spazieren an der Klosteranlage und der Eisenbahnbrücke vorbei. Der Weiterweg führt zwischen zerklüfteten Felshängen und durch lichten Bergwald aufwärts. Dann wandern Sie über Felder zum Gallushof, den Sie rechts liegen lassen.

Oberhalb des Hofes wenden Sie sich nach rechts und erreichen wenig später Schloss Bronnen ❶, das hoch über dem Donautal thront. Sie gehen geradeaus am Schloss vorbei und gelangen zu einer Felsnase, von der Sie einen tollen Ausblick auf das Donautal und das Schloss haben.

Nun steigen Sie auf dem Waldweg bergauf bis nach **Buchheim**. Kurz vor dem Ortseingang gelangen Sie bei einem Felsweg zur Kreisstraße (K5941) ❷. Auf dieser gehen Sie in das Dorf und biegen in der Ortsmitte links zur ✞ Pfarrkirche St. Stephanus ab.

Buchheim ✕ ✞ ⇧ 793 m

✕ Gasthaus Zum freien Stein, Donautalstraße 2, 88637 Buchheim, ☏ 077 77/212, www.zumfreiensteinbuchheim.de, Mi-Mo 10:00-24:00, Di Ruhetag, Küche 10:00-14:00 und 17:00-21:00

✞ Pfarrkirche St. Stephanus

Die Gemeinde Buchheim gehört zum Landkreis Tuttlingen. Die Gebiete rund um den Ort wurden schon in vor- und frühgeschichtlicher Zeit besiedelt. Das Kloster St. Gallen nannte „Puachheim“ 861 erstmals in einer Urkunde.

Im Dreißigjährigen Krieg brannten sächsische Truppen das Dorf 1677 komplett nieder. 1805 kam Buchheim im Rahmen der Säkularisation zu Württemberg, aber schon 1810 zu Baden und damit zum Amtsbezirk Meßkirch.

Am südlichen Ortsrand steht der Kirchturm einer früheren Chorturmkirche aus dem 14. Jahrhundert. Man nennt den Turm „Langer Hans“ oder „Buchheimer Hans“. Da die Sachsen auch diese Kirche angezündet hatten, wurde 1742 im Ortskern die Pfarrkirche wieder aufgebaut und das Langhaus der Chorturmkirche abgebrochen. Erst 1980 restaurierte man den ca. 27 m hohen Turm als Aussichtsturm.

Nach Besichtigung der Kirche spazieren Sie auf der Hauptstraße bis zum Ortsende ❸. Hier empfiehlt sich ein Abstecher auf den Aussichtsturm Langer Hans.

Danach biegen Sie nach links ab und wandern über freie Wiesen in Richtung Thalheim bis zum Waldrand. Auf einem Forstweg gehen Sie durch den Wald zu einer großen Kreuzung ❹. Hier wenden Sie sich nach links und folgen dem Jakobsweg bis zu einer geteerten Straße. Auf dieser gehen Sie nach **Altheim**.

Die Kirche von Buchheim (mr)

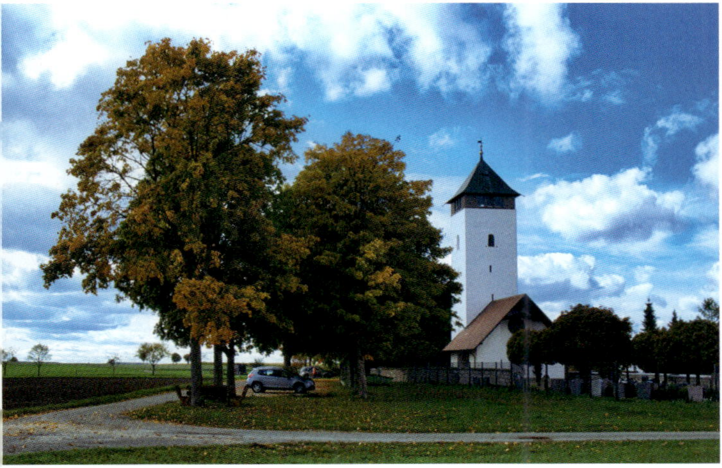

Altheim

✞ ⊙ ⇧ 674 m

✞ Pankratiuskapelle

⊙ Pilgerstempel: in der Kapelle

Schon die Römer siedelten im Gebiet von Altheim. Eine Römerstraße führte ganz in der Nähe vorbei. In der Merowingerzeit gegründet, wurde Altheim als Schenkung an das Kloster St. Gallen 768 erstmals erwähnt. Zeitweise gehörte der Ort zum Haus Österreich und dadurch zu den Grafen von Hohenzollern-Sigmaringen. 1806 ging das Gebiet an das Königreich Württemberg und schon 1810 an Baden.

Die im Mittelalter eigenständige Pfarrei des katholischen Altheims ging im Dreißigjährigen Krieg unter. Die barocke Dorfkirche St. Pankratius besitzt römische Fundamente. In einem Geschichtswerk aus dem 16. Jahrhundert wird sie Wallfahrtskirche genannt.

Im Dorf besichtigen Sie die ✞ Pankratiuskapelle ❺ und gehen dann links an ihr vorbei. Der Weg führt entlang des Dorfbaches zur Kläranlage. Sie gehen durch ein feuchtes kleines Tal und steigen dann einen steilen Hang hinauf auf die Hochfläche des Heuberges.

Sie folgen dem Weg, bis er in eine kleine geteerte Straße einmündet. Wenig später kommen Sie zur Hauptstraße (Am Talbach) und wandern direkt nach Heudorf und im Ort bis zur ✞ Pfarrkirche St. Peter und Paul ❻.

Parasolpilze am Wegesrand (mr)

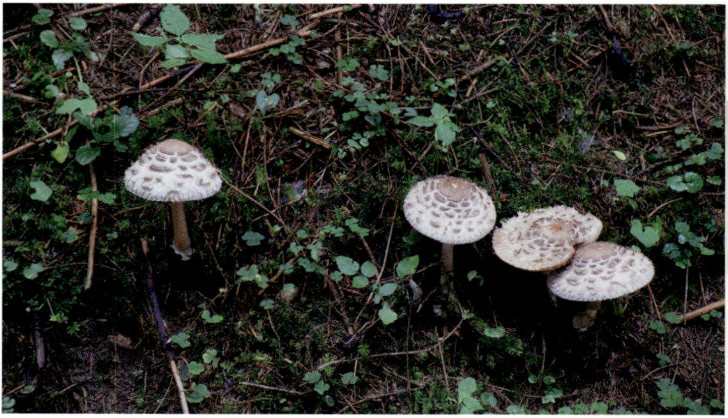

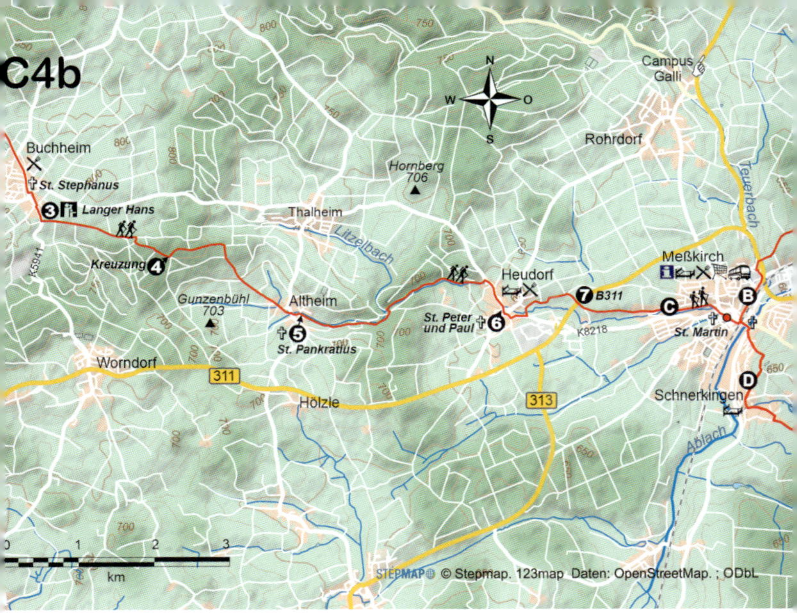

Heudorf

🛏 ✗ ✝ ⊙ ⇧ 634 m

🛏 ✗ Gasthof Zur Krone, Viktor und Simone Danev, Am Kirchberg 1, 88605 Heudorf,
☎ 075 75/32 48, ✉ riegger@gasthaus-krone-heudorf.de,
💻 www.gasthaus-krone-heudorf.de, ÜF EZ ab € 50, DZ ab € 90, Schuhservice,
🚪 Mo, Di Ruhetag

✗ Gasthof Zum Adler, Stortzingen 3, 88605 Heudorf, ☎ 075 75/927 91 50,
✉ info@adler-heudorf.de, 💻 www.adler-heudorf.de,
🚪 Di ab 17:00, Mi-Sa 11:30-14:00 und ab 17:00

✝ Pfarrkirche St. Peter und Paul

⊙ Pilgerstempel: Gasthof Zur Krone

Seit 1972 ist Heudorf ein Stadtteil von Meßkirch. Ursprünglich siedelten Kelten in diesem Gebiet. In der Nähe von Heudorf, in Altstadt, wurde der größte römische Gutshof in Baden-Württemburg entdeckt. Ein Militärveteran erhielt das Land, eine Weiheschrift auf einem Altarstein nennt den damaligen Hofbesitzer Marcus Aurelius Honoratius Pankratius. 1978 entdeckte man hier ein Fresko, die Venus von Meßkirch. Sie befindet sich heute im Landesmuseum Württemberg in Stuttgart. Vermutlich eroberten die Alemannen im 3. Jahrhundert den Gutshof.

In einer Urkunde des Klosters Salem fand Heudorf erstmals 1253 Erwähnung.

Von der ✞ Kirche gehen Sie auf der Straße Am Talbach (K8218) nach rechts durch den Ortskern und weiter durch die Kapellenstraße bis zum Ortsende. Hier biegen Sie nach links auf den Radwanderweg ab und unterqueren die B311 ❼. Sie folgen dem Radwanderweg, bis Sie über den Mühlenweg die Ortsmitte von **Meßkirch** und die ✞ Pfarrkirche St. Martin erreichen.

⌘ Historisch Interessierte können im Sommerhalbjahr die Living-History-Baustelle Campus Galli bei Rohrdorf besuchen. Das Projekt wurde 2013 begonnen und will in ca. 40 Jahren den St. Galler Klosterplan mit mittelalterlichen Baumethoden komplett umsetzen.

♦ Campus Galli, ☏ 075 75/206 47, ✉ booking@campus-galli.de, 💻 www.campus-galli.de, 🚪 02.04.-03.11. Di-So 10:00-18:00, Eintritt € 13.
Der Komplex liegt etwas abseits des Jakobsweges. Sie sollten mindestens 2-3 Std. einplanen.

Meßkirch ℹ 🛏 ✕ 🛒 ✞ ⊙ 🚌 ⇧ 616 m

☞ Informationen zu Meßkirch finden Sie im Kapitel B (Hohenzollerischer Jakobsweg) am Ende der 4. Etappe, S. 77.

D. Linzgauer Jakobsweg

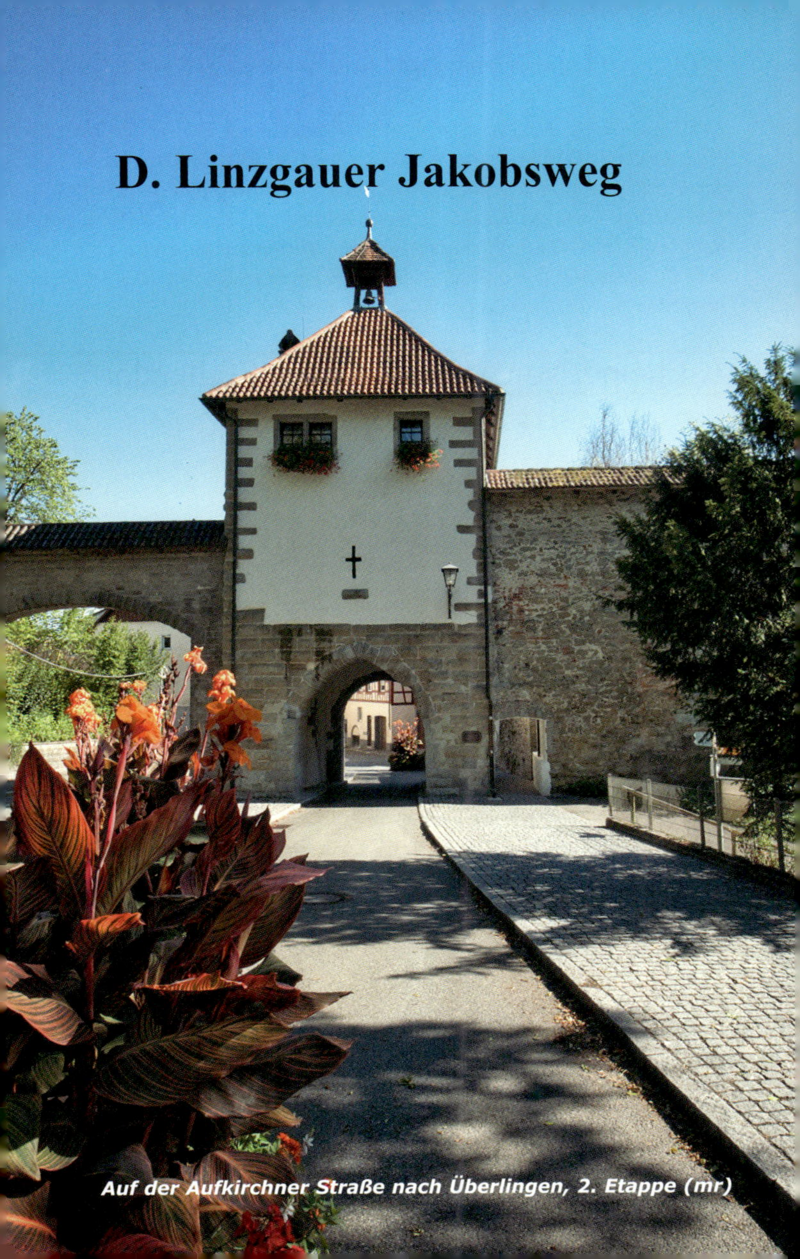

Auf der Aufkirchner Straße nach Überlingen, 2. Etappe (mr)

Der 59 km lange Linzgauer Jakobsweg führt Sie zunächst von Meßkirch nach Pfullendorf. In Wald zweigt der Hegauer Jakobsweg nach Konstanz ab. Der Linzgauer trifft in Pfullendorf auf den Habsthaler Jakobsweg und führt weiter nach Großschönach mit der Klause St. Benedikt und der Kapelle St. Wendelin am Ramsberg. Über Owingen pilgern Sie nach Überlingen am Bodensee mit dem beeindruckenden Münster. Nach einer Schifffahrt über den See nach Wallhausen bringt Sie die Abschlussetappe direkt nach Konstanz.

1. Etappe: Von Meßkirch nach Pfullendorf

19,2 km, 5 Std., ↑ 163 m, ↓ 121 m, ⇧ 602-680 m

0,0 km	⇧ 616 m	Meßkirch
1,6 km	⇧ 606 m	Schnerkingen
10,0 km	⇧ 657 m	Wald ✝
19,2 km	⇧ 654 m	Pfullendorf

Es sind zwar nur Teile des im Folgenden beschriebenen Weges als Fahrradweg ausgeschildert, die gesamte Etappe verläuft aber auf breiten Wegen und ist gut mit dem Fahrrad zu befahren.

Von der ✝ Pfarrkirche St. Martin in Meßkirch gehen Sie rechts hinunter zum Rathaus, wenden sich wieder nach rechts und gehen durch die Altstadt zum Kreisverkehr. Sie spazieren geradeaus über die Mengener Straße zur stillgelegten Bahnlinie und weiter zur ✝ Liebfrauenkirche.

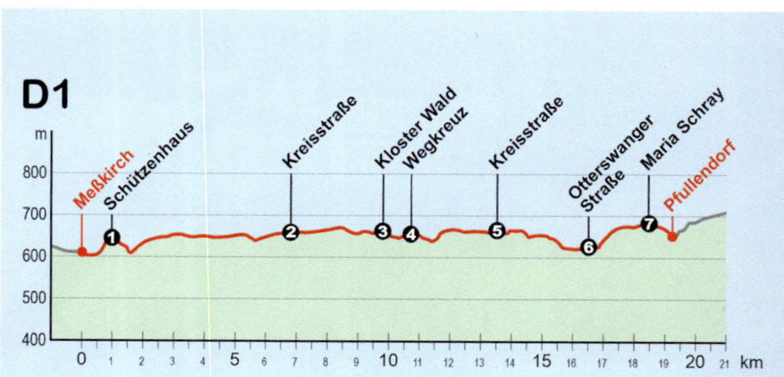

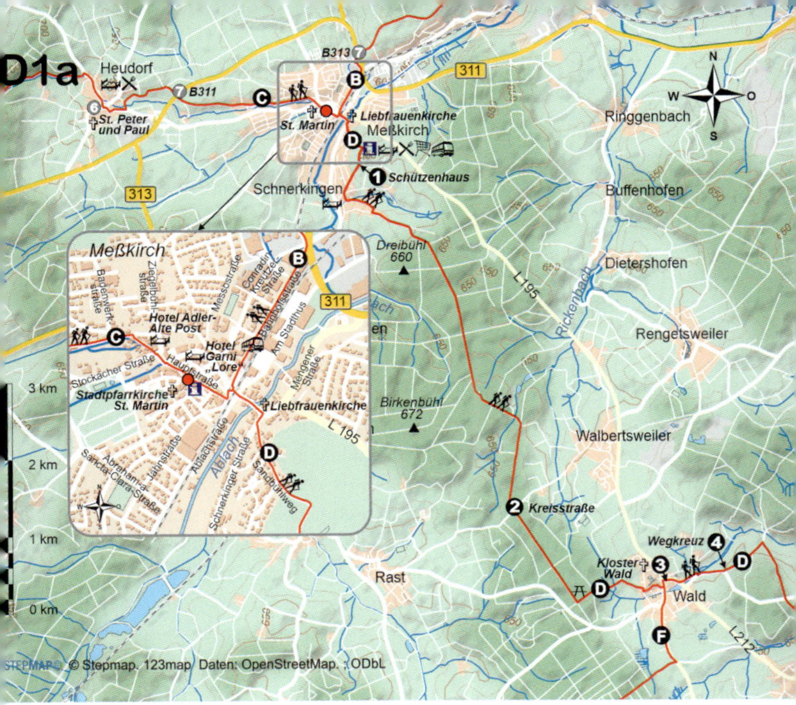

Gleich danach wenden Sie sich erneut nach rechts und wandern auf der Schnerkinger Straße aus der Stadt heraus. Wenig später biegen Sie nach links in den Sandbühlweg ab und kommen bald zum Schützenhaus ❶. Gleich danach gehen Sie nach rechts und weiter nach **Schnerkingen** hinunter.

Schnerkingen 🛏 ⊙ ⇧ 606 m

🛏 Bäckerei Monika Hauff, Schnerkingerstraße 60, 88605 Schnerkingen, ☏ 075 75/38 15, ✉ mo.hauff@freenet.de, Ferienwohnung, Ü im Schlafsack € 10, Wäsche- und Schuhservice

⊙ Pilgerstempel: Bäckerei Hauff

Sie wandern durch den Ort und folgen einem Feldweg bis zum Wald. Der Jakobsweg führt nun auf Forstwegen geradeaus durch den Wald. Bei einem Hochstand biegen Sie links ab und durchwandern ein Feuchtgebiet. Sie erreichen die Kreisstraße Rast – Walbertsweiler ❷, die Sie überqueren. Der Ort selbst liegt ca. 1,3 km entfernt und wird nicht berührt.

Der Weg führt weiter geradeaus und erreicht nach einer Weile einen ⩩ Rastplatz. Danach gehen Sie scharf nach links und kommen durch ein weiteres Feuchtgebiet und über Wiesen zum Klosterdorf **Wald** mit dem ehemaligen ✞ Zisterzienserinnenkloster ❸.

Wald

✞ ⇧ 657 m

✞ Kloster Wald mit Klosterkirche St. Bernhard

Das Dorf Wald kam aufgrund eines Erbschaftsvertrags zwischen 1168 und 1176 an Kaiser Friedrich Barbarossa. Später kaufte Burkhard von Weckenstein das Gebiet und gründete für seine Schwestern Judintha und Ita das Kloster.

Das Kloster befand sich weitab von Städten in einer relativ einsamen Gegend, obwohl es den Ort Wald bereits gab. Als erstes Zisterzienserinnenkloster in Oberschwaben war es zunächst der Reichsabtei Salem unterstellt. 1217 wurde es zur Abtei erhoben. In den Folgejahren erhielt das Kloster durch viele Schenkungen weiteren Grund und Boden. Schon 1474 besaß das Kloster ein umfangreiches Gebiet und damit auch eine herrschaftliche Stellung. Bis zum Jahr 1501 erweiterte es sein Territorium massiv. Sogar am Bodensee wurden Weinberge erworben.

Kloster Wald (mr)

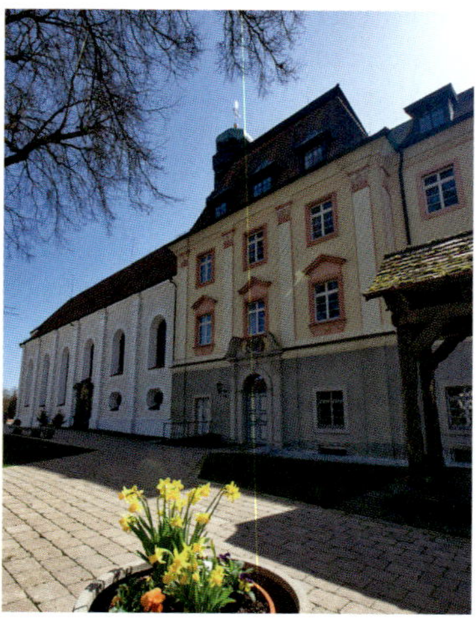

Im Dreißigjährigen Krieg wurde die Klosteranlage fast vollständig zerstört. 1698 wurde die Klosterkirche neu erbaut.

Durch die Säkularisation 1806 ging das Kloster mit dem Kloster Habsthal an das Fürstentum Hohenzollern-Sigmaringen. Nachdem keine Nonnen mehr aufgenommen werden durften, verließ 1853 die letzte Schwester das Kloster. Zuvor, im Jahr 1849, wurde das ehemalige Klostergebiet als Teil des Fürstentums Hohenzollern-Sigmaringen preußisch.

Französische Truppen richteten nach dem Zweiten Weltkrieg im Kloster ein Lager für verschleppte Personen ein.

1946 begannen Benediktinerinnen im Kloster und gründeten die Heimschule Kloster Wald als Mädcheninternat, Gymnasium und Lehrwerkstätten. Sie führen das Kloster noch heute.

Die Klosterkirche St. Bernhard wurde 1249 eingeweiht. Ein Umbau zwischen 1696 und 1698 verwandelte die Kirche in eine Barock-Rokoko-Kirche.

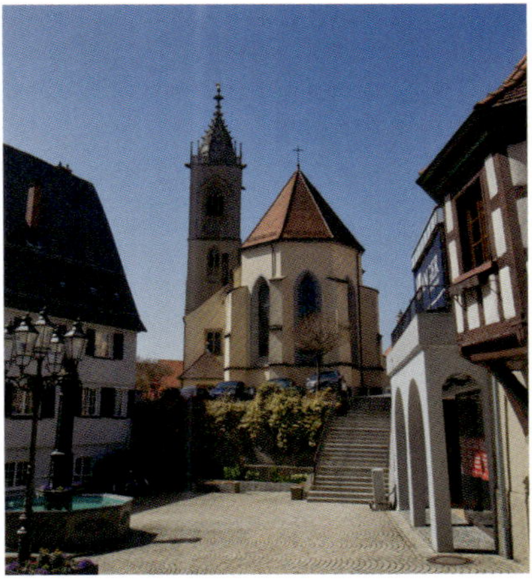
St. Jakobus in Pfullendorf (mr)

Von der ✞ Klosterkirche biegen Sie nach rechts zum Klosterweiher und dann nach links ab. Sie passieren das Klärwerk und erreichen nach 1 km ein Wegkreuz ❹. Hier gehen Sie nach links in Richtung Burraumühle. Bei einem Hochspannungsmast wenden Sie sich nach rechts und wandern am Waldrand bergauf. Sie überqueren die Kreisstraße ❺, durchqueren ein kleines Waldgebiet und biegen an der Straße Reischach – Hippertsweiler rechts ab. Gleich geht es wieder nach links zum Weiler Bethlehem, an dem Sie vorbeigehen, bevor Sie die Straße Reischach – Gaisweiler erreichen. Hier wenden Sie sich nach rechts und laufen am „Stern von Bethlehem" vorbei.

Sie folgen dem Waldweg und lassen sich von den Markierungen durch den Wald bis zum Clubheim oberhalb des Linzgau-Seeparks leiten. Sie gehen am Ende des Sees nach links und biegen dann nach rechts in den Litzlbacherweg ab. Sie gehen weiter zur L456, der Otterswanger Straße ❻, die Sie überqueren, und gehen auf der Straße Langäcker durch das Wohngebiet bis zur Neidlingstraße. Hier nach rechts und dann nach links in die Mengener Straße. Schließlich kommen Sie zur ✞ Wallfahrtskirche Maria Schray ❼.

Nach der Besichtigung wandern Sie durch das Obere Tor in die Altstadt von **Pfullendorf**. Sie biegen nach rechts in die Pfarrhofgasse ab und gehen zur ✞ Stadtpfarrkirche St. Jakobus.

Seit Dezember 2018 gibt es vom Linzgau-Seepark auch eine direkt ausgeschilderte Route zur Ortsmitte von Pfullendorf.

Pfullendorf ⇧ 654 m

Touristinformation, Kirchplatz 1, 88630 Pfullendorf, ☏ 075 52/25 11 31, Mo-Fr 9:00-12:00, Mo-Do 14:00-16:00

Renate Brugger, Am Pfarröschle 32, 88630 Pfullendorf, ☏ 075 52/64 96, renatebrugger@web.de, ÜF € 22, Wäsche- und Schuhservice

Pfullendorf bietet eine Menge Restaurants.

In Pfullendorf gibt es einige Supermärkte.

Wallfahrtskirche Maria Schray, Stadtpfarrkirche St. Jakobus

Pilgerstempel: Touristinformation und Stadtpfarrkirche

Busbahnhof mit stündlichen Verbindungen nach Überlingen und Sigmaringen

Bahnhof mit Zugverbindung nach Sigmaringen

In Pfullendorf gibt es Funde aus vor- und frühgeschichtlicher Zeit. Auch römische Mauerreste einer Villa rustica wurden entdeckt.

Vermutlich wurde Pfullendorf, das „Dorf am Sumpf", im 9. Jahrhundert gegründet. Diesen Bereich nennt man heute Vorstadt. Mitte des 12. Jahrhunderts gründeten Bürger östlich davon eine neue Siedlung, die später Marktrecht erhielt. 1219 brannte sie nieder.

1220 erhob Friedrich II. Pfullendorf zur königlich-staufischen Stadt. In der Folge errichtete man vier Stadttore mit Wehrtürmen und eine Stadtmauer. Nach dem Aussterben der männlichen Nachkommen der Staufer wurde Pfullendorf 1282 Reichsstadt und blieb es lange, bis ins Jahr 1803.

1383 nutzen die Handwerker ihren Einfluss und ließen eine Zunftverfassung beschließen. Ab dann hatten die Zünfte die meiste Macht in der Stadt. Jährlich wurden nun ein Bürgermeister und der Kleine Rat gewählt. Bis 1551 galt die Zunftverfassung und 1559 trat sie in abgeschwächter Form wieder inkraft.

Hexenprozesse gab es in Pfullendorf ebenfalls. Von 1598 bis 1635 wurden 15 Frauen enthauptet.

1628 brach die Pest aus und dezimierte die Bevölkerung um ein Drittel. 1632, im Dreißigjährigen Krieg, eroberten die Schweden Pfullendorf und brannten die Wallfahrtskirche Maria Schray bis auf den gotischen Chor nieder.

Im 18. und 19. Jahrhundert fand in Pfullendorf ein jährlicher Kindermarkt für „Schwabenkinder" statt. Kinder aus Vorarlberg, Nord- und Südtirol und der Schweiz kamen als Saisonarbeiter für die Landwirtschaft nach Schwaben, um für die Familien zu Hause ein wenig Geld zu verdienen.

1803 verlor Pfullendorf den Status Reichsstadt und kam zum Großherzogtum Baden.

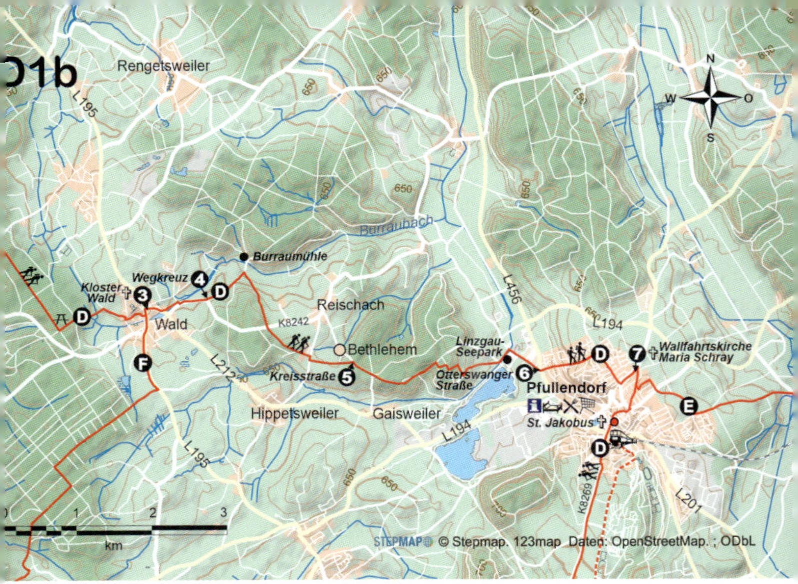

Die barocke Wallfahrtskirche Maria Schray stammt aus dem 13. Jahrhundert. Die Barockisierung erfuhr sie erst im 17. Jahrhundert, nachdem sie von den Schweden fast völlig zerstört worden war. Nur der Chorraum überstand den Brand.

Am Platz der heutigen Stadtpfarrkirche St. Jakobus stand früher eine dem heiligen Jakobus und dem heiligen Christophorus geweihte Kapelle. Nach einer Erweiterung zu Beginn des 14. Jahrhunderts erfolgte 1480/81 ein Neubau. In der Kirche findet man einen knienden St. Jakobus. Vor der Kirche findet man eine Jakobspilgerstatue.

Die Pfullendorfer sind überwiegend römisch-katholischer Konfession.

Das Stadttor von Pfullendorf (mr)

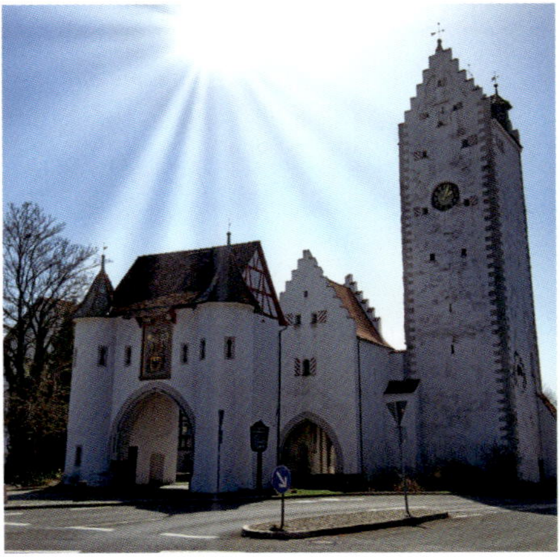

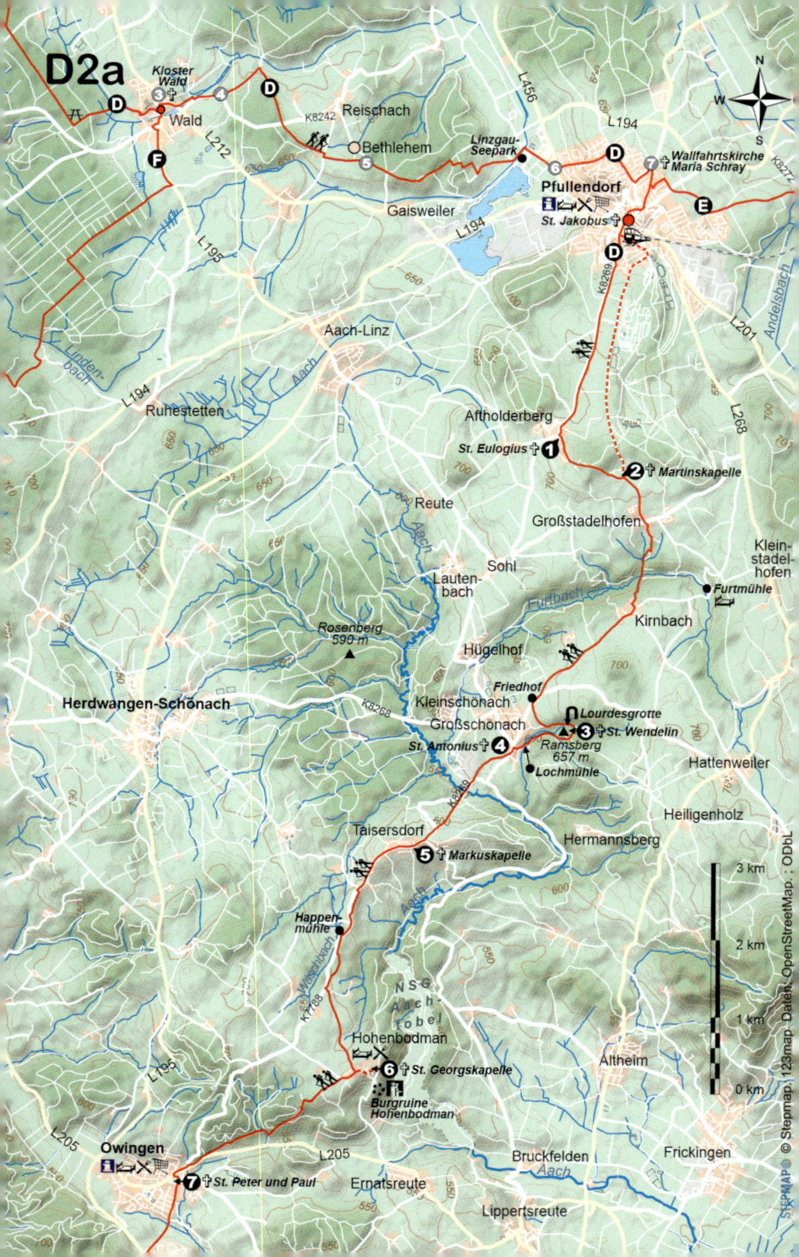
D2a
Kloster Wald
Wald
Reischach
Bethlehem
Linzgau-Seepark
Pfullendorf
St. Jakobus
Wallfahrtskirche Maria Schray
Gaisweiler
Aach-Linz
Ruhestetten
Aftholderberg
St. Eulogius
Martinskapelle
Reute
Großstadelhofen
Klein-stadel-hofen
Sohl
Lauten-bach
Furtmühle
Kirnbach
Rosenberg 590 m
Hügelhof
Friedhof
Herdwangen-Schönach
Kleinschönach
Großschönach
Lourdesgrotte
St. Wendelin
St. Antonius
Ramsberg 657 m
Lochmühle
Hattenweiler
Taisersdorf
Heiligenholz
Markuskapelle
Hermannsberg
Happen-mühle
NSG Aach-Tobel
Hohenbodman
St. Georgskapelle
Burgruine Hohenbodman
Altheim
Owingen
St. Peter und Paul
Bruckfelden
Frickingen
Ernatsreute
Lippertsreute
© Stepmap, 123map. Daten: OpenStreetMap : ODbL

2. Etappe: Von Pfullendorf nach Überlingen

24,4 km, 6 Std. 45 Min., ↑ 337 m, ↓ 592 m, ⇧ 402-725 m

0,0 km	⇧ 654 m	Pfullendorf
3,1 km	⇧ 709 m	Aftholderberg ✝
5,0 km	⇧ 685 m	Großstadelhofen ✝
10,1 km	⇧ 605 m	Großschönach ✝ ⊙
12,0 km	⇧ 620 m	Taisersdorf ✝
15,7 km	⇧ 668 m	Hohenbodman ✝ ⊙
18,7 km	⇧ 535 m	Owingen ✝ ⊙
24,4 km	⇧ 402 m	Überlingen ✝

Der Abschnitt bis Großstadelhofen verläuft auf Radwegen und ist gut zu befahren. Der Abschnitt durch das Bachtal nach Großstadelhofen eignet sich dagegen nicht für Radfahrer. Hier nutzen Sie besser den Fahrradweg über die Furtmühle. Den Ramsberg können Sie mit dem Fahrrad besuchen. Den Weg von dort direkt nach Großschönach empfehlen wir aber nicht. Hier radeln Sie besser wieder zurück zum Friedhof und in den Ort.

Die folgenden Abschnitte bis Hohenbodman verlaufen wieder auf Fahrradwegen. Von Hohenbodman schlagen wir eher den Fahrradweg über Ernatsreute nach Owingen vor. Der Schlussabschnitt nach Überlingen ist wieder problemlos befahrbar.

Vom Marktplatz in Pfullendorf spazieren Sie durch die Rossmarktgasse zur Landstraße. Sie gehen dann geradeaus zur ✝ evangelischen Christuskirche und folgen der Straße bergauf. Oben am Berg biegen Sie links auf den Fahrradweg ein. Dieser bringt Sie nach **Aftholderberg** mit der ✝ Pfarr- und Wallfahrtskirche St. Eulogius ❶.

Aftholderberg ✝ ⇧ 709 m

✝ Pfarr- und Wallfahrtskirche St. Eulogius

Aftholderberg gehört zur Gemeinde Herdwangen-Schönach. Die Kirche St. Eulogius stammt aus dem Jahr 1824 und wurde als Wehrkirche errichtet. Eine Wehrkirche besitzt Vorrichtungen zur Abwehr von Feinden. Sie wurde im gotischen Stil erbaut und steht auf der Europäischen Hauptwasserscheide. Eine Seite entwässert zum Rhein, die andere zur Donau.

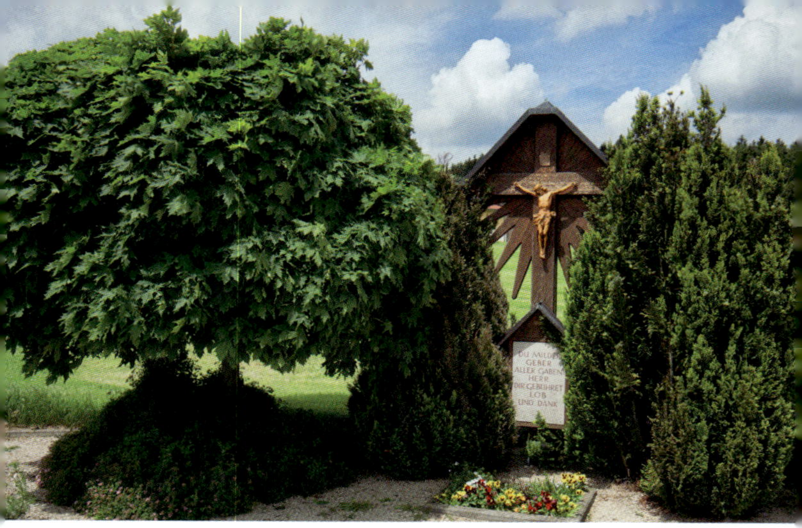

Wegkreuz nach Aftholderberg (mr)

Der heilige Eulogius gilt seit dem 17. Jahrhundert als Pferdepatron. Zu seinen Ehren findet in Aftholderberg jedes Jahr am zweiten Sonntag im Juli eine Reiterprozession mit Gottesdienst und Pferdesegnung statt.

Nach dem Besuch der ✝ Pfarr- und Wallfahrtskirche wandern Sie auf schmaler Straße weiter in Richtung **Großstadelhofen**. Kurz vor dem Ort treffen Sie bei der ✝ Martinskapelle ❷ auf die alternative Route von Pfullendorf.

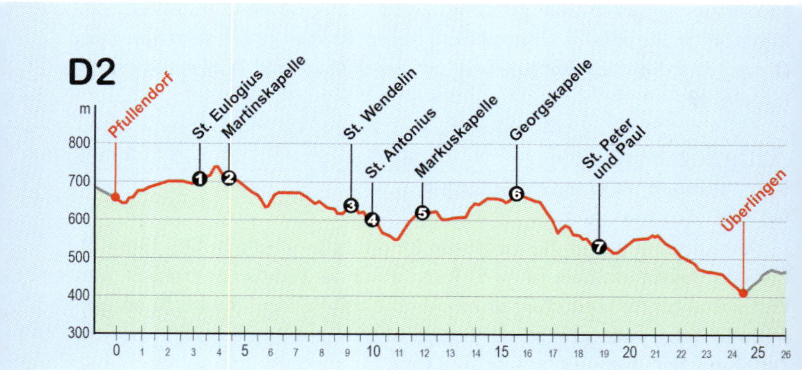

↳ Eine Variante für die ersten Kilometer führt ebenfalls vom Marktplatz zur Landstraße, die Sie überqueren. Dann gehen Sie nach links durch den Stadtgarten und weiter zum Schwimmbad. Hier biegen Sie nach rechts ab und passieren bald das Gymnasium. Sie verlassen Pfullendorf und wandern entlang der Straße bis kurz vor **Großstadelhofen**. Hier mündet von rechts die andere Route ein.

Großstadelhofen ✞ ⇧ 685 m

✞ Martinskapelle

Vermutlich 1209 fand Großstadelhofen als „villa Stadilhovin" eine erste Erwähnung, die zeitliche Einordnung der Urkunde ist aufgrund eines fehlenden Datums nicht eindeutig möglich. Für 1337 ist eine Unterscheidung zwischen Kleinstadelhofen und Großstadelhofen belegt.

Bis 1803 gehörte Großstadelhofen zum Fürstentum Fürstenberg. Die Bauern waren aber Leibeigene des Spitals Pfullendorf. Im Jahr 1834 wurde das Lehen zu freiem Eigentum, die Eigentümer nun freie Bauern.

Erst 1973 ging Großstadelhofen wieder in der Stadt Pfullendorf auf.

Die Martinskapelle stammt aus dem Jahr 1482 und wurde im 20. Jahrhundert renoviert.

Sie gehen durch den Ort und folgen dem Tobelweg in das Tal des Furtbachtobels. Nach der Überquerung des Furtbaches steigen Sie steil hinauf nach Kirnbach. Nach links ist der Abzweig zur Pilgerherberge Furtmühle bei **Kleinstadelhofen** ausgeschildert. Der Ort selbst wird auf dem Jakobsweg nicht berührt.

Kleinstadelhofen ⌂ ⊙ ⇧ 692 m

⌂ Pilgerherberge St. Nikolaus Furtmühle, Evamaria und Claus Höffer, Kleinstadelhofen 1, 88630 Kleinstadelhofen, ☏ 075 52/40 97 56, ✉ info@furtmuehle.de, 💻 www.furtmuehle.de, € 15 im Gruppenraum, € 8 für Essen, Voranmeldung erwünscht, Transfer von Pfullendorf möglich, Wäsche- und Schuhservice

⊙ Pilgerstempel: Pilgerherberge St. Nikolaus

Kleinstadelhofen findet zum ersten Mal 1337 Erwähnung. Der Ort ist heute ein Weiler, der zur Stadt Pfullendorf zählt. Die Furtmühle, die zum Ort gehört, wurde 1475 erstmals erwähnt. In der früheren Sägemühle ist heute eine Pilgerherberge untergebracht.

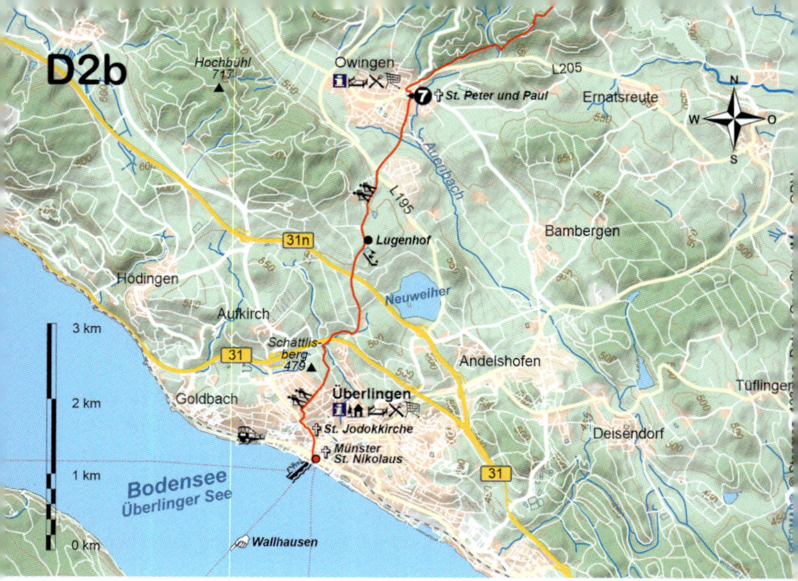

Sollten Sie nicht in der Furtmühle übernachten wollen, gehen Sie nach rechts in Richtung **Großschönach**. Kurz vor dem Ort, auf Höhe des Friedhofs, biegen Sie nach links ab. Sie gehen an einem Hof vorbei und passieren eine kleine Lourdesgrotte mit Marienfigur. Der Schotterweg bringt Sie anschließend hinauf zur ✞ Wallfahrtskapelle St. Wendelin auf dem Ramsberg ❸.

Von der Kapelle gehen Sie wieder ein Stück zurück zu einem Wegweiser. Hier biegen Sie rechts ab und folgen einem sumpfigen Waldweg bergab. Nach Überquerung des Baches erreichen Sie die Lochmühle und wenig später Großschönach mit der ✞ St.-Antonius-Kirche ❹ in der Dorfmitte.

Großschönach ✞ ⊙ ⇧ 605 m

✞ St. Wendelin am Ramsberg und St.-Antonius-Kirche im Ort

⊙ Pilgerstempel: Klause St. Benedikt am Ramsberg

Großschönach gehört zur Gemeinde Herdwangen-Schönach.

Am Ramsberg steht die Kapelle St. Wendelin. Dort befand sich seit dem 11. Jahrhundert eine Burg. Auch eine Kapelle gab es neben der Burg. Im Dreißigjährigen Krieg wurde die Burg jedoch zerstört. In der Barockzeit baute man sie wieder auf und weihte die Kapelle 1720 zu Ehren des heiligen Wendelins. Die Kapelle ging 1900 in kirchliches Eigentum über.

Das ehemalige Wohn-/Wirtschaftshaus wurde als Sitz des Forstaufsehers erbaut und beherbergt heute die Klause St. Benedikt. Sie wird von Bruder Jakobus Kaffanke aus Beuron bewohnt. Nach Voranmeldung sind eine Andacht sowie ein Gespräch und Verzehr möglich (☏ 075 52/910 70, ✉ klausestbenedikt@t-online.de).

Im Ort steht die Kirche St. Antonius. Sie wurde 1360 erbaut und 1832 vergrößert. Im Jahr 1956 riss man die alte Kirche ab und baute eine neue. Nur der gotische Turm blieb von der alten Kirche erhalten.

Auf der Kreisstraße spazieren Sie aus dem Ort hinaus und folgen dem nach rechts abzweigenden Wanderweg. Sie überqueren die Straße und wandern auf dem steilen alten Kirchweg nach **Taisersdorf** bis zur ✞ Markuskapelle ❺ in der Mitte des Dorfes.

Taisersdorf ✞ ⇧ 620 m

✞ Markuskapelle

Bei Taisersdorf fand man Relikte aus der Bronzezeit. In einer Urkunde des Kaisers Barbarossa von 1155 wird der Ort bereits erwähnt. Seit 1973 gehört er zur Gemeinde Owingen.

Die Markuskapelle wurde 1155 gebaut. Nach einer Zerstörung wurde sie 1674 wieder aufgebaut. In der Kapelle sehen Sie ein wertvolles Votivbild von 1797 und eine Glocke aus dem Jahr 1751.

Altar in der Markuskapelle in Taisersdorf (mr)

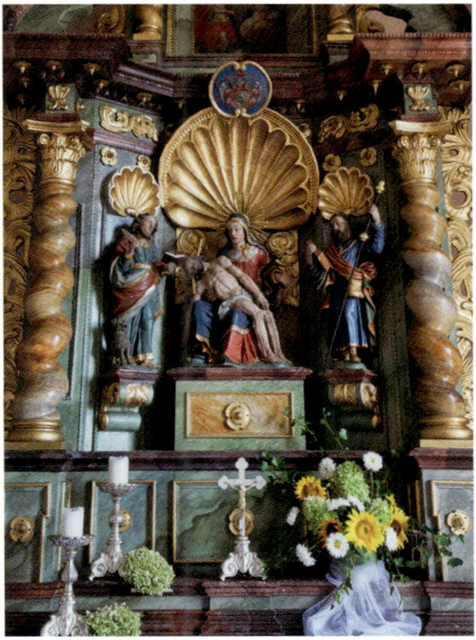

Nach dem Besuch der ✞ Markuskapelle gehen Sie auf der Kreisstraße weiter in das Unterdorf und biegen dann nach links in ein Waldstück ab. Sie passieren eine Gedenkstätte und erreichen wenig später wieder die Kreisstraße.

Sie folgen nun der Straße bis zur Happenmühle. Hier biegen Sie links in einen Hohlweg ein, der wenig später in einen Wiesenpfad übergeht. Sie gelangen auf eine Anhöhe, biegen hier nach links ab und wandern bis nach **Hohenbodman ❻** mit der ✞ St.-Georgs-Kapelle in der Dorfmitte.

Hohenbodman

🛏 ✕ ✞ ⊙ ⇧ 668 m

🛏 ✕ Gasthaus Adler, Lindenstraße 25, 88698 Hohenbodman, ☏ 075 57/241, ✉ info@adler-hohenbodman.de, 💻 www.adler-hohenbodman.de, ÜF EZ € 37, DZ € 74, Wäsche- und Schuhservice, 🚪 Do Ruhetag

✞ St. Georgskapelle

⊙ Pilgerstempel: Gasthaus Adler

Hohenbodman gehört wie Taisersdorf zur Gemeinde Owingen. 1325 wird der Ort erstmals erwähnt. Die Herren von Bodman verkauften den Ort und die Burg später an die freie Reichsstadt Überlingen.

Mitten im Dorf steht die St.-Georgs-Kapelle, Der älteste Teil stammt aus dem 15. Jahrhundert, der neuere aus dem 18. Jahrhundert.

Von der Kirche sehen Sie hinüber zum Aussichtsturm, der auf den Resten der Burgruine Hohenbodman steht. 1642 wurde die Burg bis auf den Turm niedergebrannt. Sie wurde nicht mehr aufgebaut. Die weite Aussicht vom Turm lohnt einen Besuch.

Die Linde im Ort ist mit 400-600 Jahren eine der ältesten und mit einem Umfang von über 9 m eine der dicksten Linden in Deutschland.

Sie gehen von der ✞ Kapelle ein Stück zurück und an der ✋ Linde vorbei bis zum Ortsende. Hier biegen Sie nach links in den Kirchweg ab und folgen einem Wiesenpfad bis zum Waldrand. Nun wandern Sie auf dem Pilgerweg durch den Wald in das Billafingertal und weiter, nun am Waldrand entlang, nach **Owingen ❼**. Hier befindet sich die ✞ Pfarrkirche St. Peter und Paul.

Owingen

ℹ 🛏 ✕ ✞ ⊙ ⇧ 535 m

ℹ Bürgerbüro im Rathaus mit Abteilung Tourismus, Hauptstraße 35, 88696 Owingen, ☏ 075 51/80 94-42, 💻 www.owingen.com, 🚪 Mo-Mi, Fr 8:00-12:00, Mo 14:00-18:00, Do durchgehend 8:00-16:00

🛏 ✕ Landgasthof Engel, Familie Rupert Häußler, Überlingerstraße 27, 88696 Owingen, ☏ 075 51/638 91, ✉ info@engel-owingen.de, 💻 www.engel-owingen.de, Wäsche- und Schuhservice, 🚪 Mi-Sa 10:00-14:30 und 17:30-24:00, So 10:00-14:30 und 17:00-24:00, Mo 10:00-14:30

Pizzeria La Flotta, Auenweg 2, 88696 Owingen, ☏ 075 51/831 30 53, info@ristorante-laflotta.de, www.ristorante-laflotta.de, Di-So 11:30-14:00 und 17:00-21:30

In Owingen gibt es Bäckereien und eine Metzgerei.

✝ Pfarrkirche St. Peter und Paul

Pilgerstempel: Landgasthof Engel

1134 wird Owingen erstmals urkundlich erwähnt. Zuvor siedelten Alemannen in dieser Region. Ab 1324 hatte das Kloster Salem die Herrschaft über den Ort. Die Schweden zerstörten ihn im Dreißigjährigen Krieg. Bald darauf zogen plündernde Franzosen durch das Gebiet. 1803 wurde Owingen badisch. 1849 unterstützte Owingen die Revolution mit Waffen und Soldaten für die badische Bürgerwehr.

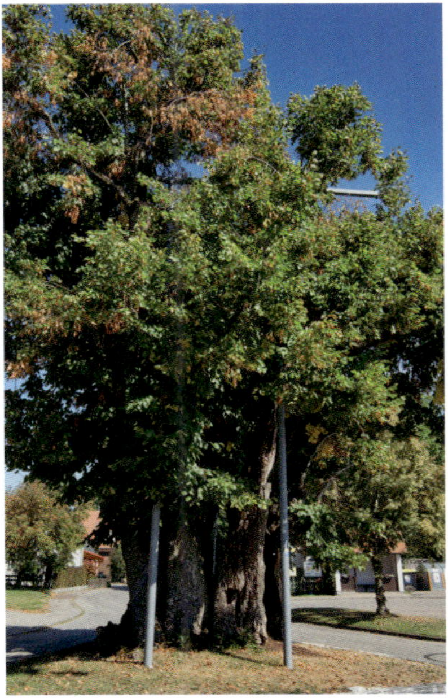

Linde in Hohenbodman (mr)

Von 1771 bis 1826 war der Lugenhof eine offizielle Post- und Relaisstation der Österreichischen Post an der Strecke von Wien bis Freiburg. Postpferde wurden hier umgespannt, Reisende beherbergt. 1803 kam der Lugenhof zu Baden. Ab 1820 verlagerte sich der Verkehr, sodass der Lugenhof nicht mehr zentral lag.

In der Pfarrkirche St. Peter und Paul sind noch der Turm und der Chor aus dem 13. Jahrhundert erhalten. Später wurde die Kirche barockisiert. Sie können hier den Deckenstuck, die Wandpflaster und den Hochaltar bewundern.

Nach der ✝ Kirche gehen Sie auf der nach rechts abbiegenden Kreuzstraße zur L195, die Sie überqueren. Sie gelangen zum Lugenhof mit dem angegliederten Golfplatz und gehen weiter zur neuen B31, die Sie mithilfe einer Brücke überqueren.

Wenig später biegen Sie nach rechts auf die Alte Owinger Straße ab. Sie wandern nun unter der B31 hindurch und erreichen die Nellenbachstraße und wenig später die Aufkircher Straße. Dieser folgen Sie nach Überlingen hinein. Sie kommen zur kleinen ✞ St.-Jodok-Kirche und spazieren weiter zum ✞ Nikolausmünster im Stadtzentrum von **Überlingen**.

Überlingen ⇧ 402 m

- Touristinfo, Landungsplatz 3-5, 88662 Überlingen, ☏ 075 51/947 15-22, info@ueberlingen-bodensee.de, www.ueberlingen-bodensee.de, Mo-Sa 9:00-13:00, und 14:00-18:00
- Jugendherberge Martin Buber, Alte Nussdorferstraße 26, 88662 Überlingen, ☏ 075 51/42 04, info@jugendherberge-ueberlingen.de, jugendherberge-bw.de, ÜF € 40
- Hotel Restaurant Bürgerbräu, Aufkircher Str. 20, 88662 Überlingen, www.bb-ueb.de, info@bb-ueb.de, ÜF EZ ab € 79, DZ ab € 114
- Hotel Garni Zähringer Hof, Münsterstr. 36-38, 88662 Überlingen, www.hotel-zaehringerhof.de, ÜF EZ ab € 62, DZ ab € 104
- In Überlingen gibt es mehrere Restaurants, die zur Einkehr einladen.
- mehrere Supermärkte
- ✞ St.-Jodok-Kirche und Münster
- Bahnhof mit Zugverbindung nach Konstanz
- Sommerfahrplan Überlingen – Wallhausen: stündlich ab 6:44 (Mo-Fr) bzw. 9:42, Informationen unter 01 71/779 51 62, www.personenschifffahrt-bodensee.de

Schon die Römer waren zumindest kurzzeitig in der Region um Überlingen. Im 8. Jahrhundert wird Überlingen als „Iburinga villa publica" erstmals erwähnt, als es als Schenkung an das Kloster St. Gallen ging. Allerdings soll bereits ein alemannischer Herzog im 7. Jahrhundert hier gelebt haben. Im heutigen Stadtteil Dorf an der Aufkircher Straße lag wahrscheinlich der Kern des alemannischen Dorfes, das sogenannte Altdorf. In Aufkirch stand die Pfarrkirche St. Michael. Als die Seesiedlung entstand, verlor in der Folge das Altdorf an Bedeutung. Wohngebäude entstanden dort erst wieder im 20. Jahrhundert.

Kaiser Barbarossa verlieh Überlingen 1180 das Marktrecht. 1211 kam das Stadtrecht dazu. 1268 wurde Überlingen Teil des Heiligen Römischen Reichs und Ende des 14. Jahrhunderts freie Reichsstadt.

Im Dreißigjährigen Krieg belagerten die Schweden die Stadt vergeblich. Dagegen gelang es den Franzosen 1643, die Stadt einzunehmen. 1644 übernahm die kaiserlich-bayerische Armee Überlingen. Im Jahr 1803 kam die Stadt in den Besitz des Großherzogtums Baden.

In der NS-Zeit zwang man Häftlinge des KZ Dachau, das Außenlager Überlingen-Aufkirch zu bauen. Um die 700 Häftlinge mussten dann den Goldbacher Stollen errichten, in den man Rüstungsbetriebe aus Friedrichshafen zum Schutz vor Luftangriffen verlagern wollte.

2021 hat in Überlingen eine große Landesgartenschau stattgefunden.

Die Jodokkirche wurde 1424 gestiftet und 1462 als Kirche der Jakobsbruderschaft dem heiligen Jodok geweiht. In der Kirche finden heute noch Gottesdienste und Konzerte statt. In ihrem Inneren können Sie ein Abbild von St. Rochus, dem Pilgerheiligen, entdecken, der auf seinem Gewand Jakobsmuscheln trägt. Die Kirche ist normalerweise geschlossen. Den Schlüssel erhalten Sie im katholischen Pfarramt am Münsterplatz oder beim Kustoden.

Das Münster St. Nikolaus ist eine fünfschiffige Basilika, die zwischen 1350 und 1576 im spätgotischen Stil errichtet wurde. Die beiden Türme wurden im 15. Jahrhundert gebaut, wobei der Südturm nie vollendet wurde. Am geschnitzten Hochaltar ist zentrales Thema die Geburt Christi. Daneben stehen Heilige, darunter Jakobus der Ältere.

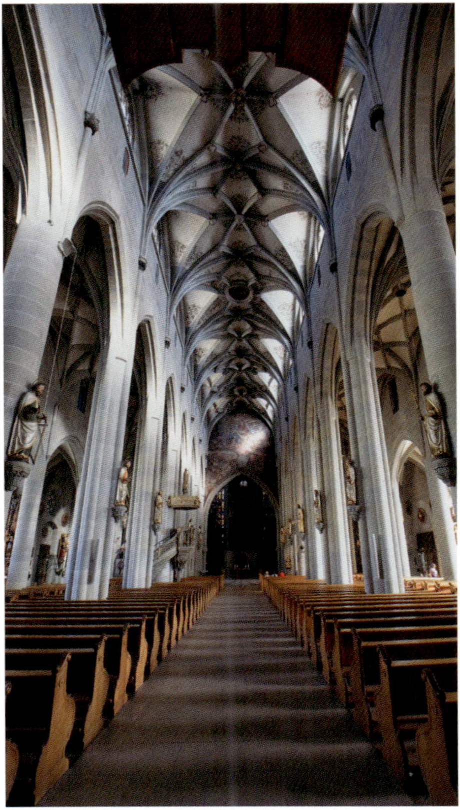

Im Münster von Überlingen (mr)

3. Etappe: Von Überlingen nach Konstanz

➲ 16,7 km, ⌛ 4 Std. 30 Min. (+ 15 Min. für die Überfahrt mit dem Schiff), ↑ 147 m, ↓ 145 m, ⇧ 394-507 m

0,0 km	⇧ 402 m	Überlingen
		(ab hier zunächst mit dem Schiff weiter)
0,0 km	⇧ 397 m	Wallhausen
6,9 km	⇧ 457 m	Litzelstetten
16,7 km	⇧ 405 m	Konstanz

Von Wallhausen verläuft der Jakobsweg zwar nicht auf Fahrradwegen, aber die breiten Schotterwege sind gut befahrbar. Alternativ gibt es auch einen schönen Fahrradweg am Ufer entlang bis nach Konstanz.

Vom Stadtzentrum in Überlingen spazieren Sie hinunter zum Hafen. Von hier nehmen Sie das Schiff über den Bodensee bis nach Konstanz-**Wallhausen** (Fahrzeiten ☞ Überlingen).

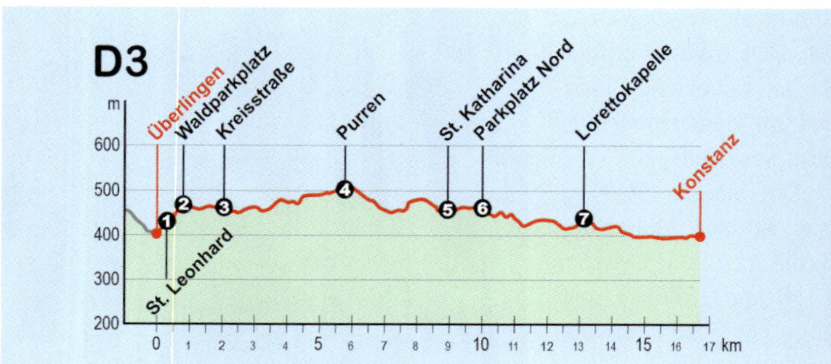

Wallhausen ⇧ 397 m

- Landhotel Bodensee, Uferstraße 40, 78465 Wallhausen, ☏ 075 33/52 69, info@landhotel-bodensee.de, www.landhotel-bodensee.de, ÜF DZ € 98, Wäsche- und Schuhservice
- ♦ Burghof Wallhausen, Burghofweg 50, 78465 Wallhausen, ☏ 075 33/93 45 55 oder 01 72/721 33 00, Ü EZ ab € 49, DZ ab € 69
- ✕ mehrere Restaurants am Ort, vor allem in der Umgebung vom Hafen

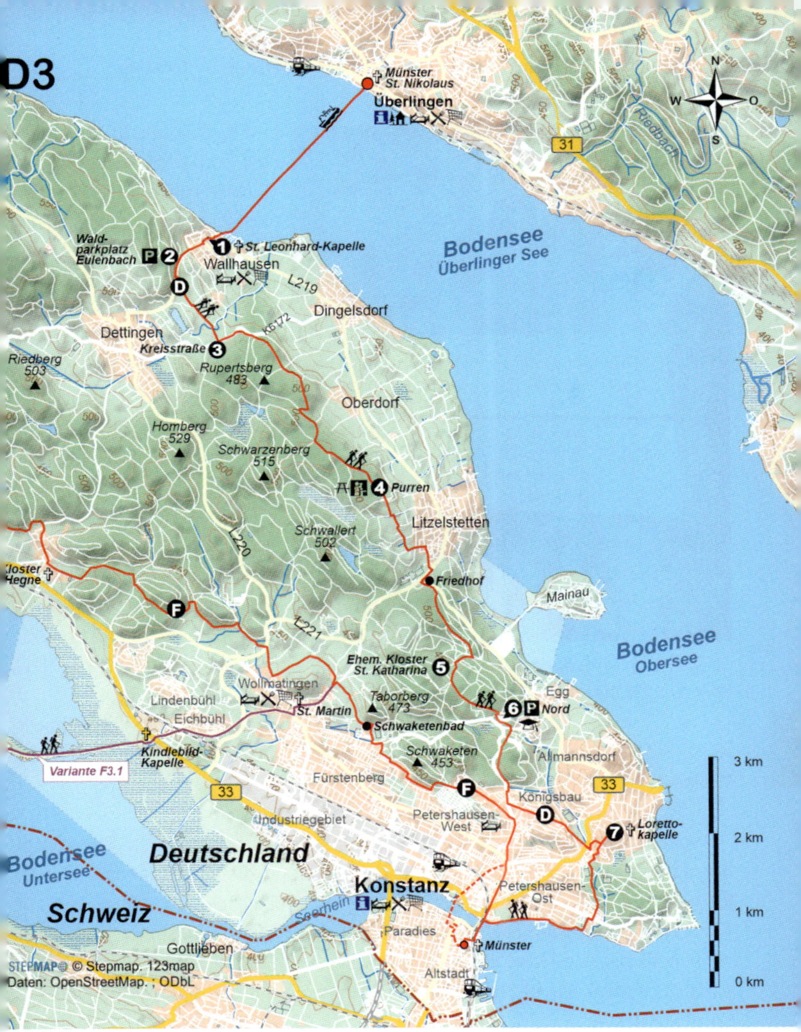

Dorfladen Wallhausen, Heinrich-von-Tettingen-Straße 23, 78465 Wallhausen, ☏ 075 33/940 05 74, www.dorfladen-wallhausen.de, Mo-Fr 8:00-13:00 und 15:00-19:00, Sa 8:00-13:00, So 8:00-11:00

✝ St.-Leonhard-Kapelle

⊙ Pilgerstempel: Landhotel Bodensee

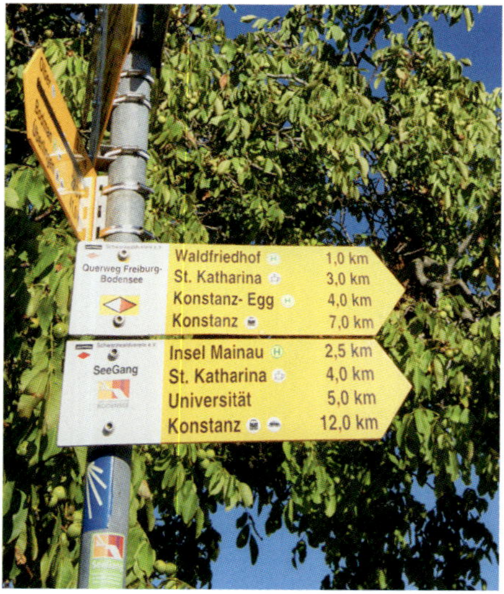

Wegweiser am Jakobsweg in Richtung Konstanz (mr)

Wallhausen ist ein Stadtteil von Konstanz. Auf dem Gebiet gab es bereits steinzeitliche Pfahlbauten. „Villa Walarhusin" wird 1187 erstmals erwähnt. Im Dreißigjährigen Krieg wurde der Ort geplündert. 1805 wurde Wallhausen als Eigentum von Mainau an das Großherzogtum Baden übereignet.

Der Hafen war bis in die 1950er-Jahre hinein ein wichtiger Umschlagplatz für Holz und Granit. Später wurde er mit dem Aufkommen des Tourismus in einen Jachthafen umfunktioniert. Die Überlinger Fähre legt hier im Hafen an.

Die St.-Leonhard-Kapelle wurde 1714 erbaut. Als sie in den 80er-Jahren baufällig wurde, renovierten 25 Wallhauser Bewohner die Kapelle in Eigenleistung.

Vom Hafen Wallhausen folgen Sie dem Sträßchen Seehang geradeaus leicht bergauf, bis Sie nach links abbiegen und eine Treppe zur ✞ St.-Leonhard-Kapelle ❶ hinaufsteigen. Auf einem Pfad entlang des Tobelbaches spazieren Sie zur Fischergasse und dann nach links zur Heinrich-von-Tettingen-Straße. Auf dieser bleiben Sie bis zum Ortsende und gehen weiter entlang der Straße bis zum Waldparkplatz Eulenbach ❷. Hier trifft der Jakobsweg auf den Querweg Freiburg – Konstanz des Schwarzwaldvereins.

Sie laufen auf dem Wanderweg bis zu einer Straße. Diese überqueren Sie und wandern über freie Wiesen zur Kreisstraße K6172 ❸. Jetzt wenden Sie sich nach links und folgen einem am Waldrand nach rechts abzweigenden Fußweg. Vor einer Straßenkurve gehen Sie nach rechts und nehmen den Wanderweg in Richtung Litzelstetten. Sie erreichen den ⩚ Rast- und Grillplatz Purren ❹, von dem Sie einen schönen Blick auf den Bodensee genießen können.

Nach dem Grillplatz gehen Sie kurz nach links, dann aber gleich wieder nach rechts, und wandern oberhalb von Litzelstetten, bis der Weg nach links abzweigt. Sie gehen in den Ort hinein und biegen gleich am Ortsanfang rechts in den Konstanzer Weg ein. Dieser bringt Sie zur Straße, die von Litzelstetten Richtung Wollmatingen führt.

Litzelstetten ⇧ 457 m

Litzelstetten ist ein Ortsteil von Konstanz. Die erste Siedlung auf dem Gebiet führt auf das 5./6. Jahrhundert zurück. Von 1272 bis zur Säkularisation 1802 gehörte der Ort zur Kommende Mainau. Später gehörte dann die Bodenseeinsel zur Gemeinde Litzelstetten, die 1971 der Stadt Konstanz zugegliedert wurde.

Sie wenden sich an der ✞ Kirche nach rechts auf den Fahrradweg und wandern bis zum Friedhof. Dann biegen Sie nach links ab. Nun folgen Sie dem Pilgerweg in Richtung **Konstanz**. Sie gehen hinter dem ehemaligen Kloster St. Katharina ❺ vorbei und passieren den botanischen Garten und den Parkplatz Nord der Universität Konstanz ❻.

Am Hafen von Wallhausen (mr)

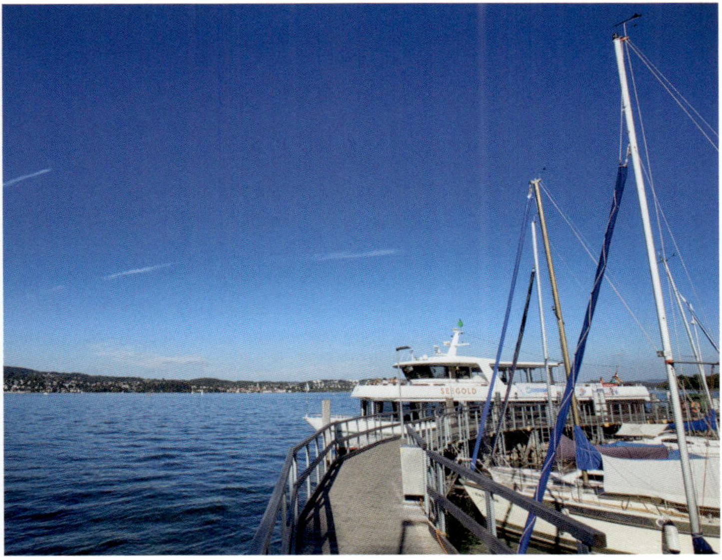

Der Weg führt über die Straße zur Universität und mündet in einen Waldweg, der an der Universität vorbeiführt. Sie gehen weiter, bis nach links die Sonnenbühlstraße abzweigt, in die Sie einbiegen. Nach 1 km überqueren Sie die Mainaustraße und gehen weiter zum Lorettosteig und hinauf zur ✞ Lorettokapelle ❼.

Über den Fußweg gehen Sie zur Chr.-Daniel-Schenck-Straße und rechts über eine Treppe in Richtung ✞ Maria-Hilf-Kirche zur Hermann-von-Vicari-Straße. Sie biegen bald nach rechts ab und folgen dem Fahrradweg durch den Lorettowald in Richtung Seeufer. Der Weg führt über die Fontainebleau-Allee und weiter zur J.-S.-Bach-Straße. Auf dieser spazieren Sie zur Eichhornstraße und weiter zum Stift Rosenau. Hier biegen Sie nach rechts ab und gehen gleich danach wieder nach links hinunter zum Seeuferweg. Nun wandern Sie entlang der Seestraße bis zur Konstanzer Rheinbrücke und von dort auf der linken Brückenseite zum Inselhotel. Dort biegen Sie nach rechts ab und überqueren die Bahnstrecke und die Konzilstraße. Sie spazieren durch die Inselgasse, wenden sich dann links in die Brückengasse und erreichen bald den Münsterplatz mit dem ✞ Konstanzer Münster.

Konstanz ℹ 🏠 🛏 ✕ 🛒 ✞ ⊙ 🚆 ⇧ 405 m

ℹ Touristinfo, Bahnhofplatz 43, 78462 Konstanz, ☏ 075 31/13 30 30, ✉ counter@konstanz-info.com, 💻 www.konstanz-info.com, 🚪 Mo-Fr 9:00-18:30, Sa 9:00-16:00, So 10:00-16:00

🏠 Jugendherberge, Promenadenstraße 7, CH-8280 Kreuzlingen, ☏ 00 41/71/688 26 63, 💻 www.youthhostel.ch/kreuzlingen, Ü DZ ab CHF 74, Zuschlag von CHF 6 für Nichtmitglieder, Abendessen möglich

🛏 ✕ Hotel am Fischmarkt, Tamara Unterwerner, Zollernstraße 8, 78462 Konstanz, ☏ 075 31/45 58 25, ✉ info@hotel-fischmarkt.com, 💻 www.hotel-fischmarkt.com, ÜF EZ ab € 59, DZ ab € 89, VBZ ab € 119

🛏 Gästehaus Centro, Bahnhofsplatz 4, 78462 Konstanz, ☏ 075 31/457 18 18, ✉ info@gaestehauscentro.de, 💻 www.gaestehauscentro.de, ÜF EZ € 55-115, DZ € 65-165, MBZ günstiger. Die Preise schwanken je nach Saison. Wäsche- und Schuhservice

✕ Konstanz bietet jede Menge Restaurants.

🛒 Sie finden in der Stadt viele Einkaufsmöglichkeiten.

✞ Lorettokapelle und Münster Unserer lieben Frau

⊙ Pilgerstempel: Münster Unserer lieben Frau

🚆 Zugverbindungen nach Stuttgart

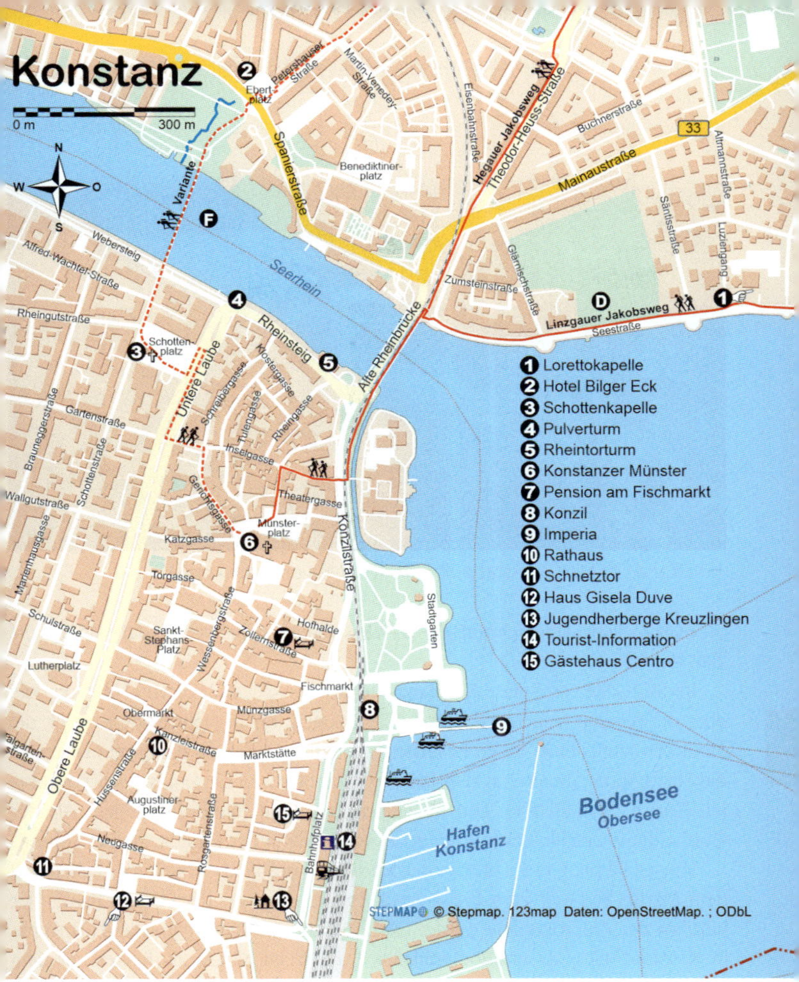

Konstanz ist die größte Stadt am Bodensee und liegt direkt an der Grenze zur Schweiz.

Im 2. Jahrhundert v. Chr. lebten Kelten hier und auch die Römer haben später ihre Spuren hinterlassen. Um 300 n. Chr. wurde Konstanz Standort einer linksrheinischen Grenzbefestigung der Römer. Am Münsterplatz kann man einen kleinen Teil einer spätrömischen Festungsanlage aus dem 4. Jahrhundert durch eine Glaspyramide betrachten und mit einer Führung unterirdisch besuchen.

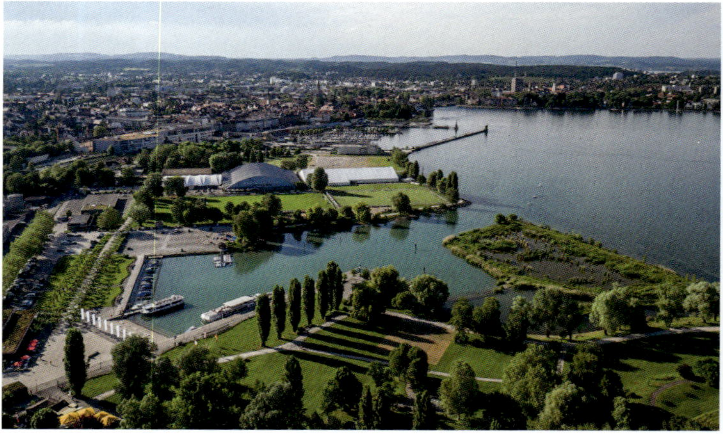

Konstanz (© MTK Konstanz abgelichtet Medienproduktion)

Erste belegte Überlieferungen des Ortsnamens „Constantia“ datieren auf die Zeit um 525.

Im Mittelalter profitierte Konstanz von seiner Lage am Weg von Händlern, die über die Bündner Alpenpässe nach Italien zogen. Im 13. Jahrhundert erhielt die Stadt den Status einer freien Reichsstadt, allerdings mussten die Bürger weiterhin die Hälfte ihrer Steuern an den Bischof entrichten. 1312 schloss sich Konstanz mit Zürich, Schaffhausen und St. Gallen zum Städtebund zusammen. Als der Gotthardpass erschlossen wurde, verlor Konstanz in der Folge seine Bedeutung.

Von 1414 bis 1418 wurde in der Stadt das Konstanzer Konzil abgehalten, bei dem Martin V. 1417 zum Papst gewählt wurde. Er war der einzige Papst, der nördlich der Alpen gewählt wurde. Der Prediger und Reformator Jan Hus wurde in Konstanz eingekerkert und schließlich 1415 im Konzil als Ketzer auf dem Scheiterhaufen verbrannt.

Im 15. Jahrhundert wollte sich Konstanz der Eidgenossenschaft anschließen, was diese aber ablehnte, um ein Übergewicht der Städte zu verhindern. So schloss sich der Ort dem Schwäbischen Bund an. 1527 wurde Konstanz reformiert. 1548 standen die spanischen Truppen Kaiser Karls V. vor den Toren. Die Stadt fiel an Österreich und wurde so wieder katholisch.

Mehrere Pestepidemien dezimierten die Bevölkerung in den folgenden Jahrhunderten erheblich.

Bei der Belagerung durch die Schweden im Dreißigjährigen Krieg schworen die Bürger, zu Ehren der Jungfrau Maria eine Kapelle zu errichten, wenn sie Hilfe erhielten. Tatsächlich zogen die Schweden 1633 ab. 1638 wurde die Lorettokapelle eingeweiht.

Bis 1806 gehörte Konstanz zu Vorderösterreich und wurde dann Teil des Großherzogtums Baden.

Eine Kuriosität in der Geschichte der Stadt stellt das Konstanzer Notgeld dar, das nach dem Ende des Ersten Weltkrieges aufgrund der Inflation herausgegeben wurde.

In der Zeit des Nationalsozialismus wurde 1936 ein erster Anschlag auf die Synagoge in Konstanz noch von der freiwilligen Feuerwehr gelöscht. In der Reichspogromnacht 1938 steckte die SS die Synagoge erneut in Brand, die Feuerwehr durfte nun nicht mehr eingreifen. Die Überreste wurden dann gesprengt. 16 Juden verschleppte man ins KZ Dachau. 1939 verhaftete man Georg Elsner, der einen Bombenanschlag auf Hitler und dessen Führungsspitze versucht hatte, bei seiner Flucht in die Schweiz in Konstanz.

Aufgrund der Nähe zur Schweiz blieb Konstanz von Bombenangriffen verschont. 1945 nahmen die Franzosen die Stadt quasi kampflos ein.

Das Konstanzer Münster geht auf das Jahr 600 n. Chr. zurück und wird erstmals 780 urkundlich erwähnt. Es war zwölf Jahrhunderte lang Kathedrale der Konstanzer Bischöfe und diente als Sitzungssaal des Konzils von Konstanz (1414-1418). Die Kirche ist eine der größten romanischen Kirchen Südwestdeutschlands. Die dreischiffige Säulenbasilika mit kreuzförmigem Grundriss wurde 1089 geweiht. Seit der Auflösung des Bistums Konstanz Anfang des 19. Jahrhunderts ist die Kirche nur noch katholische Pfarrkirche. 1850 wurde der achteckige Turm gebaut und veränderte das Erscheinungsbild des Münsters. 1958 wurde die Kirche von Papst Pius XII. zur Basilica minor erhoben.

E. Bussen und Habsthaler Jakobsweg

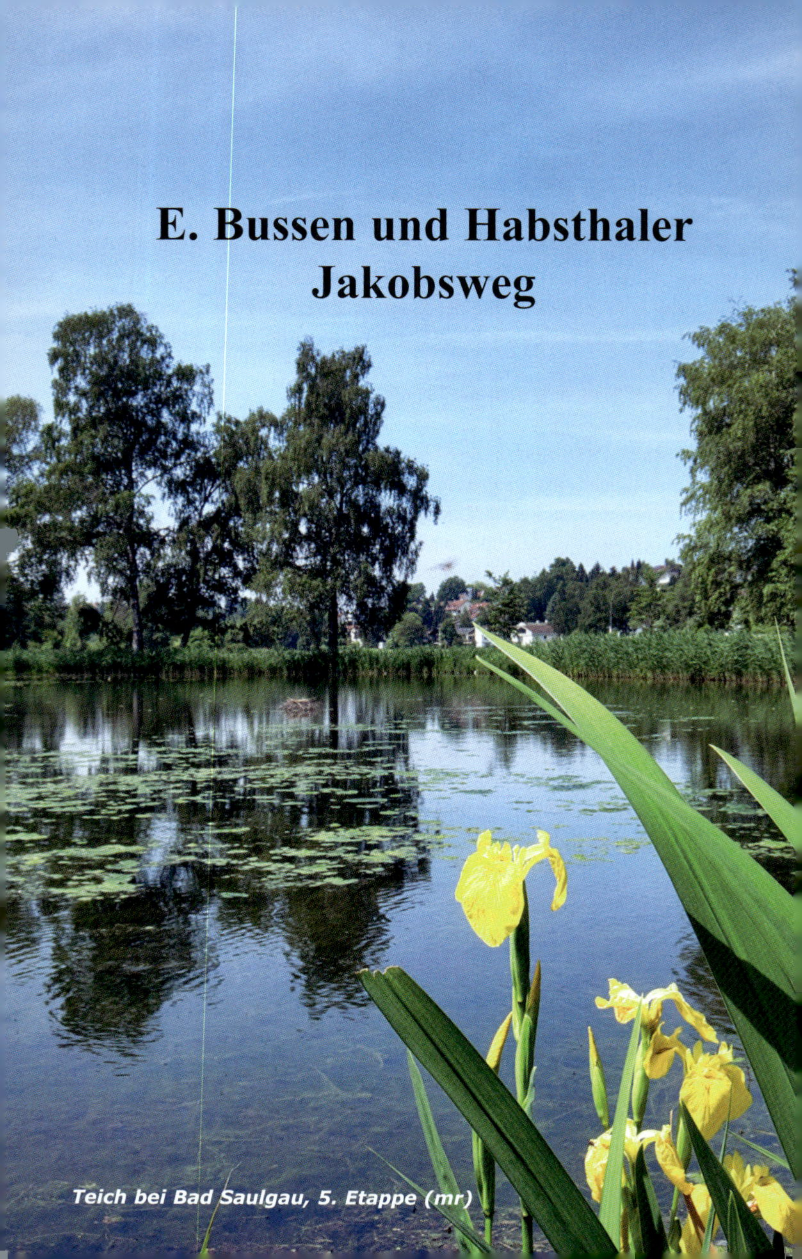

Teich bei Bad Saulgau, 5. Etappe (mr)

Der Habsthaler Jakobsweg selbst besteht aus nur zwei Etappen, die allerdings sehr lang sind. Er verläuft von Bad Saulgau nach Pfullendorf und trifft dort auf den Linzgauer Jakobsweg. Beeindruckend sind die beiden Klöster Sießen und Habsthal, an denen Sie auf dem Weg vorbeikommen. Der Jakobsweg wurde vor ein paar Jahren um den Jakobsweg über den Bussen verlängert und kann nun bereits in Ulm begonnen werden. Hier besuchen Sie mit dem Bussen den „Heiligen Berg Oberschwabens“. Insgesamt pilgern Sie durch eine herrlich ruhige Landschaft.

1. Etappe: Von Ulm nach Oberdischingen

21,4 km, 5 Std. 30 Min., ↑ 285 m, ↓ 292 m, ⇧ 470-593 m

0,0 km	⇧ 478 m	Ulm
7,7 km	⇧ 510 m	Grimmelfingen ✞ ⊙
14,4 km	⇧ 487 m	Erbach ✞
17,7 km	⇧ 516 m	Donaurieden ✞
21,4 km	⇧ 511 m	Oberdischingen ✞ ⊙

Ulm

⇧ 478 m

Touristinformation, Münsterplatz 50, 89073 Ulm, ☏ 07 31/161 28 30, info@tourismus.ulm.de, www.tourismus.ulm.de, Mo-Fr 9:00-18:00, Sa 9:00-16:00, So 11:00-15:00

In Ulm finden Sie über die Tourismusinformation viele Unterkunftsmöglichkeiten in verschiedenen Kategorien.

In der Stadt gibt es mehrere Restaurants.

Sie finden in der Stadt mehrere Einkaufsmöglichkeiten.

✞ Ulmer Münster, Martin-Luther-Kirche

Zugverbindung nach Stuttgart und München

Ulm wurde erstmals im Jahr 854 erwähnt, als der Ort zur Königspfalz wurde. Bereits 5000 v. Chr. gab es an der Stelle der Stadt eine jungsteinzeitliche Siedlung. Nach ihrer Gründung gewann die Stadt schnell an Bedeutung. So wurde 1077 in Ulm die Absetzung Heinrichs IV beschlossen, wo er sich nach seinem Canossa-Gang mit den Insignien seiner Macht zeigte. Später wurde die Stadt von den Welfen zerstört, aber wieder aufgebaut und bei Kaiser Friedrich I. Barbarossa beliebt. Er hielt sieben Hoftage in Ulm ab, wodurch sich die Stadt zu einer Handelsmetropole entwickelte. Nachdem 14 schwäbische Reichsstädte sich gegen Kaiser Karl IV. erhoben hatten, belagerten 1376 kaiserliche Truppen Ulm. Dabei erkannte man, dass die außerhalb der Stadtmauer gelegene Pfarrkirche ungünstig lag. Daraufhin entschloss man sich, eine neue Kirche zu bauen, das Ulmer Münster. Die Stadt hatte zu diesem Zeitpunkt 10.000 Einwohner, im Münster sollten aber 20.000 Menschen Platz haben. Ulm wurde in der Folge sehr wohlhabend.

1530 erklärte die Stadt den Übergang zum Protestantismus, musste sich anschließend in einem Krieg aber dem katholischen Kaiser unterwerfen. Die Kosten des Krieges belasteten Ulm schwer und der Handel kam zum Erliegen. Kurz vor dem Untergang der Stadt konnte gegen eine Hohe Zahlung Frieden erwirkt werden. Allerdings wurden die bisher mächtigen Zünfte in der Stadt verboten und die Stadtregierung den Patriziern übertragen. Ulm verarmte daraufhin immer mehr und stand 1770 vor dem völligen Bankrott. In der Folge wurde Ulm dann Teil des Königreichs Bayern, wurde aber acht Jahre später wieder an das Königreich Württemberg angegliedert und verlor sämtliche Gebiete auf der östlichen Seite der Donau. Der Bau der Bundesfestung von 1842 bis 1859 führte zu einem neuen Aufschwung der Stadt. In der zweiten Hälfte des 19. Jahrhunderts siedelten sich dann einige bedeutende Unternehmen in Ulm an. Nach der Zerstörung im Zweiten Weltkrieg gelang der Stadt durch die vorhandene Industrie ein schneller Aufschwung. Als gegen Ende des 20. Jahrhunderts die Industrie in eine Wirtschaftskrise kam, widmete sich die Stadt mehr dem Dienstleistungs- und Wissenschaftssektor.

Seit 1890 hat das Wahrzeichen der Stadt Ulm, das Münster, den höchsten Kirchturm der Welt. Der Grundstein der Kirche wurde 1377 gelegt. Sie wurde komplett von Bürgerspenden finanziert, obwohl klar war, dass die Spender die Fertigstellung der Kirche nicht erleben würden. In den folgenden Jahren arbeiteten mehrere bekannte Baumeister an der Kirche, die 50 Altäre hatte. Nach dem Bekenntnis zum Protestantismus wurden diese entfernt. Nur das Chorgestühl

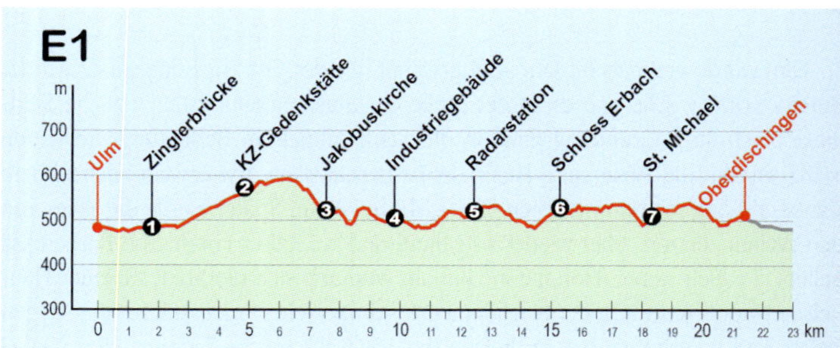

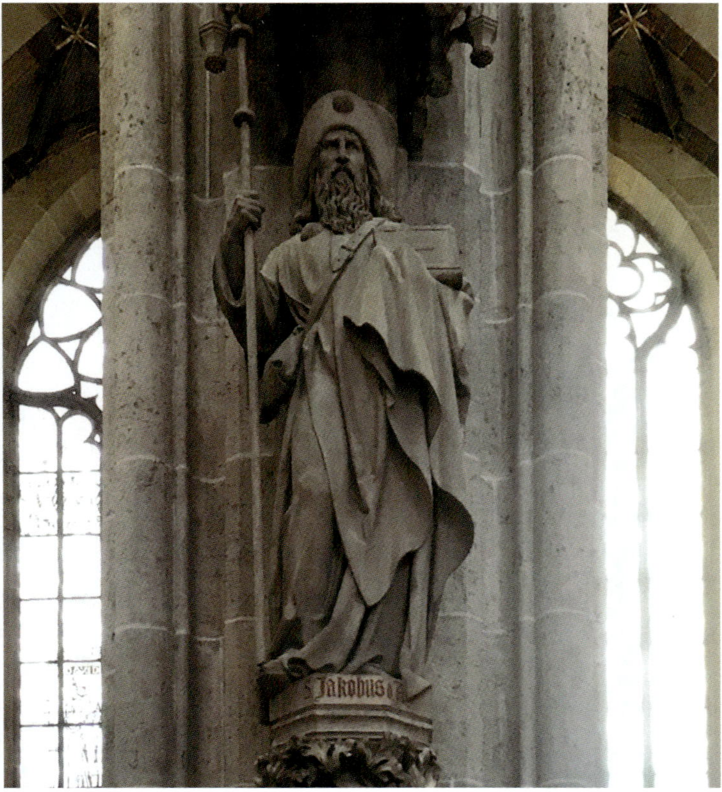

Im Ulmer Münster (dk)

wurde unter den Schutz des Rates gestellt. 1543 wurde der Bau aufgrund der Kosten eingestellt, was zu einer 300-jährigen Baupause führte. Wie viele Kirchen in Deutschland blieb sie zu diesem Zeitpunkt unvollendet. Erst 1844 wurde der Bau wieder aufgenommen. Dabei wurde der Hauptturm auf 161,53 m ausgebaut und war damit auch höher als die Türme des Kölner Doms, der zu diesem Zeitpunkt auch fertiggestellt wurde. Es hält sich bis heute das Gerücht, dass man die Kölner dabei übertrumpfen wollte. Die Zerstörung der Stadt im Zweiten Weltkrieg überstand das Münster fast unbeschadet.

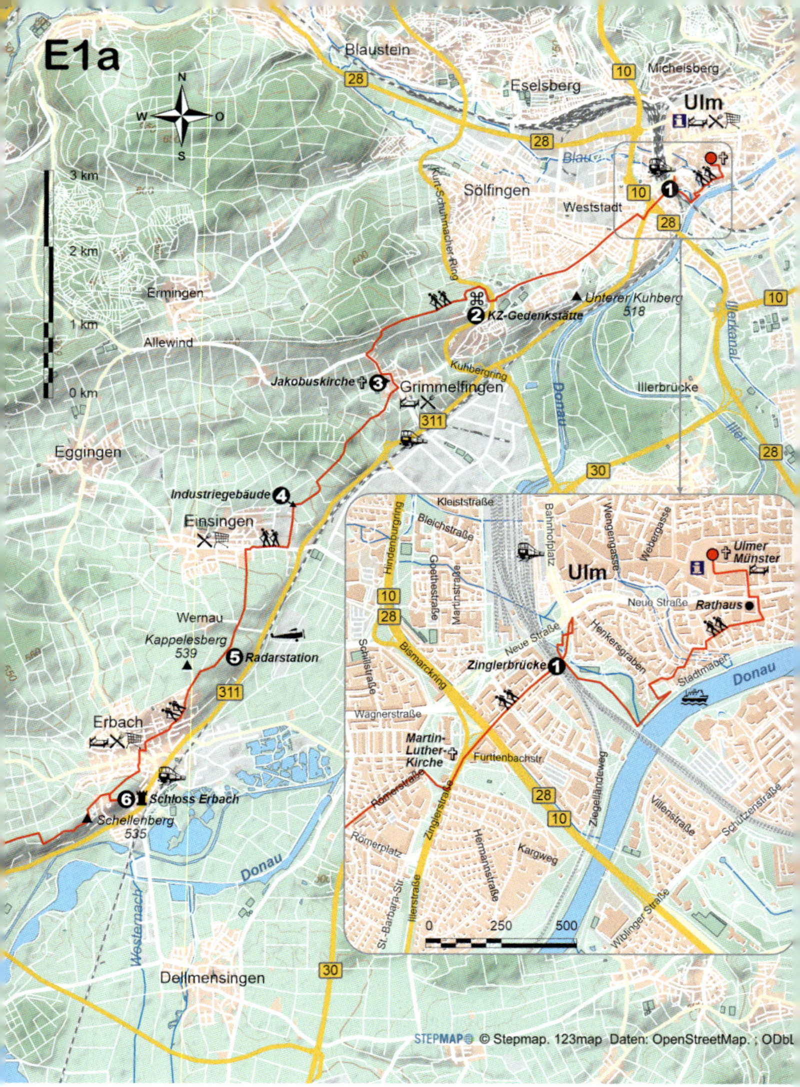

Startpunkt dieses Jakobsweges ist genau an diesem eindrucksvollen Ulmer Münster. Vom Münster gehen Sie zuerst nach Süden, wenden sich dann nach links und gehen am südlichen Kirchenschiff entlang bis zum Hotel Ulmer Spatz.

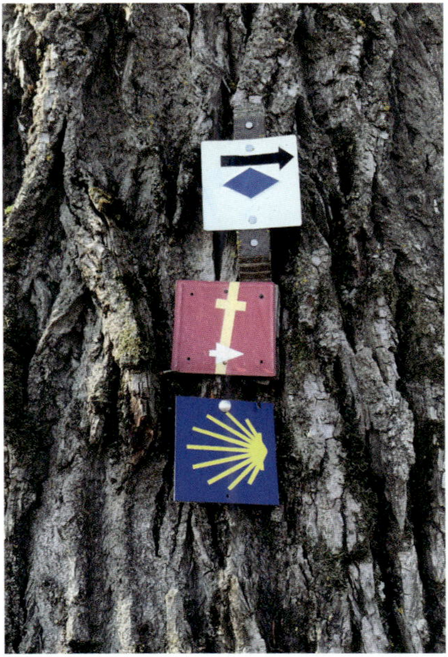

Markierungen bei Oberdischingen (dk)

Dort gehen Sie rechts durch die Brautgasse zum Rathaus und am Brunnen vorbei. Sie pilgern durch die Kronengasse auf das Schwörhaus zu. Die Altstadt ist insgesamt sehr eng. Am Schwörhaus gehen Sie zuerst in die Gasse Weinhof und dann in einem Rechtsbogen in die Schwörhausgasse und folgen dieser kurz nach links. Dann biegen Sie links ab, gehen kurz hintereinander über zwei kleine Brückchen und biegen nach links in die Fischergasse ein, der Sie 200 m bis zum Schweine-/Saumarkt folgen.

Hier halten Sie sich rechts und besteigen über eine Rampe die alte Stadtmauer, der Sie nach links folgen. Bald gehen Sie wieder nach rechts, überqueren einen kleinen Kanal und gelangen zu Eisenbahngleisen. Entlang von diesen wandern Sie nach rechts bis zur Zinglerbrücke ❶, zu der Sie über eine Treppe hinaufsteigen, und dann folgen Sie nach links der Zinglerstraße.

Dabei überschreiten Sie die Gleisanlagen, gehen auf die Martin-Luther-Kirche zu, betreten die Ehinger Anlagen und biegen danach rechts in die Beyerstraße und wenig später nach links in die Römerstraße ein.

Dieser Ausfallstraße folgen Sie über eine lange Strecke den Oberen Kuhberg hinauf, gelangen zu den Haltestellen der Straßenbahn und erreichen die Festungsanlagen Ulms, wo sich die KZ Gedenkstätte Oberer Kuhberg ❷ befindet. Hier halten Sie sich bei den Festungsanlagen rechts und pilgern an diesen vorbei zu einem Wanderweg, der Sie aus der Stadt ins weite Feld führt.

Nun geht es auf Feldwegen für knapp 2 km weiter, vorbei an einem Aussichtspunkt, und dann stets leicht nach links hinab in das Dorf Grimmelfingen, wo sich eine Jakobskirche ❸ mit einem Pilgerstempel befindet.

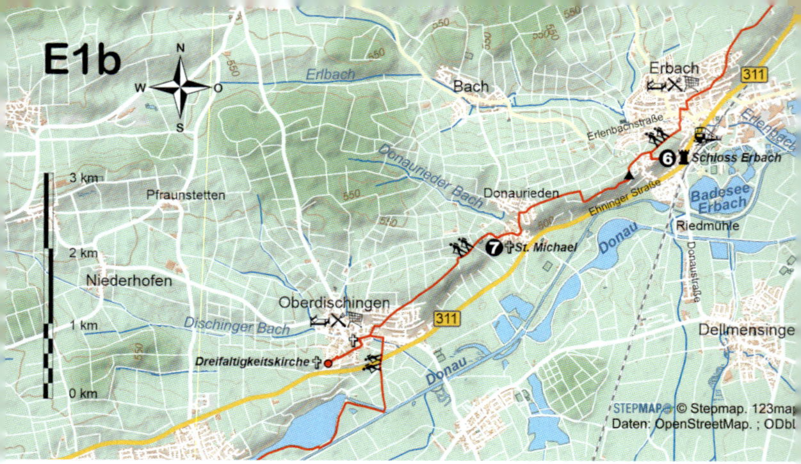

Grimmelfingen ✝ ⊙ ⇧ 510 m

✝ Jakobuskirche

⊙ Pilgerstempel: in der Kirche

Unterhalb der Kirche erreichen Sie die Schmiedackergasse, verlassen das Dorf und pilgern am Waldparkplatz Hörnle vorbei. Sie bleiben auf dem Teersträßchen, ignorieren sämtliche Abzweigungen und gelangen zu ein paar Häusern. Es handelt sich dabei um den Ort Einsingen. Nach einem größeren Industriegebäude ❹ führt der Weg scharf nach links und folgt einem Wanderweg hinab in ein Tal. Sie überqueren zuerst einen Bach, dann die Kreisstraße und wandern durch eine Neubausiedlung bis zu einem Feldweg. Dieser führt ansteigend zwischen Feldern aufwärts zu einer Höhe.

Der Pilgerweg zieht über diese Höhe an einer Radarstellung ❺ und dem Ort Wernau vorbei bis nach Erbach, das Sie absteigend erreichen. Im Ort halten Sie sich rechts und gehen in den alten Dorfkern hinein. Sie pilgern an der evangelischen Kirche vorbei und gehen nach links zum Bach hinunter. Von hier wandern Sie über Wiesen zum Schloss ❻ hinauf. Sie umgehen den Schlosshof entlang einer langen Mauer, biegen dann nach links ab und steigen hinauf zum katholischen Pfarrhaus mit Brunnen und weiter zur barocken Schlosskirche St. Martin.

Erbach ✝ ♜ ⇧ 487 m

✝ St.-Martinus-Kirche

♜ Renaissanceschloss Erbach

Das Renaissanceschloss stammt aus dem 16. Jahrhundert und liegt etwas oberhalb des Ortes. Direkt neben dem Schloss liegt die Pfarrkirche St. Martinus. Der Bau stammt aus dem Jahr 1767 und ist ein bedeutendes Zeugnis des Rokokos.

Von der Kirche gehen Sie zurück zum Pfarrhaus und folgen einer kleinen Straße zu einem Friedhof. Von hier wandern Sie über den Schettenberg an einer Schrebergartenanlage vorbei zum Waldrand. Entlang diesem gelangen Sie zu einer kleinen Marienkapelle. Hier gehen Sie nach rechts durch die Felder und folgen dann einer geteerten Straße nach links, die Sie in Richtung Donaurieden hinabführt.

Donaurieden ✞ ⇧ 516 m

✞ Kirche St. Michael

Donaurieden ist ein Ortsteil von Erbach, dessen Ortsbild die katholische Kirche St. Michael prägt.

Brunnen bei der Pilgerherberge in Oberdischingen (dk)

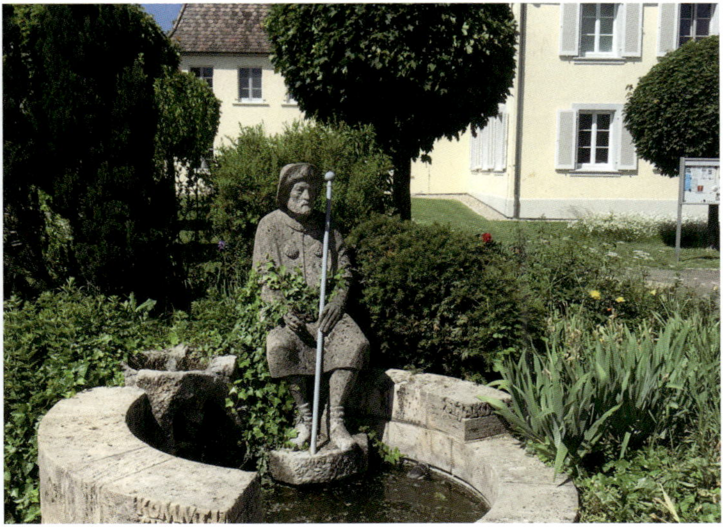

Sie durchschreiten den Ort, pilgern an dem Kirchlein ❼ vorbei und gehen wieder aufwärts bis zu einem Feldweg. Von diesem steigen Sie hinab zu einem Neubaugebiet von Oberdischingen. Sie erreichen die Hauptstraße mit dem alten und schönen Ortsteil sowie den Marktplatz mit der Kirche. Von hier gehen Sie nach rechts und aufwärts zur Dreifaltigkeitskirche, wo sich auch die Pilgerherberge in der diözesanen Bildungsstätte St. Jakobus befindet.

Oberdischingen

🛏 ✞ ⊙ ⇧ 510 m

🛏 Pilgerherberge Cusillo-Haus St. Jakobus, Kapellenberg 58-60, 89610 Oberdischingen, ☏ 073 05/91 95 75, ✉ info@haus-st-jakobus.de, 💻 www.haus-st-jakobus.de, Ü EZ € 35, DZ € 50, F € 7,50, Abendessen möglich, Schuh- und Wäscheservice

✞ Pfarrkirche Zum Heiligsten Name Jesu, Dreifaltigkeitskirche

⊙ Pilgerstempel: in der Pilgerherberge

Die kleine Gemeinde Oberdischingen ist Endpunkt der ersten Etappe. Hier warten mit der katholischen Pfarrkirche aus dem Jahr 1804 und der Dreifaltigkeitskirche aus dem Jahr 1712 zwei sakrale Bauwerke auf den Pilger.

Kirche in Oberdischingen (dk)

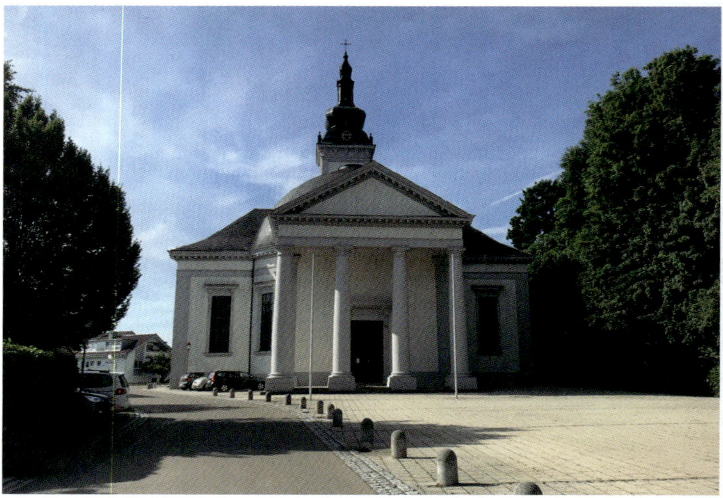

2. Etappe: Von Oberdischingen nach Munderkingen

24,4 km, 6 Std. 30 Min., ↑ 34 m, ↓ 30 m, ⇧ 482-515 m

0,0 km	⇧ 511 m	Oberdischingen
9,0 km	⇧ 497 m	Nasgenstadt
13,4 km	⇧ 494 m	Berg
19,0 km	⇧ 499 m	Rottenacker
24,4 km	⇧ 514 m	Munderkingen

Von der Dreifaltigkeitskirche in Oberdischingen gehen Sie zurück zur Stadtkirche und folgen nach rechts der Herrengasse, bis Sie dann nach rechts in den Kanalweg abzweigen. Sie folgen dem Bussen-Jakobsweg auf dem Kanalweg bis zur B311. Diese überqueren Sie und wandern auf einem Kiesweg bis zur Donau. Dort gehen Sie über eine Brücke und folgen dem Kanal nach rechts in Richtung Kraftwerk. Sie gehen auf den Damm hinauf und wandern am Kanal entlang bis zur Donaubrücke Öpfingen ❶.

An der Brücke gehen Sie nach links und wenig später nach rechts in den Biberwertweg. Diesem folgen Sie bis zu den letzten Häusern und gehen dann nach scharf rechts in Richtung Nasgenstadt. Der Weg führt entlang der Donau bis zur Donaubrücke bei Gamerschwang ❷. Sie gehen nach rechts über die Brücke und folgen dann der Donau nach links bis nach Nasgenstadt.

Nasgenstadt

⇧ 497 m

Kirche St. Peter und Paul

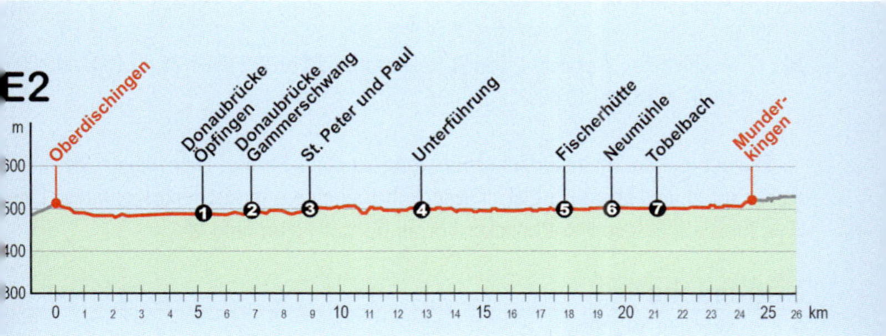

Der Ort ist ein Ortsteil von Ehingen an der Donau. Neben der Kirche St. Peter und Paul, die 1729 ohne Turm erbaut wurde, gibt es noch zwei weitere Kapellen. An einer gehen Sie auf dem Jakobsweg vorbei.

Sie gehen nach rechts in den Ort hinein und biegen dann nach links in die Kapellenstraße ab – links liegt die ✞ Kirche St. Peter und Paul ❸. Diese bringt Sie an einer Kapelle vorbei. Danach biegen Sie leicht nach links in einen Kies- und Grasweg ab, der Sie aus dem Ort hinaus in eine Wiesen- und Waldlandschaft führt. Sie wandern nun entlang der Donau weiter bis zu einem Industriegebiet.

Hier biegen Sie nach links ab und folgen dem Jakobsweg, der das Industriegelände umrundet. Sie wandern weiter bis zu einer großen, viel befahrenen Straße. Sie gehen unter dieser hindurch ❹, überqueren die Donau und gehen bis kurz vor den Ehinger Vorort Berg.

Berg ✞ ⇧ 494 m

✞ Kapelle Hl. Ulrich von Augsburg

Berg ist ebenfalls ein Ortsteil der Großen Kreisstadt Ehingen. Bekannt ist der Ort vor allem durch seine Brauerei. Im Ort gibt es eine Kapelle, die St. Ulrich geweiht ist.

Sie finden ein Wegschild, auf dem steht, dass es bis „Munderkingen 11,1 km" sind. Von hier geht es weiter durch Auen und Gärten. Sie biegen nach links zur Donaubrücke ab und folgen dem Feldweg geradeaus bis zu einer Wegteilung. Sie gehen auch hier geradeaus, während der Martinsweg nach links abzweigt.

Der Jakobsweg führt an der Donau entlang bis zur ✕ Fischerhütte ❺, wo Sie eine Einkehrpause einlegen können.

✕ Fischerhütte, Weidach 4, 89616 Rottenacker, ☏ 073 93/604 73, Di-So 10:00-19:00, Mo 10:00-18:00

Danach gehen Sie in südlicher Richtung zu einer Straße. Hier biegen Sie nach rechts auf einen Fahrradweg ab. Dieser führt an einem Industriepark entlang. Der Weg führt südlich von Rottenacker vorbei bis zur Neumühle ❻.

Rottenacker ✞ ⇧ 499 m

✞ Kirche St. Wolfgang

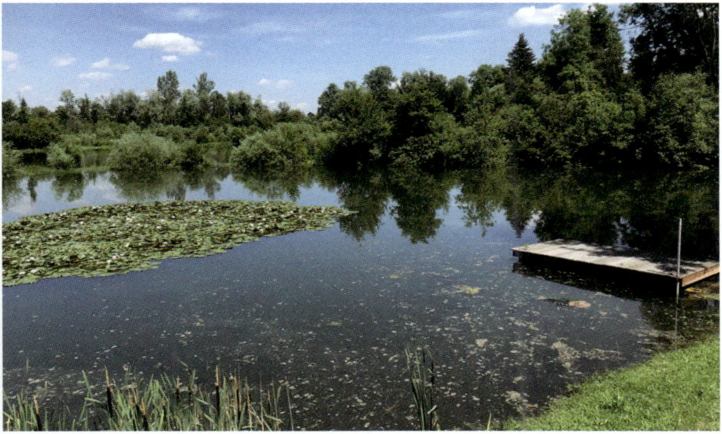

Teich beim Gasthaus Fischerhütte bei Rottenacker (dk)

Rottenacker wurde im 6. Jahrhundert gegründet. Nach der Reformation war es lange Zeit protestantisch. Die Kirche St. Wolfgang stammt aus dem 15. Jahrhundert.

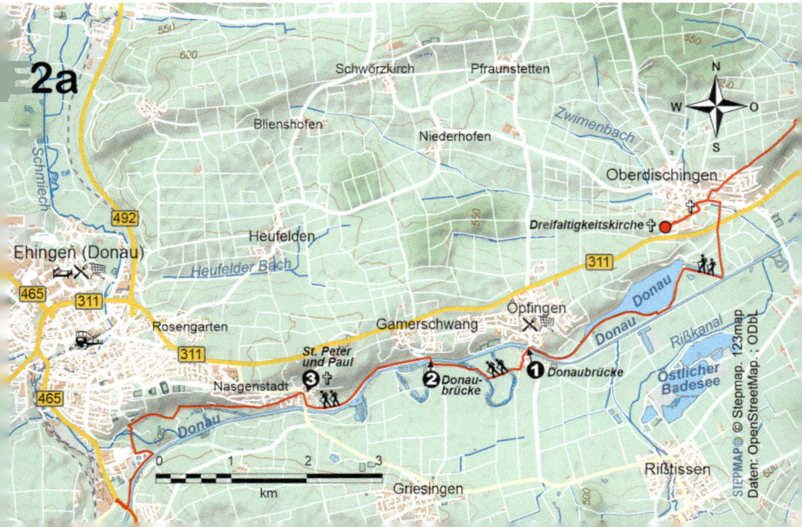

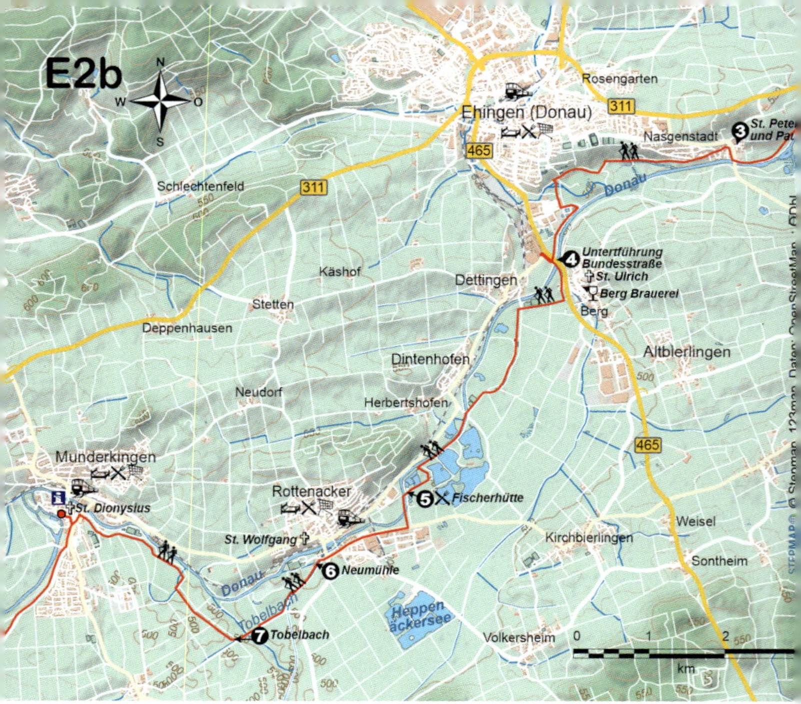

Sie folgen der geteerten, kleinen Straße, überqueren einen Bach nach rechts und schwenken nach links in einen geteerten Feldweg ein. Dann geht es auf einem Feldweg nach rechts weiter. Dieser führt am Tobelbach ❼ entlang zu einer Brücke. Hier gehen Sie nach rechts und folgen dem Feldweg bis zu einem weiteren Bach. Nun gehen Sie geradeaus bis zu einer großen Bauminsel und hier weiter nach rechts bis zur Donau. Sie gehen wieder nach links und folgen der Donau bis zum Ortsrand von Munderkingen. Sie passieren ein paar Sportanlagen und gehen in den Ort hinein. An der großen Straße gehen Sie nach links und biegen dann nach rechts in die Altstadt und zur Stadtkirche St. Dionysius ab.

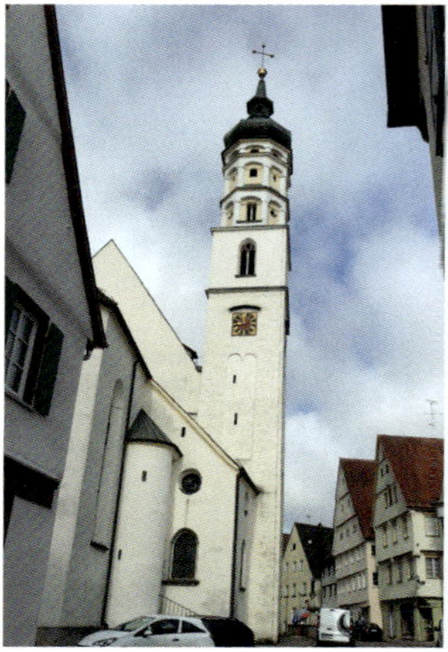
Kirche in Munderkingen (dk)

Munderkingen

🛈 🛏 ✗ ✞ ⊙ ⇧ 514 m

🛈 Touristinformation, Alter Schulhof 2, 89597 Munderkingen, ☏ 073 93/953 45 80, ✉ info@munderkingen.de, 💻 www.munderkingen.de, 🚪 Di 10:00-12:00 und 15:00-19:00, Mi, Do 11:00-13:00, Fr 9:00-12:00 und 15:00-18:00, Sa 9:00-12:00

🛏 ✗ Gasthaus Rössle, Hausener Straße 1, 89597 Munderkingen, ☏ 073 93/16 36, ✉ info@roessle-munderkingen.de, 💻 www.roessle-munderkingen.de, ÜF EZ € 33, DZ € 63, Schuh- und Wäscheservice

✞ Pfarrkirche St. Dionysius

⊙ Pilgerstempel: in der Kirche

Munderkingen ist eine der ältesten Stadtgründungen des Alb-Donau-Kreises. Die erste Erwähnung war 792. Die Pfarrkirche St. Dionysius wurde 1700 im Barockstil neu ausgeschmückt. Sie verbindet somit eine gotische Bausubstanz mit Veränderungen aus der Renaissance und dem Barock. Die Kirche und die Bilder des gotischen Altars gelten als besondere Sehenswürdigkeit.

Munderkingen selbst bietet einen historischen Stadtrundweg zu 25 Sehenswürdigkeiten.

3. Etappe: Von Munderkingen nach Bussen/Offingen

➲ 14 km, ⌛ 3 Std. 45 Min., ↑ 293 m, ↓ 131 m, ⇧ 514-746 m

0,0 km	⇧ 514 m	Munderkingen 🛈 🛏 ✗ ✞ ⊙
10,3 km	⇧ 585 m	Dietelhofen ✞
13,5 km	⇧ 745 m	Bussen ✗ ✞ ⊙
14,0 km	⇧ 669 m	Offingen 🛏 ✗

Von der Stadtkirche St. Dionysius gehen Sie nach Osten durch die Kirchgasse und dann wieder nach rechts über eine gepflasterte Straße bis zur Schillerstraße. Dieser folgen Sie nach rechts ortsauswärts und biegen dann nach rechts in die Hausener Straße ein. Auf dieser gehen Sie in Richtung Hausen am Bussen bis zum Stadtrand. Nach ungefähr 1 km gehen Sie nach rechts über die Straße in einen Wiesenweg bei einer Baumreihe. Der Weg überquert eine kleine Straße (K7347) ❶ und führt weiter bis zum Waldrand. Hier wenden Sie sich nach links, gehen kurz am Waldrand entlang und gehen dann nach rechts in den Wald hinein. An einer Kreuzung gehen Sie nach links auf einen breiten Forstweg und wenig später wieder nach rechts. In einem weiten Bogen erreichen Sie einen weiteren

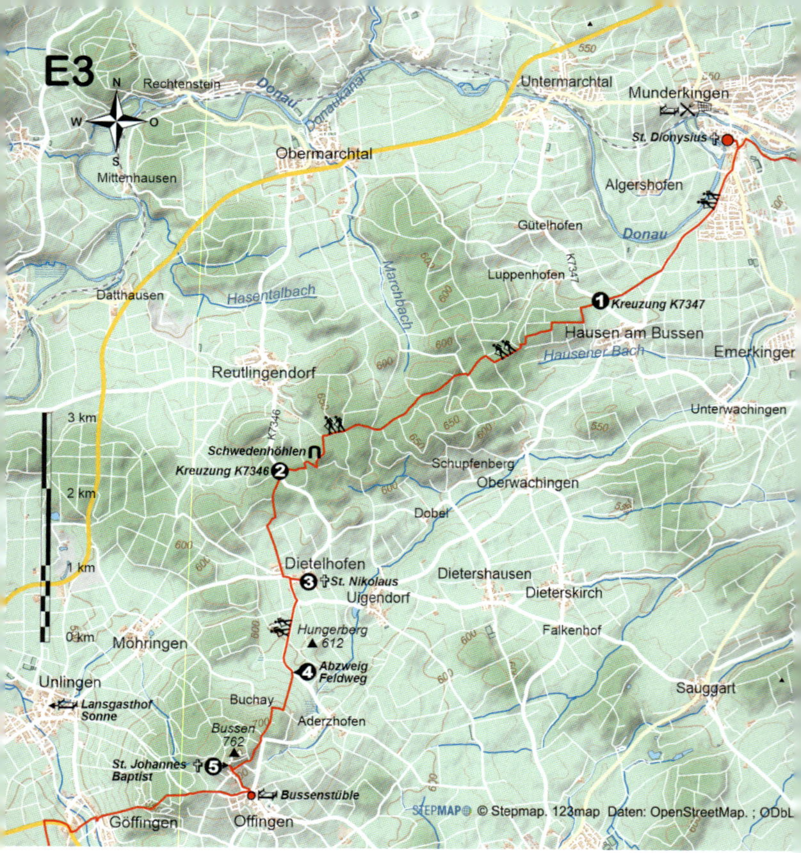

Weg, den Sie nach links verlassen, und wechseln auf einen Grasweg. Wenig später treffen Sie auf einen breiten Kiesweg, dem Sie nach rechts etwas bergab folgen, wo Sie auf einen Forstweg nach links abbiegen.

Diesem folgen Sie bergauf und gehen immer weiter geradeaus in Richtung Schupfenberg. Sie erreichen den Orientierungspunkt Kohlhau. Von hier geht es zur nahen B. Müller Hütte, die mit Sitzbank und Holztisch zur Pause einlädt. Von dort geht es auf dem HW 5 zuerst auf einem breiten Forstweg, dann links abbiegend auf einem schmalen Waldweg zu den Schwedenhöhlen weiter. Von hier folgen Sie dem schmalen Pfad und erreichen wieder eine Forststraße. Auf dieser gehen Sie nach rechts und gelangen zu einer kleinen Landstraße südlich von Reutlingendorf ❷. Sie überqueren die Straße und gehen geradeaus weiter.

Durch ein Waldgebiet gehen Sie sanft bergauf, verlassen den Wald und erreichen einen Feldweg. Sie gehen kurz geradeaus, dann nach links und hinunter nach Dietelhofen.

Dietelhofen ✞ ⇧ 585 m

✞ Kirche St. Nikolaus

Dietelhofen ist ein Ortsteil von Unlingen. Die Kirche St. Nikolaus wurde 1439 erbaut.

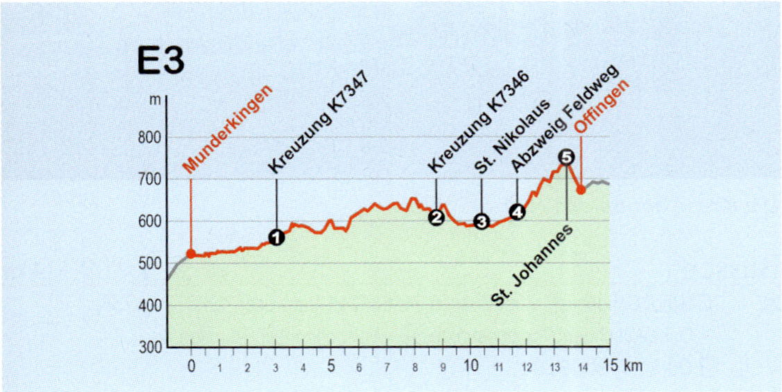

Sie erreichen eine breitere Straße, gehen kurz nach links (geradeaus liegt die Kirche St. Nikolaus ❸) und dann gleich wieder nach rechts bis zu einer Straßengabelung. Sie gehen nach rechts und folgen der Teerstraße in Richtung des Bussenberges.

Nach einer leichten Linkskurve der Straße biegen Sie nach rechts in einen befestigten Feldweg ab ❹. Dieser bringt Sie zum Waldrand, wo Sie kurz nach rechts gehen. An der folgenden Kreuzung gehen Sie scharf links aufwärts. Sie folgen den Ausschilderungen und erreichen die Parkplätze unterhalb der Kirche auf dem Bussen. Von hier geht es steil aufwärts. Sie überwinden die letzten Höhenmeter und erreichen die Wallfahrtskirche St. Johannes Baptist auf dem Bussen ❺, dem „Heiligen Berg Oberschwabens".

Nach Süden öffnet sich wunderschön eine vielfältige Kultur- und Agrarlandschaft, die den Blick bis zu den schneebedeckten Gipfeln der Alpen schweifen lässt. Für eine Einkehr bietet sich die Gaststätte Schönblick an.

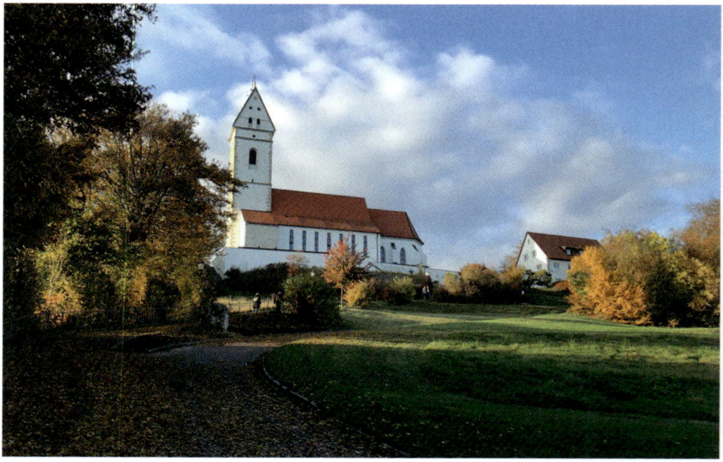

Die Kirche am Bussen (dk)

Bussen

✕ ✞ ⊙ ⇧ 514 m

✕ Gasthof Schönblick, Zum Bussen 24, 88524 Uttenweiler, ☏ 073 74/758, info@schoenblick-bussen.de, www.schoenblick-bussen.de, Do-So 11:00-19:00

✞ Wallfahrtskirche St. Johannes Baptist auf dem Bussen

⊙ Pilgerstempel: in der Kirche

Der Bussen gilt als „Heiliger Berg Oberschwabens" und ist jedes Jahr Ziel von vielen Wallfahrten. Die Kirche hier oben wurde 805 erstmals erwähnt. Durch seine exponierte Lage wurde der „Berg" schon früh besucht und verehrt. Die heutige Wallfahrtskirche St. Johannes Baptist auf dem Bussen stammt aus dem Jahr 1516.

Da man im Gasthof Schönblick nicht mehr übernachten kann, muss man noch ein paar Meter nach Offingen weiterpilgern.

Offingen

✕ ⇧ 669 m

✕ Bussenstüble, Ortsstraße 49/1, 88524 Offingen, ☏ 073 74/28 57, info@bussenstueble.de, www.bussenstueble.de, ÜF € 29 pro Person

☺ Eine weitere Übernachtungsmöglichkeit befindet sich etwas abseits des Weges im Landgasthaus Sonne in Unlingen (2,9 km vom Bussen).

🛏 ✕ Landgasthaus Sonne, Hauptstraße 37, 88527 Unlingen, ☏ 073 71/85 74, ✉ info@sonne-unlingen.de, 💻 www.sonne-unlingen.de, ÜF EZ € 45, DZ € 70, Schuh- und Wäscheservice

☺ Wer möchte, kann diese Etappe auch erst in Dürmentingen beenden (☞ nächste Etappe) und am nächsten Tag nach Bad Saulgau oder bis zum Kloster Sießen weiterwandern.

4. Etappe: Von Offingen/Bussen nach Bad Saulgau

➲ 22,6 km, ⌛ 5 Std. 45 Min., ↑ 125 m, ↓ 202 m, ⇧ 535-696 m

0,0 km	⇧ 669 m	Offingen 🛏
2,2 km	⇧ 537 m	Göffingen ✞
7,9 km	⇧ 554 m	Dürmentingen 🛏 ✕ ✞
18,2 km	⇧ 580 m	Kleintissen
22,6 km	⇧ 587 m	Bad Saulgau i 🛏 ✕ 🛒 ✞ ⊙ 🚆

Der ausgeschilderte Jakobsweg mit der gelben Muschel-/Sternmarkierung verläuft identisch mit dem blauen Dreieck vom Schwäbischen Albverein.

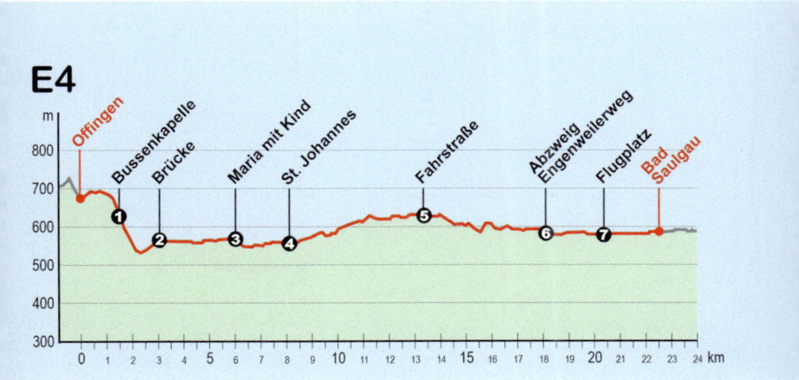

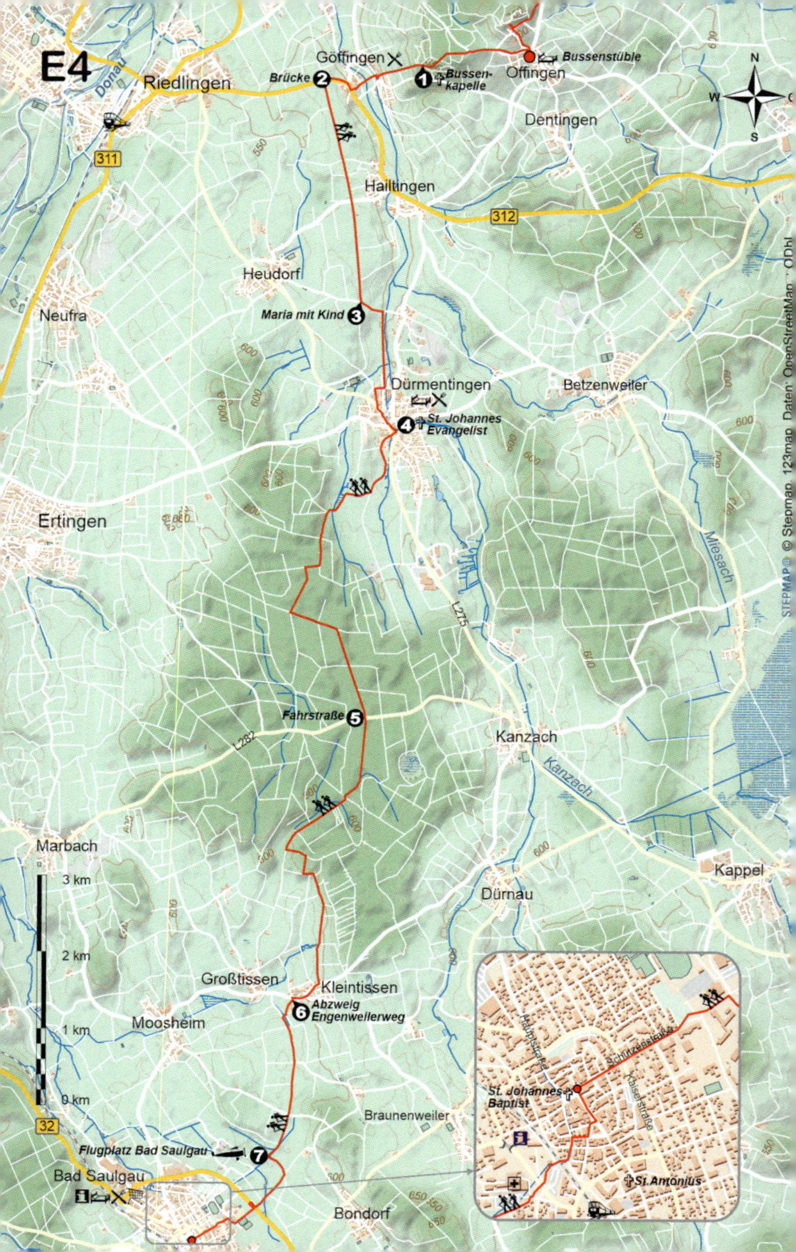
E4
Riedlingen
Donau
311
Göffingen
Brücke 2
1 Bussen-kapelle
Bussenstüble
Offingen
N
W
S
Dentingen
Hailtingen
312
Heudorf
Neufra
Maria mit Kind 3
Dürmentingen
4 St. Johannes Evangelist
Betzenweiler
Ertingen
Miesach
L275
Fahrstraße 5
L282
Kanzach
Kanzach
Marbach
Kappel
Dürnau
3 km
2 km
1 km
0 km
Großtissen
Kleintissen
6 Abzweig Engenweilerweg
Moosheim
Braunenweiler
32
Flugplatz Bad Saulgau 7
Bad Saulgau
Bondorf
Hauptstraße
Schützenstraße
Kaiserstraße
St. Johannes Baptist
St. Antonius
STEPMAP © Stepmap 123map Daten: OpenStreetMap · ODbL

Sie gehen von der Ortsmitte in Offingen durch die Unlinger Straße nach Westen. An einer Kreuzung gehen Sie geradeaus und wandern weiter bis zur Waldgrenze, wo sich die Bussenkapelle ❶ befindet. Über eine Wiese gehen Sie weiter nach Göffingen.

Göffingen ✝ ⇧ 537 m

✝ Kirche St. Nikolaus

Die barocke Kirche St. Nikolaus erhielt ihr heutiges Aussehen im späten 18. Jahrhundert. Das Deckengemälde, die Glocke und der Bildschmuck stammen von berühmten Künstlern.

Hier überqueren Sie über zwei Brücken Bäche, gehen links an der Kirche vorbei und kommen zur Bundesstraße 312. Sie gehen nach rechts entlang der Straße und überqueren sie an einer Kreuzung. Auf einem Fahrweg wandern Sie rechts entlang der Straße leicht bergauf und in einem weiten Bogen zu einer Brücke ❷, die die Bundesstraße überquert.

Auf einem Feldweg geht es fast 3 km geradeaus in Richtung Dürmentingen. Kurz vor dem Ort bei dem Wegzeichen „Maria mit Kind" ❸ gehen Sie nach links abwärts und biegen wenige Minuten später nach rechts ab. Der mit Bäumen und Büschen gesäumte Weg führt in den Ort hinein.

Am Weg nach Dürmentingen (dk)

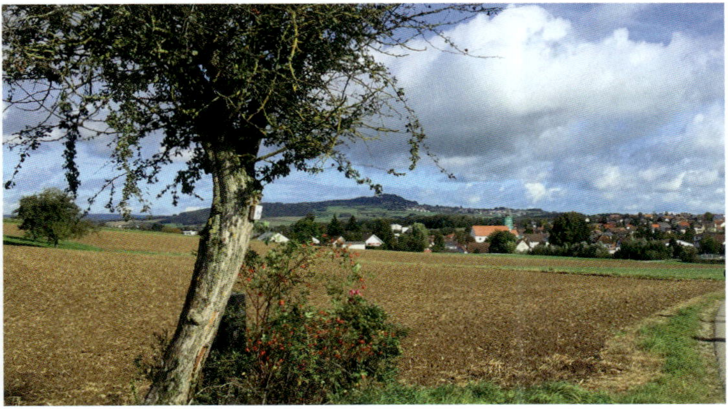

Dürmentingen

✝ ⇧ 554 m

✝ Kirche St. Johannes Evangelist

Gästehaus Diesch, Bohlenweg 26, 88525 Dürmentingen, ☏ 073 71/41 94, info@gaestehaus-diesch.de, www.gaestehaus-diesch.de, ÜF EZ € 49, DZ € 88, Schuh- und Wäscheservice

Der Ort wurde bereits 811 erwähnt. Vom Ort hat man einen schönen Blick auf den Bussen. Ein Blick in die Kirche mit seinen Apostelfiguren und seinem Hochaltarbild lohnt sich.

In Dürmentingen zeigt der Wegweiser nach rechts und es geht die Fabrikstraße hoch bis zur Lorettokapelle. Links führt der Kapellenweg auf einem Kreuzweg mit zwölf großen, rot geziegelten Stationen weiter. Wenig später gelangen Sie zur Hauptstraße und in die Ortsmitte von Dürmentingen. Im Ortskern befindet sich die Kirche St. Johannes Evangelist ❹. Über die Ziegelgasse verlassen Sie Dürmentingen und biegen nach rechts auf einen Teerweg ab. Dieser bringt Sie hinauf auf eine Anhöhe mit einem Wegweiser. Von hier gehen Sie hinunter in Richtung Wald zu einer Gabelung. Hier halten Sie sich ganz links und gehen geradeaus weiter zu einer weiteren Weggabelung. Dort gehen Sie nach rechts und wenige

In der Fußgängerzonge von Bad Saulgau (mr)

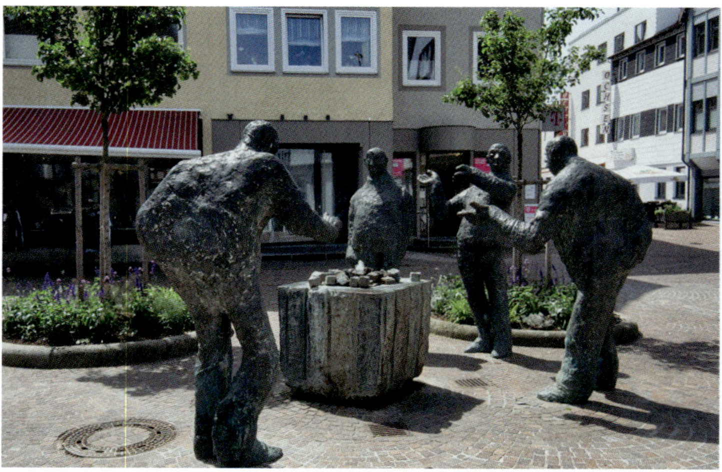

Meter später nach links. Sie folgen dem ausgeschilderten Waldweg bis zu einer Kreuzung mit Hochstand. Hier biegen Sie links ab und folgen dem breiten Weg bis zur Adolf-Keller-Eiche. Sie gehen hier wieder nach rechts und auf dem Judenweg weiter geradeaus bis zu einer Fahrstraße ❺. Vorsichtig überqueren Sie diese und wandern weiter geradeaus auf dem ausgeschilderten, etwas sumpfigen Waldweg, bis Sie einen Radweg erreichen. Dort geht es kurz links und bei der folgenden Gabelung wieder rechts.

Sie gehen geradeaus weiter bis zum Waldrand und an diesem nach links bis zum Ende des Waldes. Bei einer Bank gehen Sie scharf nach links und wandern am Waldrand weiter bis zu einer Rechtskurve des Weges. Hier gehen Sie nach links und folgen diesem Weg bis nach Kleintissen.

Sie gehen nach rechts durch den Ort, bis nach links der Engenweilerweg abzweigt ❻. Diesem folgen Sie bis zu einer Kreuzung. Hier biegen Sie nach links auf einen Radweg ab. Auf diesem gehen Sie geradeaus über freie Felder bis zu einem Flugzeuglandeplatz ❼. Diesen umgehen Sie und halten auf eine Allee zu, die durch eine Bundesstraße unterbrochen wird. Mithilfe einer Brücke überqueren Sie die Straße und folgen der Allee bis zu Schulen, Hallenbad und Stadthalle. In der Stadt halten Sie sich links in die Schützenstraße und folgen dieser bis zur Kirche St. Johannes Baptist in der Altstadt von Bad Saulgau.

In Bad Saulgau gibt es aktuell keine vom Pilgerbüro empfohlenen Unterkünfte. Entweder Sie wandern zum Kloster Sießen weiter oder Sie buchen sich über die Touristinformation ein Zimmer.

Bad Saulgau ⇧ 587 m

- Touristinformation, Lindenstraße 7, 88348 Bad Saulgau, ☏ 075 81/200 90, willkommen@bad-saulgau.de, www.bad-saulgau.de, Mo-Fr 9:00-12:30 und 14:00-17:00, Sa 9:00-12:00
- Franziskanerkloster Sießen, Schwester Karin, Kloster Sießen 3, 88348 Bad Saulgau, ☏ 075 81/801 08, pforte@klostersiessen.de, www.klostersiessen.de, auf Spendenbasis (Richtpreis € 20, ÜF € 25), gemeinsames Essen um 17:30 möglich, Wäsche- und Schuhservice, bitte vorher anrufen
- In Bad Saulgau gibt es mehrere Restaurants.
- Sie finden in der Stadt mehrere Einkaufsmöglichkeiten.
- ✝ Stadtpfarrkirche St. Johannes, Friedhofskapelle St. Wendelin und Kloster Sießen
- ⊙ Pilgerstempel: Stadtpfarrkirche St. Johannes, Kloster Sießen
- Zugverbindung nach Stuttgart und Sigmaringen

Bad Saulgau, das erst seit 2000 den Zusatz Bad trägt, ist die größte Stadt im Landkreis Sigmaringen.

Als „Sulaga" wurde der Ort erstmals 819 erwähnt, im Dialekt hat sich die ähnliche Bezeichnung „Sulga" bis heute erhalten. „Sul" bedeutet im Althochdeutschen „sumpfige Stelle".

Kaiser Friedrich II. verlieh dem Ort 1239 das Stadtrecht, 1288 folgte das Marktrecht durch König Rudolf I. 1299 übernahmen die Habsburger die Stadt und machten sie zur Amtsstadt in ihren Donaulanden.

Zwischen 1518 und 1684 war die Stadt Schauplatz von 46 Hexenprozessen mit 29 Hinrichtungen und zwei Verbannungen. 1806 fiel Saulgau an das neue Königreich Württemberg.

Während des Zweiten Weltkrieges gab es bei Saulgau ein Außenlager des KZ Dachau. Von 1943 bis 1945 produzierte die Luftschiffbau Zeppelin GmbH hier Einzelteile einer Flüssigrakete. Von den bis zu 400 Zwangsarbeitern kamen 43 ums Leben.

Die Bevölkerung ist überwiegend römisch-katholisch.

An der Stelle der heutigen Stadtpfarrkirche stand bereits 1170 eine romanische Kirche, von der die untere Turmhalle erhalten blieb. Die Kirche St. Johannes wurde 1355 erstmals erwähnt. 1390 erfolgte ein Neubau im gotischen Stil, der 1402 eingeweiht wurde. Die Barockisierung im 18. Jahrhundert hielt nur ein Jahrhundert, dann wurde das Aussehen wieder zur Neogotik geändert.

Die Kirche von Bad Saulgau (mr)

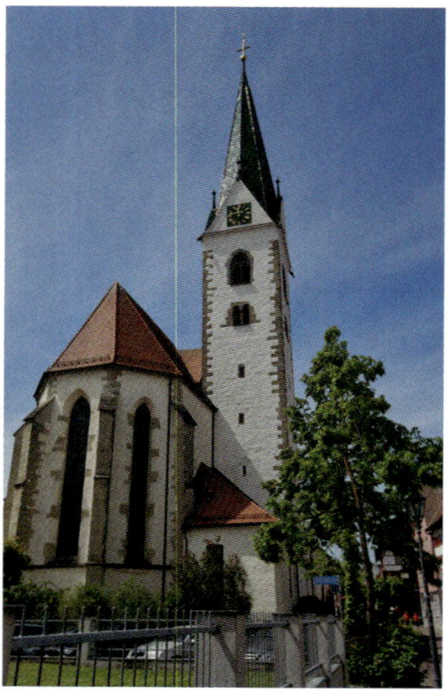

Das Kloster Sießen wurde 1260 als Dominikanerinnenkloster gegründet. 1632/34 brannten es die Schweden ab. 1716-22 baute man es im Barockstil neu auf. 1803 löste man das Kloster im Zuge der Säkularisation auf. 1860 zogen die Franziskanerinnen ins Kloster und blieben dort. Während des NS-Regimes wurde es von 1940 bis 1945 beschlagnahmt. Das Kloster beherbergt die Kloster- und Pfarrkirche St. Markus, die 1733 eingeweiht wurde.

5. Etappe: Von Bad Saulgau zum Kloster Habsthal

➲ *27,1 km, ⌛ 7 Std., ↑ 205 m, ↓ 182 m, ⇧ 575-686 m*

0,0 km	⇧ 587 m	Bad Saulgau
8,0 km	⇧ 674 m	Heratskirch ✝
11,0 km	⇧ 637 m	Bolstern ✝
17,1 km	⇧ 591 m	Friedberg ✝
21,7 km	⇧ 577 m	Ursendorf ✝
25,2 km	⇧ 585 m	Rosna ✝
27,1 km	⇧ 618 m	Kloster Habsthal ✝

Wenn Sie Heratskirch auslassen, ist die Etappe 6 km kürzer.

Die Etappe verläuft zwar nur teilweise auf ausgeschilderten Fahrradwegen, die breiten Schotterwege sind aber gut mit dem Fahrrad zu befahren.

Von der ✝ Stadtpfarrkirche St. Johannes folgen Sie den Markierungen durch die Fußgängerzone bis zu einem Brunnen. Hier wenden Sie sich nach rechts und erreichen bald eine Bahnunterführung. Sie passieren die Obere Mühle und gehen unter einer Straße hindurch.

Nun nehmen Sie den Fußweg in Richtung ✝ Kloster Sießen. Der schöne Weg führt zur ✝ Friedhofskapelle St. Wendelin ❶ und weiter zum Kloster. Nach dem

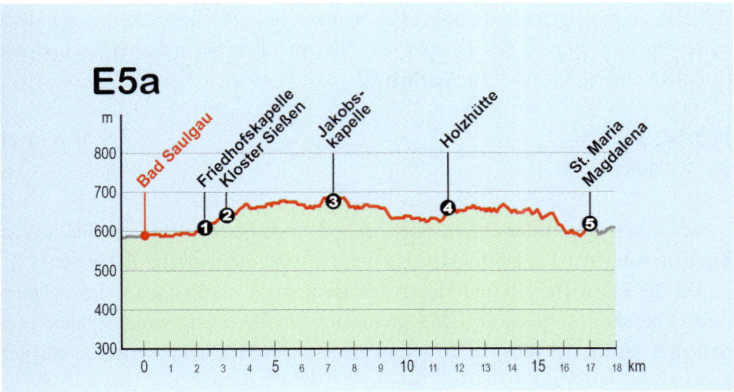

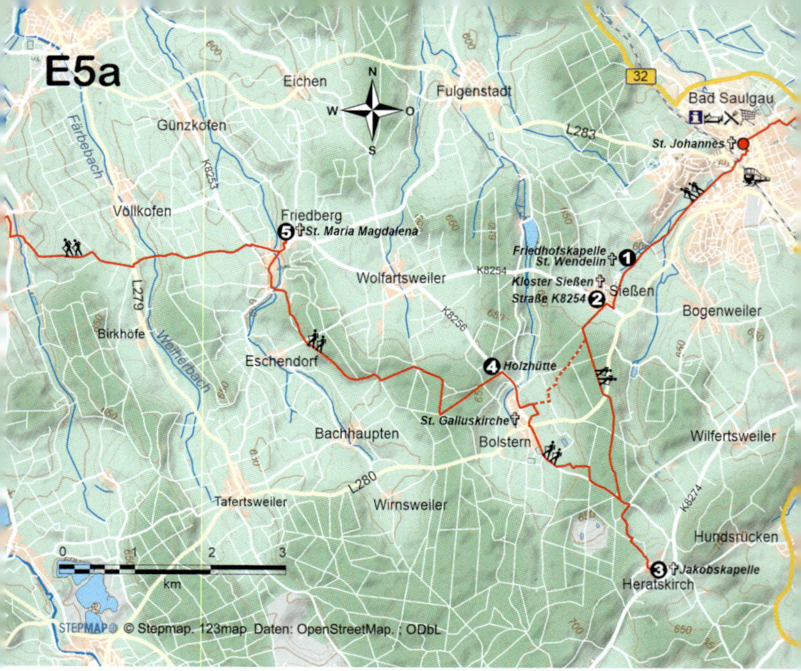

Besuch der ✝ Klosterkirche gehen Sie zur Straße K8254 ❷, die Sie überqueren. Der Weg bringt Sie zum Waldrand mit einer Wegkreuzung.

An der Wegkreuzung gehen Sie nach links bis zur Straße, die von Ostrach nach Bad Saulgau führt. Diese überqueren Sie und folgen einem Weg durch den Wald bis zu einer geteerten Straße. Hier wenden Sie sich nach links und wandern weiter bis zum Beginn des Golfplatzes. Nun wandern Sie nach rechts und am Golfplatz entlang bis nach **Heratskirch** ❸.

Heratskirch ✝ ⇧ 674 m

✝ Jakobskapelle

Seit 1816 gehört der Ort zu Bolstern und ist damit seit 1975 ein Teilort von Saulgau. Aus dem 11. Jahrhundert stammt die erste urkundliche Erwähnung.

Da die Edlen Hezelo und Hesso aus Heratskirch die Reliquien des heiligen Georgs besaßen, stifteten sie 1083 ein Kloster. Ein Abt nutzte seinen Einfluss und so wurde das Kloster nicht im Schwäbischen, sondern im Schwarzwald als Kloster Sankt Georgen errichtet.

Nach der Besichtigung der ✞ Jakobskapelle in der Ortsmitte gehen Sie wieder zurück bis zur Einmündung des Jakobsweges in die geteerte Straße. Nun wandern Sie geradeaus bis nach **Bolstern.**

↳ Direktvariante ohne Heratskirch: Wenn Sie die Etappe etwas abkürzen möchten, biegen Sie an der Wegkreuzung am Waldrand nicht nach links ab, sondern wandern geradeaus und nach dem Waldstück zum nahen Ort **Bolstern**.

Bolstern ✞ ⇧ 637 m

✞ St.-Gallus-Kirche

1086 taucht erstmals der Name „Bolstara“ auf, aber wahrscheinlich gab es hier schon 200 Jahre vorher eine Siedlung. Österreich kaufte 1299 zusammen mit Saulgau einen Teil des Gebiets. Das Kloster Sießen war bis Mitte des 19. Jahrhunderts Eigentümer eines weiteren Teils.

Ende des 18. Jahrhunderts besetzten französische Truppen den Ort, die Österreicher befreiten ihn 1799 wieder. 1806 kam Bolstern dann zu Württemberg.

Seit 1975, seit der Gemeindereform, gehört der Ort zur Stadt Saulgau.

In der Kirche von Heratskirch (mr)

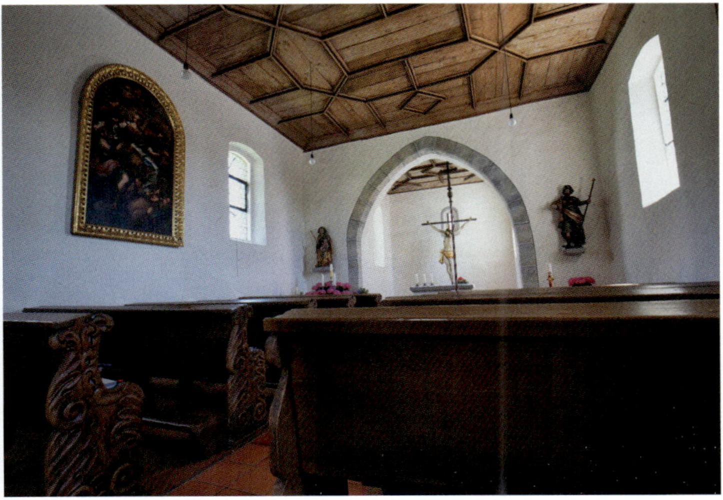

Die St.-Gallus-Kirche wird 1268 erstmals erwähnt. Ein Sturm zerstörte die Kirche vollständig und so wurde sie 1817 neu erbaut. Kurz vor Fertigstellung stürzte der Turm ein, wobei zehn Arbeiter verunglückten und zwei von ihnen starben. 2011 wurde die Kirche nach einer Renovierung wiedereröffnet.

↳ In Bolstern können Sie einen Abstecher zur ✝ Galluskirche unternehmen.

Im Ort überqueren Sie dann die L280 und gehen schräg gegenüber in die Dorfstraße. Dieser folgen Sie bis zum Ortsende. Sie wandern auf der Kreisstraße K8256 ungefähr 1 km und biegen dann nach links ab. Gleich nach der Abzweigung kommen Sie an einer Holzhütte ❹ vorbei.

Der Weg taucht in den Wald ein. Sie lassen sich zuerst noch von den roten Punkten leiten und folgen dann bei einer Abzweigung nach rechts den blauen Punkten. Nach einem kurzen Abschnitt am Waldrand gehen Sie wieder durch den Wald und spazieren auf dem Jakobsweg bis nach **Friedberg**.

Friedberg ✝ ⇧ 591 m

✝ St. Maria Magdalena

Ortsmitte von Friedberg (mr)

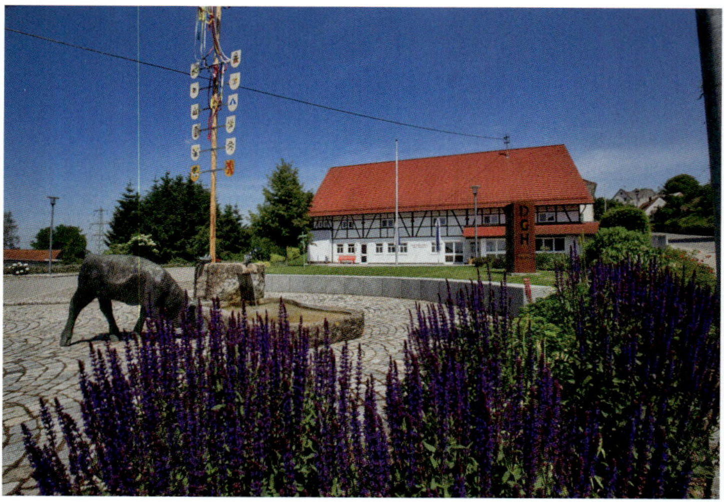

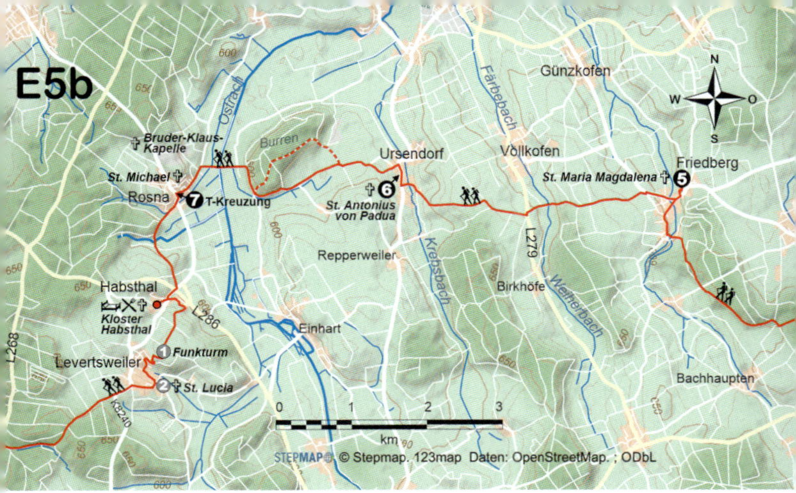

Seit 1975 gehört auch Friedberg zur Stadt Saulgau. 1247 wird Friedberg als „Vriedeberch" erstmals urkundlich erwähnt. 1282 kaufte König Rudolf von Habsburg das Gebiet und verpfändete es kurz darauf.

1785 übernahmen die Fürsten von Thurn und Taxis die Grafschaft Friedberg. 1806 ging Friedberg an Württemberg.

Die Kirche St. Maria Magdalena wurde 1731 bis 1733 vom Baumeister Johann Caspar Bagnato erbaut. Seit 250 Jahren sind die Pietà auf dem Hochaltar und eines der Gnadenbilder Ziel von Wallfahrern. Mit dem Ablassbrief von Papst Benedikt XIV. begannen 1748 formell die Wallfahrten zur Kirche.

In Friedberg lohnt sich ein Abstecher zur ✝ barocken Pfarr- und Wallfahrtskirche St. Maria Magdalena ❺, die rechts oberhalb auf einer kleinen Anhöhe steht. Nach der Besichtigung der Kirche gehen Sie zurück zur Ortsmitte und verlassen den Ort auf der K8253. Bald biegen Sie nach links ab und wandern an einem Hof vorbei über offene Felder. Sie erreichen die L279, überqueren diese nach links und folgen der Markierung „blaues Dreieck" bis nach **Ursendorf.**

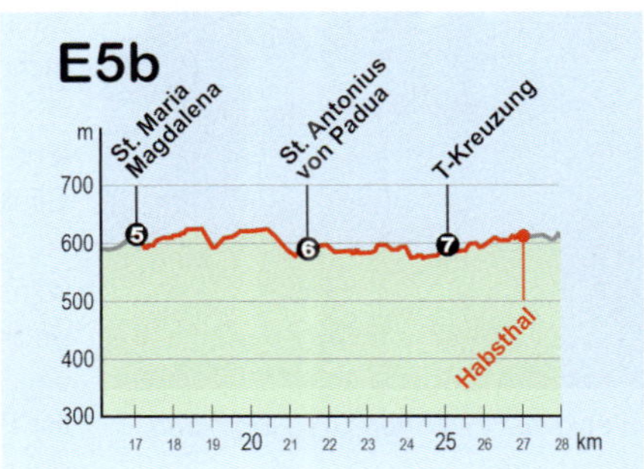

Ursendorf

✞ ⇧ 577 m

✞ St. Antonius von Padua

Ursendorf gehört seit 1975 zur Gemeinde Hohentengen im Landkreis Sigmaringen. Die Ursendorfer Kapelle stammt aus dem Jahr 1900.

Sie folgen der Dorfstraße nach rechts zur kleinen ✞ Kirche St. Antonius von Padua ❻. Dann wenden Sie sich nach links und wandern wieder aus dem Ort hinaus. Über freies Gelände erreichen Sie ein Feldkreuz. Sie gehen auf dem geteerten Sträßchen geradeaus und wandern am „Burren" vorbei. Das Sträßchen biegt nach links nach **Rosna** ab.

Sie können am Feldkreuz auch nach rechts gehen und in einem Bogen durch den Wald des „Burren" wandern. Die Abzweigung ist nicht markiert und der Weg wird wenig begangen.

Rosna

✞ ⇧ 585 m

✞ St. Michael und Bruder-Klaus-Kapelle

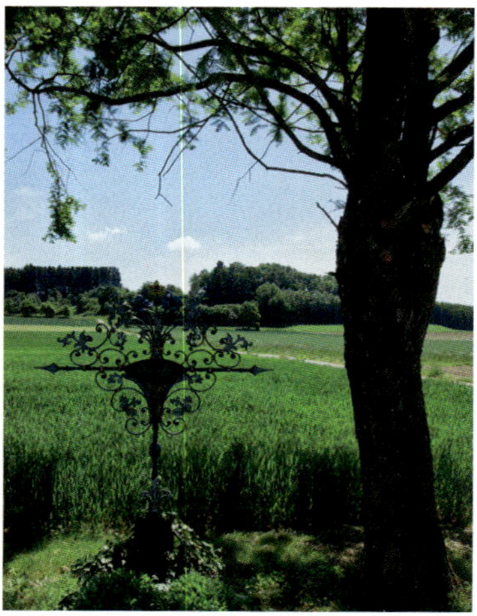

Wegkreuz zwischen Ursendorf und Rosna (mr)

1975 wurde Rosna in die Stadt Mengen eingemeindet. Im Ortsgebiet finden sich Grabhügel aus dem 8. bis 5. Jahrhundert v. Chr. Aus dem Jahr 1209 stammt eine erste Erwähnung des Ortes. Im 13. und 14. Jahrhundert gab es einen Ortsadel mit der Burg Rosna, von der heute nichts mehr zu sehen ist.

1806 fiel der Ort an Hohenzollern-Sigmaringen. 1925 ging das Gebiet an den Landkreis Sigmaringen.

1321 wird die Kirche St. Michael erstmals erwähnt. Man vermutet, dass sie im 12. Jahrhundert entstand. Bis ungefähr 1680 war der heilige Petrus ihr Patron. Die Bruder-Klaus-Kapelle steht etwas oberhalb von Rosna.

Sie kommen zu einer T-Kreuzung ❼. Bevor Sie sich zum Kloster aufmachen, lohnt sich noch ein Abstecher von der Kreuzung nach rechts zur kleinen ✞ Bruder-Klaus-Kapelle am Waldrand. Im Ort können Sie die ✞ Kirche St. Michael besuchen.

Von der Kreuzung wandern Sie ein Stück nach links und halten sich dann gleich wieder rechts. Sie passieren ein paar Häuser und gehen bis zum Friedhof. Der Weg führt nun bergab nach Habsthal. Von der Ortsmitte spazieren Sie zum ✞ **Kloster Habsthal**.

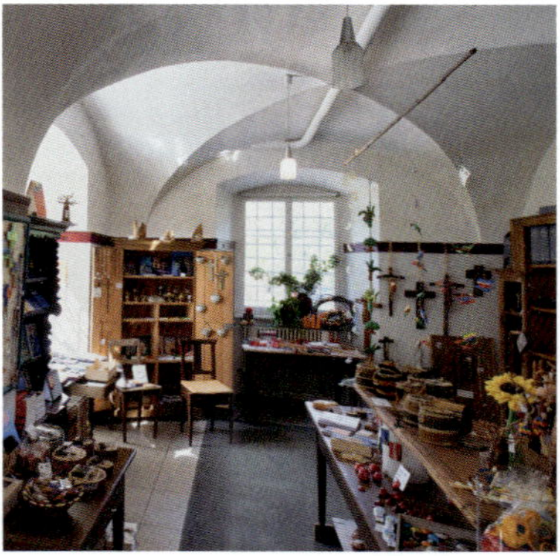

Klosterladen Habsthal (mr)

Habsthal

🛏 ✕ ✞ ⊙ ⇧ 618 m

🛏 ✕ Benediktinerkloser Habsthal, Schwester Kornelia, Klosterstraße 11, 88356 Habsthal, ☏ 075 85/656, ✉ info@kloster-habsthal.de, 💻 www.kloster-habsthal.de, ÜF € 38, gemeinsames Essen um 18:00 möglich, Wäsche- und Schuhservice

✞ Kloster Habsthal

⊙ Pilgerstempel: Kloster Habsthal

Bei Ausgrabungen im 19. Jahrhundert wurden drei Grabhügel in der Region geöffnet, deren Grabbeigaben vermutlich in die Zeit um 500 v. Chr. zurückgehen. Die Römer legten zwei Straßen an, die an Habsthal vorbeiführten: von Altshausen über Ostrach bis nach Sigmaringen und von Pfullendorf nach Mengen.

Als Schenkung kam der Ort 1259 zu den Dominikanerinnen des Klosters Mengen. Das Kloster wurde nun nach Habsthal verlegt.

1806 kamen Ort und Kloster unter die Herrschaft Hohenzollern-Sigmaringen.

Seit 1974 gehört Habsthal zur Gemeinde Ostrach.

Das Kloster wurde im 13. Jahrhundert als Dominikanerkloster gegründet. Wie andere Klöster wurde auch dieses 1806 aufgehoben. Die Schwestern konnten aber zunächst im Kloster weiterleben. 1840 wurde es dann endgültig aufgehoben und danach als Bildungsanstalt und später als Straf- und Korrekturanstalt genutzt. 1892 erwarben Benediktinerinnen aus der Schweiz das Kloster, das heute zur Abtei Muri-Gries in Südtirol gehört. Sehr liebevoll geführt wird auch der Klosterladen.

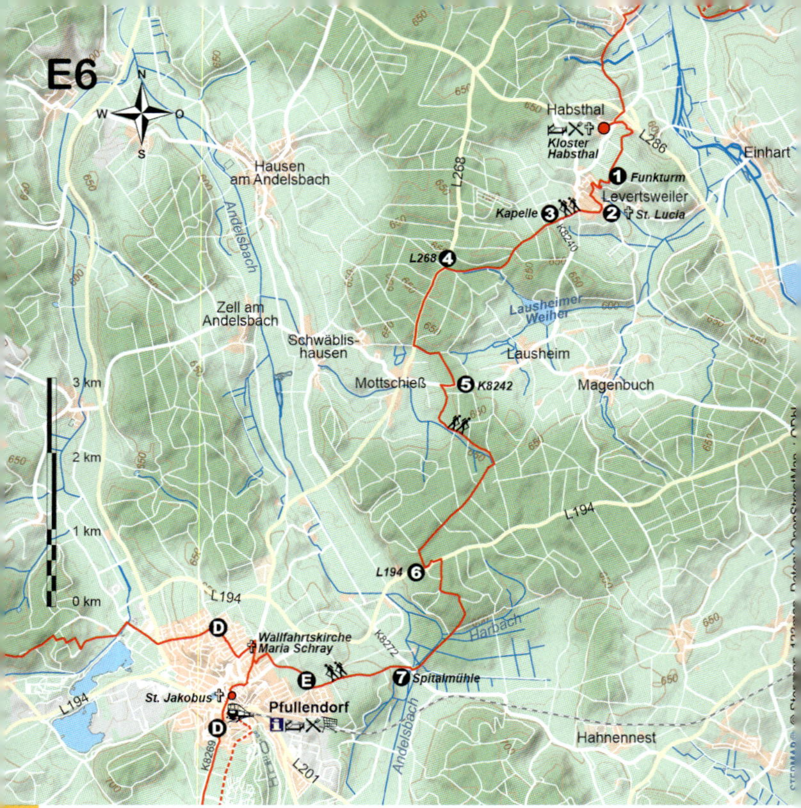
E6
N
O
S
W
3 km
2 km
1 km
0 km
Habsthal
Kloster Habsthal
Einhart
L286
1 Funkturm
Levertsweiler
2 St. Lucia
Kapelle 3
K8240
Hausen am Andelsbach
Andelsbach
L268
L268 4
Lausheimer Weiher
Zell am Andelsbach
Schwäblis-hausen
Lausheim
Mottschieß
5 K8242
Magenbuch
L194
L194 6
D
Wallfahrtskirche Maria Schray
K8272
Harbach
E
7 Spitalmühle
St. Jakobus
Pfullendorf
D
K8269
L201
Andelsbach
Hahnennest
650
600
700

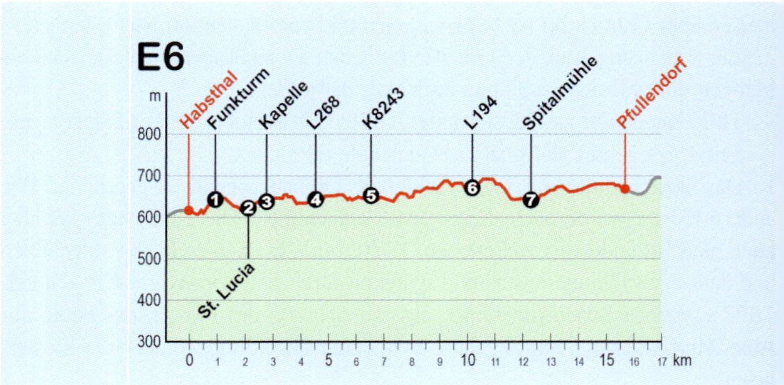
E6
m
800
700
600
500
400
300
Habsthal
Funkturm
Kapelle
L268
K8243
L194
Spitalmühle
Pfullendorf
St. Lucia
1
2
3
4
5
6
7
0
1
2
3
4
5
6
7
8
9
10
11
12
13
14
15
16
17 km

6. Etappe: Vom Kloster Habsthal nach Pfullendorf

⮌ 15,7 km, ⌛ 4 Std., ↑ 149 m, ↓ 100 m, ⇧ 601-680 m

0,0 km	⇧ 618 m	Kloster Habsthal
1,9 km	⇧ 620 m	Levertsweiler ✝
15,7 km	⇧ 654 m	Pfullendorf

Die Abfahrt zu Beginn nach Levertsweiler ist nicht mit dem Fahrrad machbar. Hier nutzen Sie besser die Straße nach Levertsweiler. Auf den folgenden Schotterwegen können Sie wieder gut radeln.

Von der ✝ Klosterkirche spazieren Sie nach rechts in die Ortsmitte. Sie gehen über die Straße in Richtung Levertsweiler und folgen nach 100 m dem nach rechts am Hang aufwärts führenden Weg (blaue Punkte). Sie wandern über freie Felder zum Funkturm ❶ und weiter geradeaus zum Waldrand.

Hier wenden Sie sich nach rechts und gehen am Wiesenrand bis zu einem Haus mit auffallenden Zinnen. Links von den Häusern führt Sie der Weg bergab, bis Sie einen schmalen Weg erreichen. Auf diesem gehen Sie hinunter zu einem kleinen geteerten Weg. Diesem folgen Sie nach rechts in den Ort **Levertsweile**. Im Ort biegen Sie nach links zur ✝ Pfarrkirche St. Lucia ab ❷.

Levertsweiler ✝ ⇧ 620 m

✝ Pfarrkirche St. Lucia

Levertsweiler gehört seit 1974 als Teilort von Weithart zur Gemeinde Ostrach. Erste Erwähnung findet der Ort als „Laiffinswilar" 1228. Ab dem 13. Jahrhundert gab es in der Nähe eine Burg, die heute nicht mehr existiert. Ab dem 15. Jahrhundert war der Ort mit Burg im Besitz des Klosters Salem.

1803 ging Levertsweiler mit Ostrach an Thurn und Taxis und dann 1806 an Hohenzollern-Sigmaringen.

Die Pfarrkirche St. Lucia stammt aus dem Jahr 1840 und ist der Nachfolgebau einer Martinskirche aus dem Jahr 1278.

Sie spazieren nach rechts zum Ortsende und weiter auf der K8240 in Richtung Lausheim. An einer Linkskurve gehen Sie auf einem breiten Feldweg geradeaus. Hier steht seit 2015 eine Kapelle ❸. Zuerst am Waldrand entlang, dann durch den Wald führt der Jakobsweg bis zur L268 ❹. Auf dieser wenden Sie sich nach links in Richtung Mottschieß. Sie erreichen wieder einen Waldrand.

Nun gehen Sie am Waldrand entlang nach links, bis Sie wieder in den Wald gelangen. Hier wenden Sie sich wieder nach rechts und folgen einem Waldweg bis zur K8242 ❺. Sie gehen kurz nach rechts und biegen dann am Waldrand nach links in einen Feldweg ein. Nun wandern Sie immer am Waldrand geradeaus. Der Weg taucht wieder in den Wald ein und führt nach 1 km zu einer großen Wegkreuzung. Hier biegen Sie nach rechts ab und folgen der breiten Forststraße zur Straße Pfullendorf – Ostrach (L194) ❻.

Auf dieser gehen Sie kurz nach links, überqueren sie dann und wandern geradeaus in den Wald. Sie folgen den breiten Waldwegen und der Jakobsmuschel bis zu einem Bach. Hier biegen Sie in einen Wanderweg ein, der Sie zur Spitalmühle ❼ an der K8272 bringt. Sie überqueren die Straße nach rechts und wenden sich gleich wieder nach links. Das Sträßchen bringt Sie leicht ansteigend zum Ortsrand von **Pfullendorf**.

Sie passieren eine große Linde und biegen wenig später auf einen Fahrradweg nach rechts ab. Dieser nimmt Sie mit zurück zur L194, die Sie überqueren. Sie spazieren durch ein Neubauviertel und zur ✞ Kirche Maria Schray (Infos ☞ S. 113). Nach der Besichtigung der Kirche gehen Sie über das Obere Stadttor in die Ortsmitte von **Pfullendorf** mit der ✞ Kirche St. Jakobus.

Pfullendorf ⇧ 654 m

☞ Informationen zu Pfullendorf finden Sie im Kapitel D (Linzgauer Jakobsweg) am Ende der 1. Etappe, S. 112.

F. Hegauer Jakobsweg

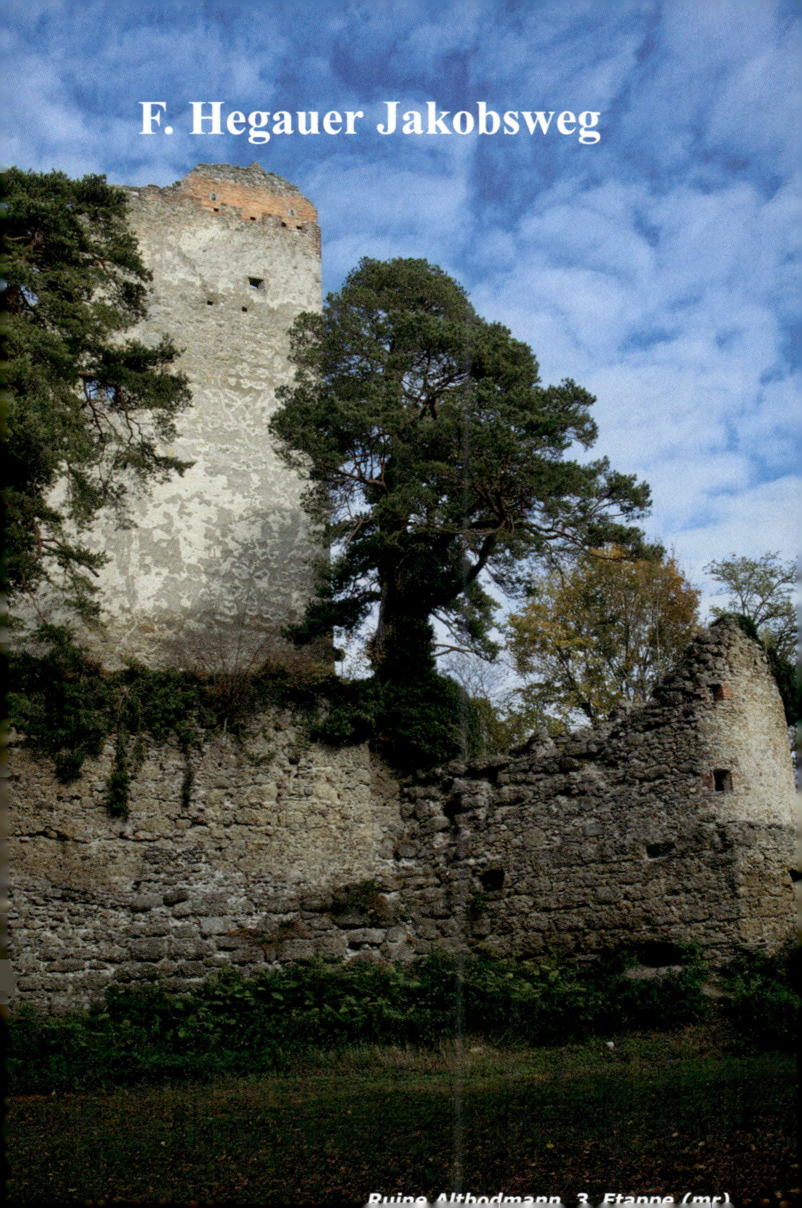

Ruine Altbodmann, 3. Etappe (mr)

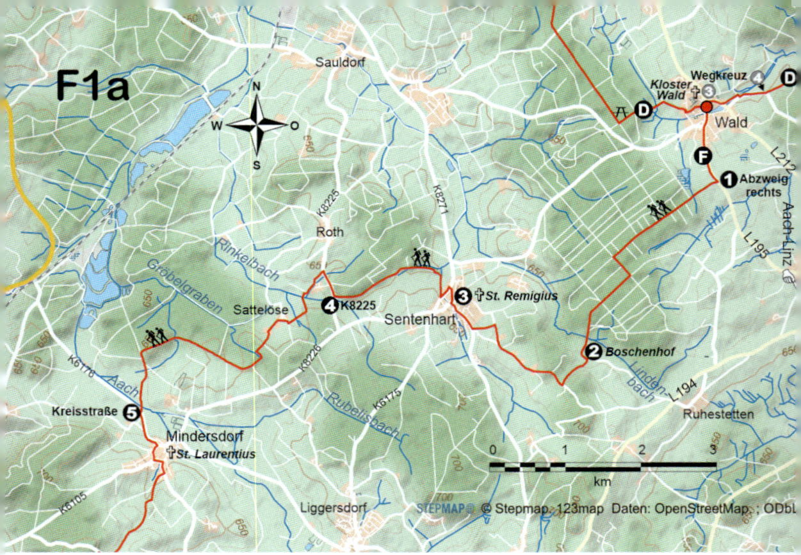

Der Hegauer Jakobsweg ist die westliche Variante Richtung Bodensee und 70,5 km lang. Er zweigt beim Kloster Wald vom Linzgauer Weg ab und bringt Sie nach Stockach. Weiter geht es über Ludwigshafen und Bodman, wo Sie teilweise am Bodensee entlangwandern. Steil steigen Sie dann bergauf nach Liggeringen. Vorbei an Markelfingen und dem Kloster Hegne erreichen Sie schließlich Konstanz. Dieser Wegabschnitt bietet auch eine Variante über die Insel Reichenau.

1. Etappe: Vom Kloster Wald nach Stockach

➲ *23,7 km,* ⌛ *6 Std.,* ↑ *82 m,* ↓ *245 m,* ⇧ *495-688 m*

0,0 km	⇧ 657 m	Wald 🛏 ✝
7,5 km	⇧ 650 m	Sentenhart ✝
14,6 km	⇧ 641 m	Mindersdorf 🛏 ✝ ⊙
23,7 km	⇧ 491 m	Stockach ℹ 🛏 ✕ 🛒 ✝ ⊙ 🚆

☺ Da die erste Etappe recht lang ist, planen Sie besser vorab eine Übernachtung im Ort Wald ein.

Wald

🛏 ✝ ⇧ 657 m

☞ Informationen zu Wald finden Sie im Kapitel D (Linzgauer Jakobsweg) in der 1. Etappe, S. 110.

🚲 Der Jakobsweg verläuft auf breiten Wegen, die teilweise als Radweg ausgeschildert sind, über Sentenhart und Mindersdorf nach Ursaul. Hier halten Sie sich besser an den Radweg entlang der K6105, da der normale Schlussabschnitt des Pilgerweges nach Stockach teilweise über sehr schmale Wege führt.

Von der ✞ Klosterkirche gehen Sie auf der Landstraße in Richtung Aach-Linz. Sie verlassen den Ort und wenden sich nach 1 km bei einer Linkskurve mit einem Wegkreuz nach rechts in die Langgasse ❶. Der Weg führt über freies Feld, dann durch den Wald zu einer Kreuzung. Hier biegen Sie nach links ab, wenig später dann wieder nach rechts. Sie gehen durch die Talmulde des Lindenbaches und passieren das Naturschutzgebiet Ruhestetten.

Wenn Sie die Anhöhe beim Boschenhof ❷ erreicht haben, gehen Sie hier nach rechts zur Straße Sentenhart – Ruhestetten. Der Pilgerweg führt Sie durch die Höfe „Käsernen" und entlang der Ruhestetter Allee bis nach **Sentenhart**. Hier können Sie die ✞ Pfarrkirche St. Remigius ❸ besichtigen, die auf einer Anhöhe steht.

Sentenhart ✞ ⇧ 650 m

✞ Pfarrkirche St. Remigius

Sentenhart gehört seit 1973 als Teilort zur Gemeinde Wald. Aus dem Jahr 1056 gibt es eine erste Erwähnung des Orts, der in der Folge an das Kloster Reichenau überging. 1463 verkaufte das Kloster den Ort und 1570 kam Sentenhart als Erbschaft zum Fürstentum Fürstenberg. 1806 wurde der Ort badisch.

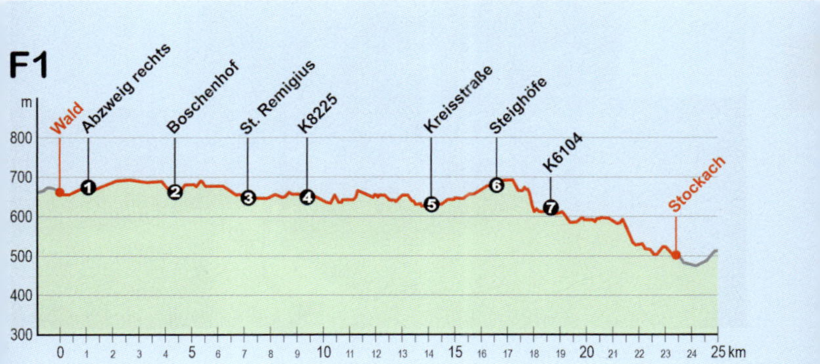

Der Turm der Kirche St. Remigius stammt aus dem 13. Jahrhundert, der vordere Teil der Kirche aus dem 16. Jahrhundert. Der hintere Teil wurde erst zwischen 1770 und 1775 erbaut.

Über die Römerstraße verlassen Sie Sentenhart und biegen wenig später in den Mußnauenweg ab. Sie gehen an der Kneippanlage vorbei und unterqueren die Kreisstraße. Wenig später geht es über stillgelegte Gleise. Sie wandern am Wald entlang in Richtung Sattelöse.

Der Weg bringt Sie zur Kreisstraße K8225 ❹, die nach Roth führt. An der Straße biegen Sie nach rechts ab und folgen ihr kurz. Dann wenden Sie sich nach links und wandern durch eine Talmulde nach Sattelöse. Beim ersten Hof biegen Sie nach links ab und wenig später nach rechts. Sie bleiben auf dem Forstweg, der Sie in den Wald bringt. Nach 3 km verlassen Sie ihn wieder und spazieren auf einem Weg zur Kreisstraße ❺ in der Nähe von **Mindersdorf**.

Mindersdorf

🛏 ✞ ⊙ ⇧ 641 m

🛏 Familie Josef und Dora Leute, Lindenstraße 20, 78355 Mindersdorf, ☏ 077 75/295, ÜF € 25, Vesper auf Wunsch möglich, Wäsche- und Schuhservice

♦ Familie Helga Liebherr, Lindenstraße 18, 78355 Mindersdorf, ☏ 077 75/532, ÜF € 25, Essen auf Wunsch möglich

✞ Pfarrkirche St. Laurentius

⊙ Pilgerstempel: in der Kirche

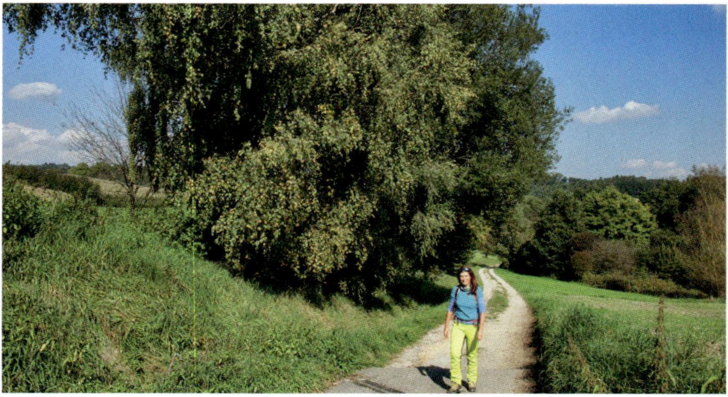

Kurz vor Stockach (mr)

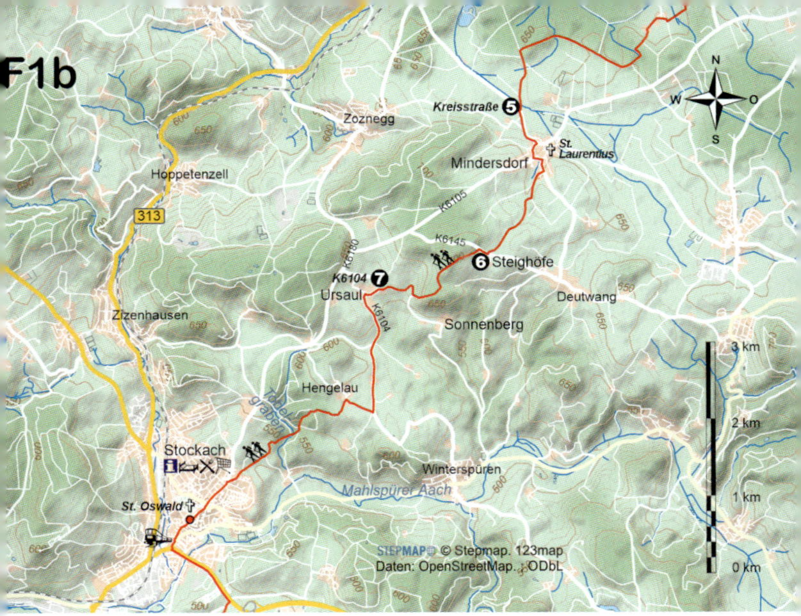

Mindersdorf liegt in der Gemeinde Hohenfels (Stockach).

In der Nähe gibt es einen römischen Gutshof aus dem 1. Jahrhundert. 883 fand der Ort erstmals eine urkundliche Erwähnung. Mindersdorf war wie Sentenhart Eigentum des Klosters Reichenau.

Die neugotische Kirche St. Laurentius wurde 1847 bis 1849 erbaut. Von dem Vorgängerbau steht nur noch der Glockenturm aus dem 15. Jahrhundert.

Nach einem Besuch der ✞ Pfarrkirche St. Laurentius und Oswald spazieren Sie in die Ortsmitte. Hier wenden Sie sich nach rechts in die Rosenwiesen und nehmen wenig später den Abzweig nach rechts. Der Wanderweg (Markierung gelbe Raute) bringt Sie bis zur Kreisstraße beim Weiler Steighöfe ❻. Hier gehen Sie kurz nach rechts, biegen aber gleich wieder links ab.

Sie tauchen in den Wald ein und folgen dem Weg steil bergab zu einem Forstweg. Auf diesem wandern Sie nach links bis zu einer Wiese. An deren Ende biegen Sie rechts ab und bleiben auf dem Weg, der bergab durch den Wald führt. Sie gelangen zur Straße nach Ursaul. Auf dieser spazieren Sie in den Ort und gehen bis zur Ortsmitte. Dort nehmen Sie die K6104 ❼ in Richtung Winterspüren. Sie folgen der Straße bis zu einer Kreuzung und gehen dort in Richtung Hengelau. Direkt nach dem ersten Hofgebäude biegen Sie scharf nach links ab und wandern auf dem Feld- und Wiesenweg bis zum Waldrand. Der Weg bringt Sie in den Tobel hinunter, wo Sie einen Forstweg erreichen. Diesem folgen Sie nach links bergab und überqueren dann halb links den Bach. Dann nehmen Sie gleich die nächste Abzweigung über eine Holzbrücke zu einem weiteren Forstweg. Auf diesem gehen Sie nach links bergauf und wandern durch eine Talmulde über Wiesen und Felder in Richtung **Stockach**. Sie erreichen die Zoznegger Straße im Ort und spazieren auf dieser zur ✞ Pfarrkirche St. Oswald.

Stockach ⇧ 491 m

Touristinfo, Salmannsweilerstraße 1, 78333 Stockach, ☏ 077 71/80 23 00, tourist-info@stockach.de, www.stockach.de, Di-Fr 10:00-17:00, Sa 10:00-13:00

Zum Goldenen Ochsen, Familie Gassner, Zoznegger Straße 2, 78333 Stockach, ☏ 077 71/918 40, info@ochsen.de, Spezialmenü und Spezialpreise für Pilger mit Pass, Preise erfragen

In Stockach gibt es mehrere Einkaufsmöglichkeiten.

✞ Pfarrkirche St. Oswald und Lorettokapelle

⊙ Pilgerstempel: Hotel Badischer Hof und Zum Goldenen Ochsen

Zugverbindung nach Konstanz und Sigmaringen

In der Vorstadt Rißtorf konnte man Funde aus der Zeit um 700 v. Chr., der Zeit der Kelten (400 v. Chr.) und der Zeit der Alemannen bergen. Auch die Römer waren hier. Ein römischer Gutshof lag an dem Ort, der heute Wahlwies heißt.

Der Bau der Nellenburg begann 750. Mitte des 13. Jahrhunderts begründeten die Grafen von Nellenburg auf einer geschützten Anhöhe Stockach. Kurz darauf erhielt es das Stadtrecht.

Ein späterer Erbe verkaufte Stockach 1465 an die Habsburger. Bis 1805 herrschten die Österreicher hier. Danach herrschte Württemberg über Stockach, 1810 ging das Gebiet dann an Baden.

Im März 1848 wurde hier zum ersten Mal in Deutschland die Deutsche Republik ausgerufen. Allerdings erstickten bayrische und dann auch württembergische und preußische Truppen dieses erste Aufkeimen. 1851 zogen die Besatzer wieder ab.

Von der Industrialisierung profitierte Stockach sehr.

In der Rezession nach dem Ersten Weltkrieg entstand 1923 auch in Stockach Notgeld.

Die Kirche St. Oswald besitzt einen barocken Zwiebelturm. Sie stellt eine Kompromisslösung dar, da man sich im Ort nicht zwischen Moderne und Tradition einigen konnte. So wurde neben dem traditionellen Zwiebelturm ein modernes Kirchenschiff gebaut. Bei der Kirche befindet sich der Jakobusbrunnen.

Die Lorettokapelle stammt aus dem 18. Jahrhundert und beherbergt eine Orgel von 1661 – eine der ältesten bespielbaren Orgeln Badens.

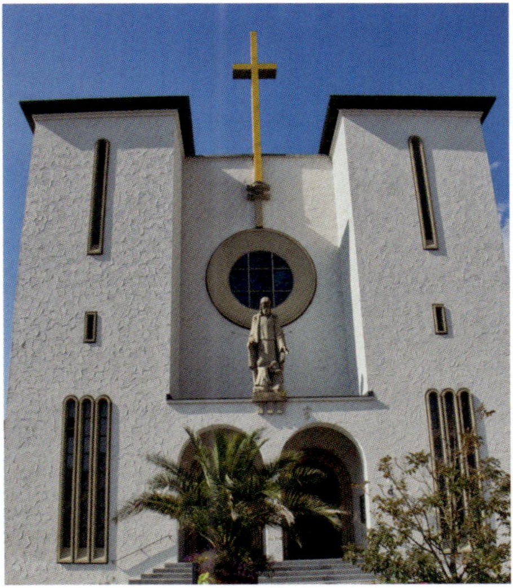

Kirche von Stockach (mr)

2. Etappe: Von Stockach nach Markelfingen

22,4 km, 6 Std. 30 Min, ↑ 339 m, ↓ 445 m, ⇧ 339-691 m

0,0 km	⇧ 491 m	Stockach
6,4 km	⇧ 397 m	Ludwigshafen
9,6 km	⇧ 397 m	Bodman
15,3 km	⇧ 690 m	Liggeringen
22,4 km	⇧ 431 m	Markelfingen

Im Abschnitt nach Ludwigshafen ignorieren Sie den Abzweig zum Römerbrunnen und radeln idealerweise auf dem Schotterweg weiter, bis Sie wieder auf den Jakobsweg treffen. Der Weiterweg nach Bodman auf dem Fahrradweg ist problemlos machbar.

Für den Aufstieg nach Liggeringen empfiehlt es sich, den Umweg auf der K6100 zu nehmen. Von Liggeringen nach Markelfingen folgen Sie dem breiten Weg zum Hirtenhof und dann dem Fahrradweg rechts um den Mindelsee herum.

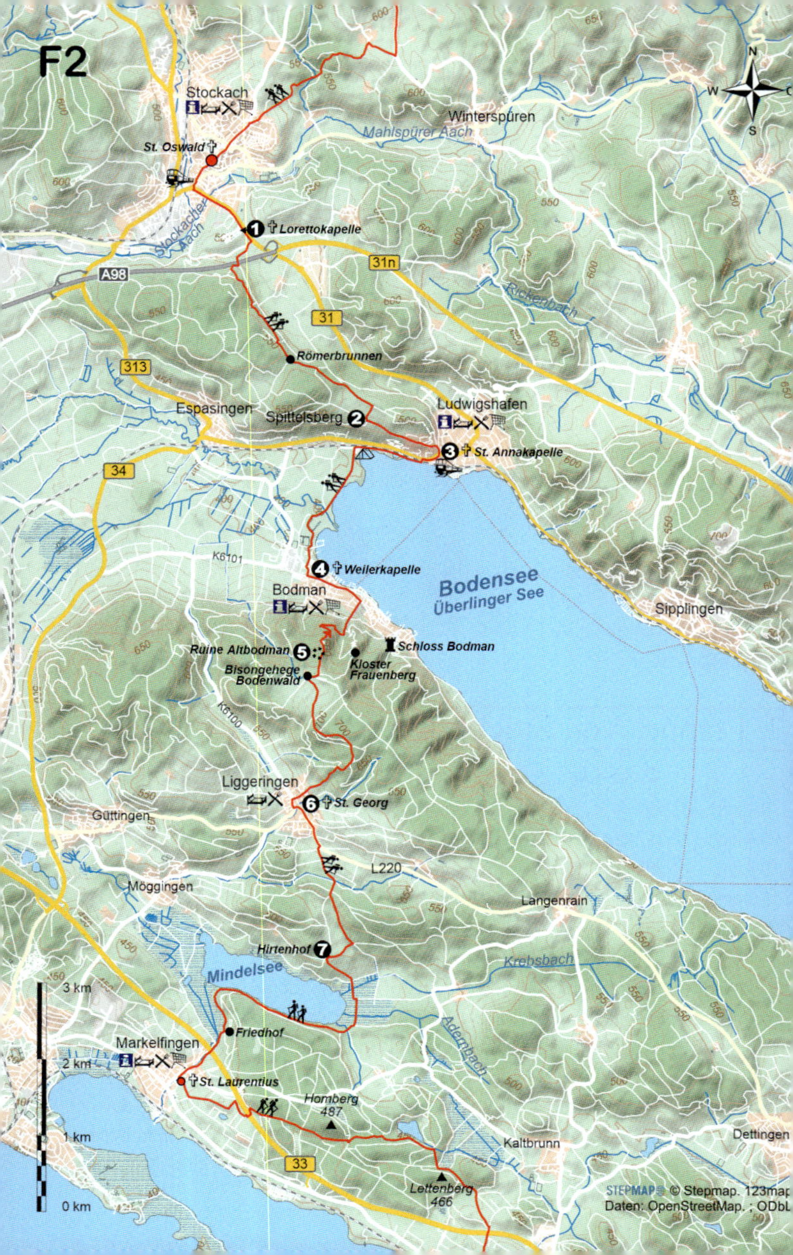
F2
Stockach
St. Oswald
Winterspüren
Mahlspürer Aach
Stockacher Aach
Lorettokapelle
A98
31n
31
Rickenbach
Römerbrunnen
313
Espasingen
Spittelsberg
Ludwigshafen
St. Annakapelle
34
K6101
Weilerkapelle
Bodman
Bodensee
Überlinger See
Sipplingen
Ruine Altbodman
Schloss Bodman
Kloster Frauenberg
Bisongehege Bodenwald
K6100
Liggeringen
St. Georg
Güttingen
L220
Möggingen
Langenrain
Hirtenhof
Mindelsee
Krebsbach
Friedhof
Markelfingen
St. Laurentius
Homberg 487
Aachbach
Kaltbrunn
Dettingen
33
Lettenberg 466
3 km
2 km
1 km
0 km
STEPMAP © Stepmap. 123map
Daten: OpenStreetMap. ; ODbL

Von der Stockacher ✝ Pfarrkirche spazieren Sie über die Goethestraße und die Ludwigshafener Straße bis zur ✝ Lorettokapelle ❶ am Ortsrand. Von hier folgen Sie noch kurz der B31, biegen dann nach rechts ab und unterqueren die A98 nach links. Sie wandern durch ein kleines Waldstück und biegen wenig später nach rechts in Richtung Römerbrunnen ab. Der Weg führt am Brunnen vorbei und bringt Sie nach Spittelsberg ❷.

Hier wenden Sie sich nach links und folgen dem Weg durch die Obstanlage. Dabei genießen Sie einen schönen Blick auf den Bodensee. Der Weg bringt Sie hinunter zum Friedhof von **Ludwigshafen** und später zur B34 mit der kleinen ✝ St.-Anna-Kapelle ❸.

Ludwigshafen

i 🛏 ✕ 🛒 ✝ ⊙ 🚆 ⇧ 397 m

i Touristinfo, Hafenstraße 5, 78351 Ludwigshafen, ☎ 077 73/93 00 40, ✉ info@bodman-ludwigshafen.de, 🚪 Mo-Fr 9:00-12:00 und 14:00-17:00

🛏 Haus Bärbel Noller, Schlössleweg 1, 78351 Ludwigshafen, ☎ 077 73/53 09, ✉ gaestehaus-noller@t-online.de, 💻 www.gaestehaus-noller.de, ÜF EZ ab € 44, DZ ab € 88

♦ Haus Bodanblick / Pension Thum, Gartenstraße 4, 78351 Ludwigshafen, ☎ 077 73/54 29, ✉ hausbodanblick@aol.com, ÜF DZ ab € 75

✕ In Ludwigshafen gibt es einige Restaurants, die zu einer Einkehr einladen.

🛒 mehrere Einkaufsmöglichkeiten

✝ St.-Anna-Kapelle

🚆 Zugverbindung nach Überlingen

⊙ Pilgerstempel: Haus Bodanblick

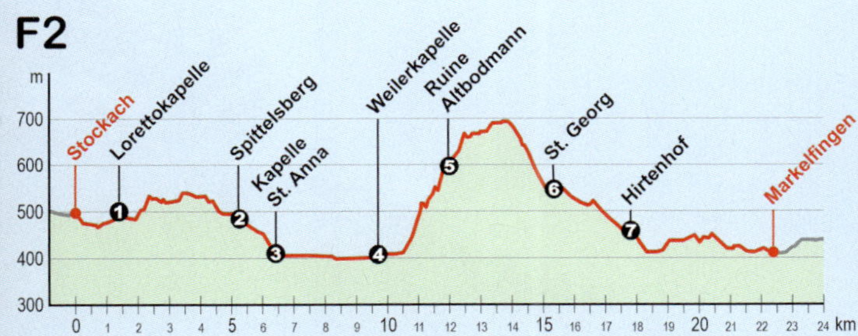

Ludwigshafen gehört seit 1975 zur Gemeinde Bodman-Ludwigshafen. Unter dem Namen „Sernatingen" wurde der Ort 1145 erstmals erwähnt. 1810 wurde er badisch und 1826 erhielt der neu errichtete Hafen den Namen Ludwigshafen. Kurz darauf nahm der gesamte Ort diese Bezeichnung an.

Die St.-Anna-Kapelle stammt aus dem 18. Jahrhundert. Bis 1982 diente sie als Aussegnungshalle. Heute ist sie noch Andachts- und Gebetsraum.

Von der ✝ St.-Anna-Kapelle gehen Sie nach rechts, überqueren die B34 und wandern auf dem Bodensee-Rundweg nach rechts bis zum Campingplatz. Hier wenden Sie sich nach links und spazieren am Seeufer entlang bis nach **Bodman**.

Bodman

397 m

Touristinfo, Seestraße 5, 78351 Bodman, ☏ 077 73/93 00 48, info@bodman-ludwigshafen.de, Mo-Fr 9:00-12:00, Mi 14:00-17:00

Hotel Anker / Anker Relax, Familie Belz, Kaiserpfalzstraße 24, 78351 Bodman, ☏ 077 73/52 56, info@anker-bodman.de, www.anker-bodman.de, ÜF EZ € 72, DZ € 92, Wäsche- und Schuhservice

In Bodman gibt es einige Restaurants, gerade in Ufernähe, die zur Einkehr einladen.

mehrere Einkaufsmöglichkeiten

✝ Weilerkapelle

⊙ Pilgerstempel: Hotel Anker

Ruine Altbodman

Blick von Altbodmann zum Bodensee (mr)

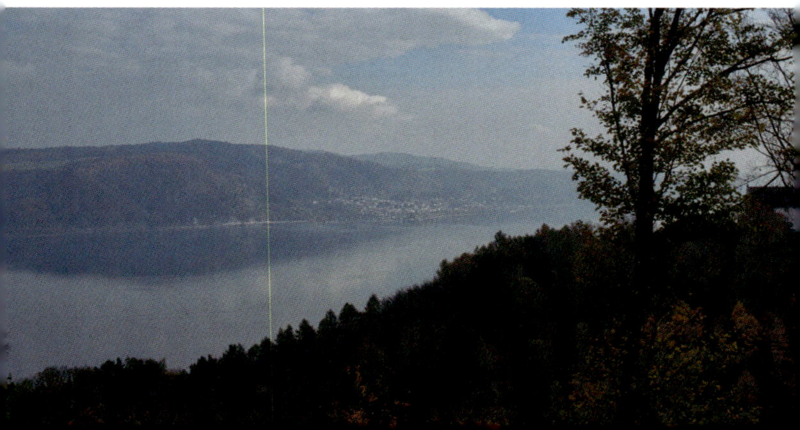

Seit 1975 bildet Bodman mit Ludwigshafen die Gemeinde Bodman-Ludwigshafen. Wie in Wallhausen hat man hier Pfahlbauten aus der Stein- und Bronzezeit entdeckt, die heute zum UNESCO-Kulturerbe gehören. Auch die Römer hinterließen ihre Spuren.

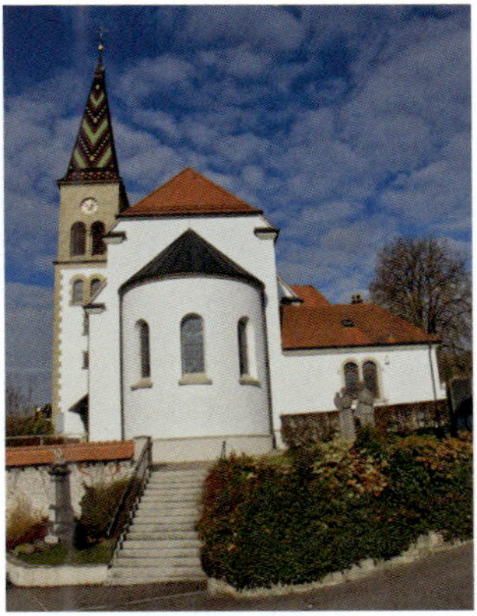

Kirche von Liggeringen (mr)

Die Karolinger hatten hier eine Burg, der sie den Namen „Potamico" gaben. Diese Bezeichnung wurde namensgebend für den Bodensee und den Ort. Die Burg wurde im 12. Jahrhundert abgebrochen.

Die Burg Altbodman wurde im 14. Jahrhundert erbaut und im Dreißigjährigen Krieg zerstört. 1900 erfolgten erste Sanierungsmaßnahmen. Zu Beginn des 21. Jahrhunderts wurde die Ruine umfangreich saniert.

Im Schloss Bodman von 1831/32 wohnt heute noch die gräfliche Familie von Bodman.

Sie gehen durch das Gewerbegebiet, passieren die ✞ Weilerkapelle ❹ und wandern über die Kaiserpfalzstraße in Richtung Kirche. Sie biegen nach rechts in die Straße Am Königsweingarten ab und wandern aufwärts zum Wald. Der Weg führt steil hinauf zur Burg Ruine Altbodman ❺ und weiter zum Bisongehege.

Alternativ können Sie auch oberhalb von Bodman nach links abbiegen und über das Kloster Frauenberg zum Bisongehege aufsteigen.

Sie gehen nun nach links über die Hochfläche des Bodanrücks in Richtung Langenrain. An einer Wegteilung folgen Sie dem nach rechts abzweigenden Lärchenackerweg und treffen bald danach auf den Bodensee-Rundweg. Sie biegen scharf nach links ab und wandern über einen Waldpfad und eine Wiese nach **Liggeringen** zur ✞ Pfarrkirche St. Georg ❻.

Liggeringen

🛏 ✕ ✞ ⇧ 690 m

🛏 ✕ Landgasthof Adler, Familie Zunftmeister, Bodanrückstraße 18, 78315 Liggeringen,
☎ 077 32/952 50, ✉ rezeption@adler-liggeringen.de,
💻 www.adler-liggeringen.de, ÜF EZ € 65, DZ € 100, Wäsche- und Schuhservice

✞ Pfarrkirche St. Georg

⊙ Pilgerstempel: Landgasthof Adler

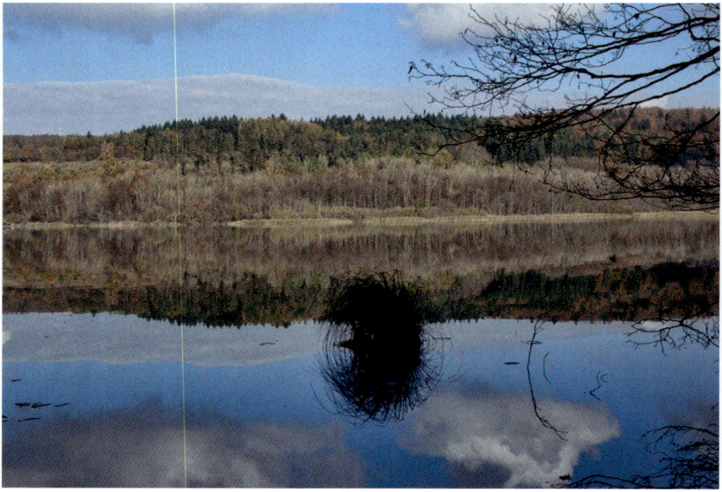

Am Mindelsee (mr)

Seit 1974 ist Liggeringen Stadtteil von Radolfzell. Als „Lütteringen" findet es 806 erstmals Erwähnung. Etwas später, im Jahr 946, wird der Ort als „Liutegarninga" bezeichnet, was auf einen alemannischen Gründer hinweist. Das Kloster Reichenau war im Besitz des Ortes. Später war er an die Herren von Bodman verpfändet, ab dem 16. Jahrhundert ihr Eigentum. Im 18. Jahrhundert war Liggeringen an das Heilig-Geist-Spital verpfändet. Zu Baden kam der Ort 1806.

Die Kirche St. Georg wird durch den Neubau von 1905 geprägt. Beeindruckend ist die neoromanische Ausstattung mit restaurierten Malereien im Chor. Der barocke Hochaltar stammt aus dem Jahr 1712.

Von der ✞ Kirche gehen Sie nach links und folgen der Straße zum Ortsausgang in Richtung Konstanz. Sie biegen nach rechts ab und wandern auf dem Bodensee-Rundweg in Richtung Mindelsee. Am Hirtenhof ❼ wenden Sie sich nach links in Richtung See.

Durch den Wald erreichen Sie das südliche Seeufer. Von diesem gehen Sie weiter zum Friedhof von Markelfingen. Hier verlassen Sie den Wald und wandern weiter zur B33, die Sie unterqueren. Über den Schwanenweg und den Mühlenweg erreichen Sie die ✞ Pfarrkirche St. Laurentius in Markelfingen.

Markelfingen 431 m

Radhotel Am Gleis, Christina Scholter, Unterdorfstraße 24, 78315 Markelfingen, 077 32/89 27 10, radhotel@amgleis.de, www.amgleis.de, Ü im VBZ € 32,50 p. P., im DZ ab € 35 p. P, Wäsche- und Schuhservice

♦ Naturfreundehaus Bodensee, Radolfzellerstraße 1, 78315 Markelfingen, 077 32/82 37 70, info@naturfreundehaus-bodensee.de, www.nfhb.de, Ü zwischen € 80 im Dreibettzimmer und € 110 im Sechsbettzimmer, € 15 im Gruppenraum, F € 12,90, Abendessen € 24,90, Wäscheservice

Haus Schmetterling, Michaela Thum, Gnadenseestraße 5/1, 78315 Markelfingen, 077 32/91 16 81, haus-schmetterling@kabelbw.de, Wäsche- und Schuhservice

In Markelfingen gibt es in der Oberdorfstraße Einkaufsmöglichkeiten.

Pfarrkirche St. Laurentius

Pilgerstempel: Radhotel, Naturfreundehaus und Haus Schmetterling

Markelfingen ist ebenfalls seit 1974 ein Stadtteil von Radolfzell. Steinzeitliche Funde deuten auf eine recht frühe Besiedelung hin. Ungefähr im 3. Jahrhundert wurden erste Siedlungen beim heutigen Markelfingen gegründet, wahrscheinlich von einem Alemannen mit Namen Markulf oder Mark-Wolf. Das Gebiet gehörte seit der Gründung des Klosters Reichenau im Jahr 724 zum Kloster. Im 16. Jahrhundert herrschten dann die Reichenauer hier. Später gehörte das Kloster dann zum Hochstift Konstanz, womit auch Markelfingen dem Bischof von Konstanz zugeschlagen wurde. In dem Gebiet wurde überwiegend Wein angebaut. Im Dreißigjährigen Krieg wurde der Ort zerstört und von den überlebenden Bewohnern verlassen.

Wegkreuz in Richtung Markelfingen (mr)

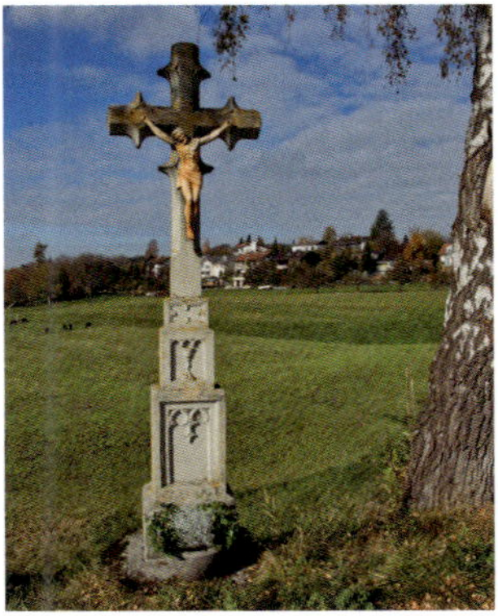

1803 kam das Gebiet mit dem Fürstbistum Konstanz zu Baden. Der Anschluss an die Eisenbahn 1860 brachte einen wirtschaftlichen Aufschwung.

Eine erste Kirche stand um 1000 an diesem Platz. Die heutige Pfarrkirche St. Laurentius wurde 1462 erbaut und 1612 erweitert. Beeindruckend sind das mittelalterliche Kreuz aus der Zeit um 1570 und Maria und Johannes aus der Zeit um 1540.

3. Etappe: Von Markelfingen nach Konstanz

21,8 km, 5 Std. 30 Min., ↑ 100 m, ↓ 106 m, ⇧ 393-451 m

0,0 km	⇧ 431 m	Markelfingen
6,9 km	⇧ 400 m	Allensbach
10,8 km	⇧ 419 m	Hegne
16,0 km	⇧ 422 m	Wollmatingen
20,5 km	⇧ 401 m	Petershausen
21,8 km	⇧ 405 m	Konstanz

Von Markelfingen radeln Sie nach Hegne und weiter über Wollmatingen nach Konstanz. Der Jakobsweg ist gut mit dem Fahrrad machbar, wenn auch nicht als Fahrradweg ausgeschildert.

Von Markelfingen folgen Sie dem Jakobsweg rechts an der ✝ Pfarrkirche vorbei. Sie überqueren die B33 und wandern auf einem Waldweg in Richtung Allensbach. Nach erneuter Überquerung der B33 gehen Sie geradeaus weiter in die Ortsmitte von **Allensbach** und zur ✝ Pfarrkirche St. Nikolaus ❶.

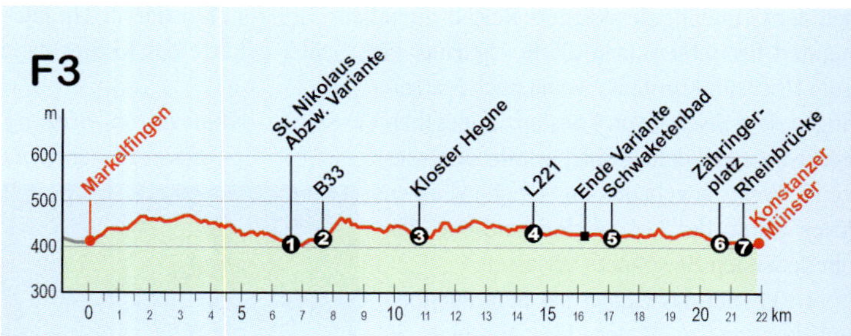

Allensbach ⇧ 400 m

Kultur- und Verkehrsbüro, Konstanzerstraße 12, 78476 Allensbach,
☏ 075 33/801 34, tourismus@allensbach.de, www.allensbach.de,
Mo-Fr 9:00-12:00 und 14:00-17:00

Hotel Haus Rose, Familie Helmlinger, Konstanzerstraße 23, 78476 Allensbach,
☏ 075 33/31 00, helmi@haus-rose.de, ÜF EZ ab € 59, DZ € 115,
Wäsche- und Schuhservice, Mo Ruhetag

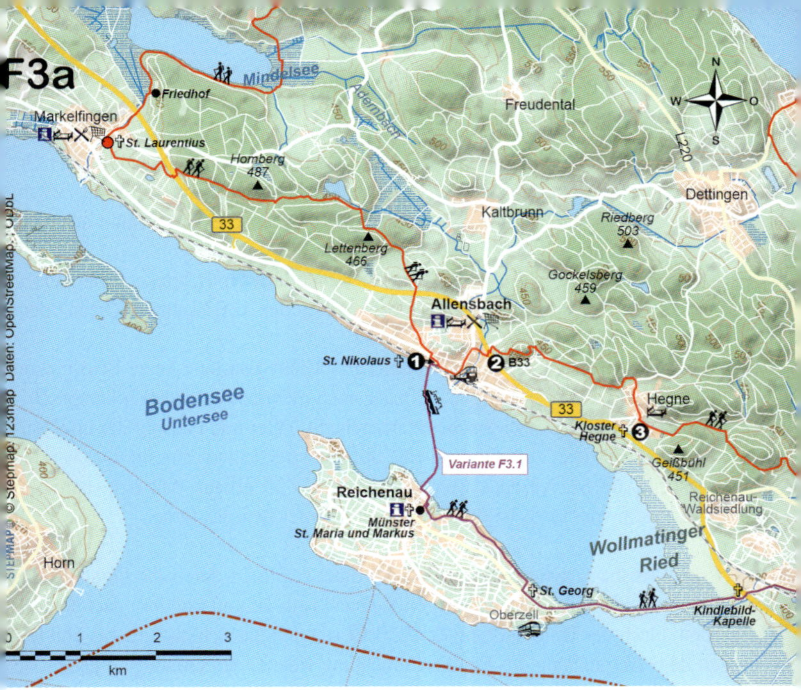

- 🛏 Hotel Die Ente, Familie Bächler, Radolfzellerstraße 18, 78476 Allensbach,
  ☎ 075 33/63 22, ✉ info@ente-allensbach.de, 💻 www.ente-allensbach.de,
  ÜF EZ € 65, DZ € 110, Wäsche- und Schuhservice
- ✕ Im Ort gibt es einige Restaurants.
- 🛒 In Allensbach gibt es einen Supermarkt und mehrere weitere Einkaufsmöglichkeiten.
- ✝ Pfarrkirche St. Nikolaus
- ⊙ Pilgerstempel: Hotel Die Ente und Haus Rose
- 🚆 Zugverbindung nach Konstanz
- ⛴ Schiff zur Insel Reichenau: erste Fahrt um 10:30 bzw. 9:30 an Wochenenden, in den Sommermonaten Juli und Aug fährt das Schiff achtmal am Tag, in den anderen Monaten werktags viermal (10:30, 13:30, 15:00 und 17:00) bzw. am Wochenende sechsmal (zusätzlich 9:30 und 16:00), weitere Informationen unter
  ☎ 075 33/988 48, 💻 www.schifffahrtbaumann.de.

Allensbach ist eine Gemeinde am Bodensee. Berühmt ist sicherlich das Institut für Demoskopie Allensbach. Auch hier gibt es prähistorische Pfahlbauten und auch die Römer waren im Gebiet um Allensbach. Möglicherweise ist Allensbach im 4. Jahrhundert von den Alemannen gegründet worden. 724 wird der Ort als „Alaspach" in der Gründungsurkunde des Klosters Reichenau aufgeführt. Der Ort war sowohl Markt als auch Anlegestelle der Reichenaufähre. Im Mittelalter bekam Allensbach das Stadtrecht und baute eine Stadtmauer. Das Fürstbistum Konstanz übernahm im 16. Jahrhundert auch diesen Ort.

Im Dreißigjährigen Krieg war Allensbach mehrfach Opfer kriegerischer Auseinandersetzungen und verlor seine Stadtrechte wieder. 1803 kam der Ort mit dem Fürstbistum Konstanz zu Baden.

Da in Allensbach wie im gesamten Fürstbistum Konstanz keine Reformation stattfand, ist die Bevölkerung auch heute noch mehrheitlich römisch-katholisch.

Bis 1486 war die Allensbacher Pfarrkirche St. Peter und Paul auf der Insel Reichenau, sodass man zum Gottesdienst über den See rudern musste. Das heutige Langschiff von St. Nikolaus wurde 1732 bis 1735 erbaut. Mit dem barocken Zwiebelturm von 1698 ist die Kirche das Wahrzeichen des Ortes.

In Allensbach gehen Sie über die Konstanzer Straße durch die Ortsmitte bis kurz nach dem Bahnhof. Hier biegen Sie nach links ab und wandern nach Kaltenbrunn. Nach der Unterquerung der B33 ❷ wenden Sie sich nach rechts und folgen dem Weg entlang des Waldes in Richtung Hegne. Am Ortsbeginn gehen Sie auf dem nach rechts abzweigenden Weg zu den Häusern. Sie biegen in den Hirschweg ab und erreichen die Straße, die zum Kloster von **Hegne** ❸ mit der ✝ Klosterkirche St. Konrad führt.

Hegne

🛏 ✝ ⇧ 419 m

🛏 Hotel Haus St. Elisabeth, Konradistraße 1, 78476 Hegne, ☎ 075 33/93 66 20 00, ✉ info@st-elisabeth-hegne.de, 💻 www.st-elisabeth-hegne.de, ÜF EZ ab € 48, DZ ab € 138, Pilgereintopf für € 7,50 möglich, Wäsche- und Schuhservice

✝ Kloster Hegne mit der Kirche St. Konrad

Hegne wurde 1975 Teil der Gemeinde Allensbach.

Das Schloss Hegne aus dem 16. Jahrhundert war von 1591 bis 1803 die Sommerresidenz der Bischöfe von Konstanz. Im Dreißigjährigen Krieg plünderten 1642 württembergische Truppen das Schloss.

Als das Schloss zu Baden kam, wurde es kurzzeitig zur Lagerung des Staatsvermögens genutzt. Neue Eigentümer wollten dann immer höhere Preise erzielen. Ein Teil der Gebäude ging schließlich 1866 an den Kreisverband Konstanz, der hier eine Waisenanstalt und eine Landwirtschaftsschule gründete.

Ende der 1870er-/Anfang der 1880er-Jahre wurde das Schloss von einem neuen Eigentümer komplett umgebaut, die Kapelle wurde abgerissen. 1892 kauften die Barmherzigen Schwestern vom heiligen Kreuz das Schloss Hegne und machten ein Kloster daraus. 1899 weihten sie die Klosterkirche St. Konrad ein. 1987 wurde die Hegner Schwester Ulrika von Hegne von Papst Johannes Paul II. seliggesprochen. Dadurch wurde das Kloster zum Pilgerort für Menschen, die das Grab Ulrikas in der Klosterkirche aufsuchen wollen.

Am Kloster Hegne endet der Ulrikaweg zu Ehren der Schwester Ulrika. Er führt in sechs Etappen von Unterstadion nach Hegne.

Sie verlassen Hegne über die Konradistraße. Am Waldrand gehen Sie nach links und tauchen mit dem Weg in den Wald ein. An der Weggabelung wenden Sie sich nach rechts. Sie folgen den Markierungen über ein paar Abzweigungen und erreichen den Grenzweg.

Nach 1 km wandern Sie über eine Wiese, gehen wieder am Waldrand entlang und kommen zur Straße von Wollmatingen nach Dettingen ❹, die Sie überqueren. Auf der alten Dettinger Straße spazieren Sie bis nach **Wollmatingen**.

Kloster Hegne (mr)

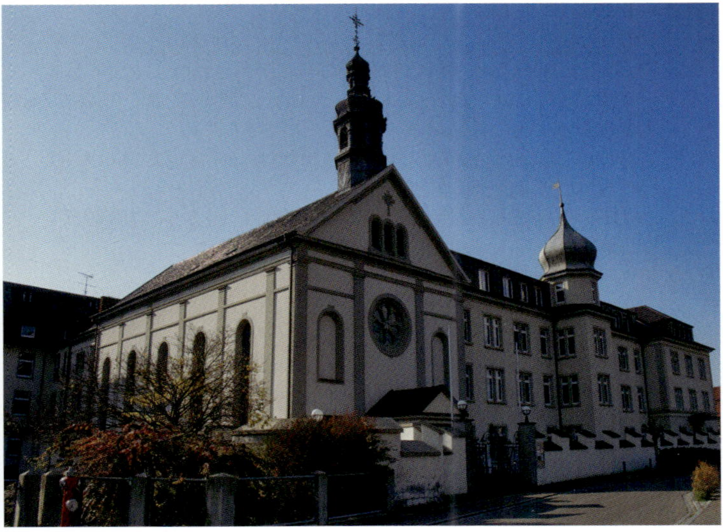

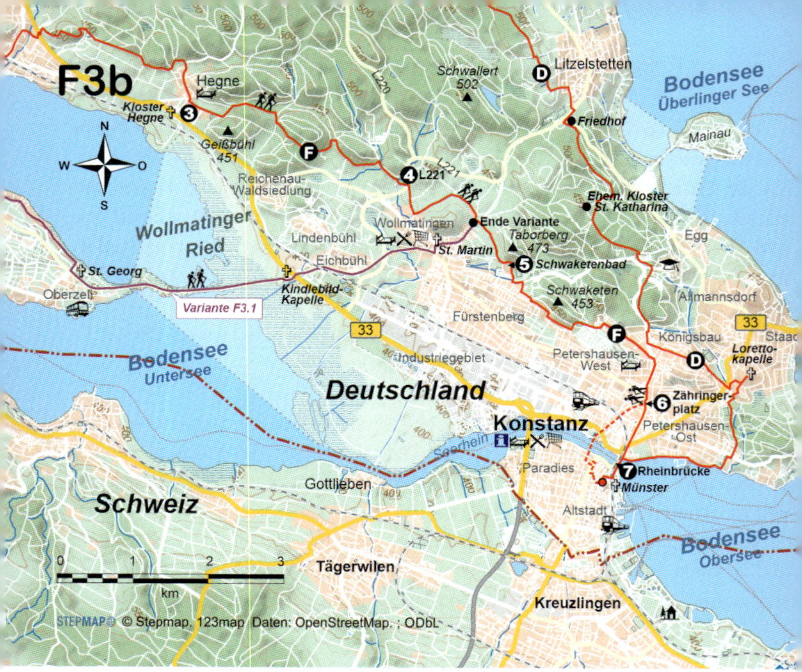

Wollmatingen

🛏 ✕ 🛒 ✝ ⊙ ⇧ 422 m

🛏 ✕ Gasthof Zur Linde, Radolfzellerstraße 27A, 78467 Wollmatingen, ☏ 075 31/974 20, ✉ info@hotel-linde.com, 💻 www.hotel-linde.com, ÜF im EZ ab € 78, ÜF DZ ab € 115, Wäsche- und Schuhservice

✕ Zum Rössle, Radolfszeller Str. 19a, 78467 Wollmatingen, ☏ 075 31/81 81 91, 🚪 Di-So 11:30-14:00 und 17:00-22:00

♦ Heuboden, Radolfszeller Str. 70, 78467 Wollmatingen, ☏ 075 31/788 48, 💻 www.heuboden-kn.de, 🚪 Di-So 17:30-23:00

🛒 In der Umgebung von Wollmatingen gibt es einige Supermärkte

✝ St. Martin

⊙ Pilgerstempel: Gasthof Zur Linde

Wollmatingen ist bereits ein Stadtteil von Konstanz. In Wollmatingen-Langenrain entdeckte man 1881/82 Pfahlbauten, eine Siedlung aus der Bronzezeit. Seit 2011 ist der Ort Teil des UNESCO-Weltkulturerbes „Prähistorische Pfahlbauten um die Alpen". Im Gebiet von Wollmatingen hat es auch eine römische Siedlung gegeben.

Wahrscheinlich wurde Wollmatingen im 7. Jahrhundert gegründet. 724 kam der Ort zum Kloster Reichenau.

1312 wird in einer Urkunde St. Martin erwähnt. 1472 wurde eine Kirche im gotischen Stil erbaut. 1961 wurde die Kirche bis auf den Turm und den Chor abgerissen und anschließend neu erbaut.

Am Beginn des Pirminweges gehen Sie links um die Anhöhe herum und folgen dem Radwanderweg. Dieser überquert die Straße von Wollmatingen nach Litzelstetten, biegt dann nach rechts ab und führt in Richtung Schwaketenbad ❺.

Hinter dem Bad wenden Sie sich nach rechts, überqueren die Schwaketenstraße und folgen dem Buhlenweg nach rechts. Sie biegen nach links in den Schleyerweg ab und dann in den Sonnentauweg. Am Ende dieses Weges wandern Sie leicht bergauf, durchqueren einen kleinen Wald und zweigen nach rechts in den Stockackerweg ab. Sie sind nun im Konstanzer Ortsteil **Petershausen**.

Petershausen ⇧ 401 m

Hotel Bilger Eck, Familie Hack, Reichenaustraße 2, 78464 Petershausen, ☏ 075 31/593 30, hotel@bilgereck-konstanz.de, www.bilgereck-konstanz.de, ÜF EZ ab € 80, DZ ab € 130, Wäsche- und Schuhservice

Der Name Petershausen stammt vom Kloster Domus Petri ab.

Bis zum 3. Jahrhundert siedelten Römer hier. Deutlich später nahm auch diesen Ort das Kloster Reichenau in Besitz. Mit dem Bau des Klosters 983 durch den Konstanzer Bischof gründete sich in der Nähe auch eine Siedlung. Um 1600 wurde Petershausen zur Vorstadt von Konstanz. Als das Kloster 1802 säkularisiert wurde, stagnierte auch die Entwicklung des Ortes. 1850 baute man die verbliebenen Gebäude zu einer Kaserne um. 1863 bekam der Ort einen Bahnanschluss, was in der Folge zu wirtschaftlichem Aufschwung führte. Konstanz konnte nach Süden aufgrund der Grenze zur Schweiz nicht wachsen, weshalb Petershausen und andere heutige Stadtteile einen Anstieg der Bevölkerung verzeichneten.

Am Ende des Stockacherweges gelangen Sie über die Friedrichstraße zum Zähringerplatz ❻ in **Konstanz.** Nun spazieren Sie geradeaus durch die Theodor-Heuss-Straße und auf dem Gehweg über die Rheinbrücke ❼. Am Inselhotel biegen Sie nach rechts ab, überqueren die Gleise und wandern geradeaus durch die

Inselgasse. Sie biegen nach links in die Brückengasse ab, durch die Sie das ✞ Konstanzer Münster erreichen.

↬ Alternativ könnten Sie auch vom Zähringerplatz am Seerhein-Center vorbei in die Jahnstraße gehen. Nach dem Überqueren der Bahnlinie wandern Sie durch die Petershauser Straße zum Ebertplatz. Dieser geht in den Rheinsteig über und bringt Sie in die Schottenstraße und zur ✞ Schottenkapelle. Sie biegen nach links in die Untere Laube ab und folgen dieser nach rechts bis zur nächsten Kreuzung. Hier gehen Sie nach links bis zur AOK. Über die Gerichtsgasse erreichen Sie den Münsterplatz mit dem ✞ Münster in Konstanz.

Konstanz ⇧ 405 m

☞ Informationen zu Konstanz finden Sie im Kapitel D (Linzgauer Jakobsweg) am Ende der 3. Etappe, S. 128.

Variante 3.1: Von Markelfingen über die Insel Reichenau nach Konstanz

21,5 km, 5 Std. 30 Min., ↑ 100 m, ↓ 95 m, ⇧ 393-446 m

0,0 km	⇧ 431 m	Markelfingen
6,9 km	⇧ 400 m	Allensbach
		(ab hier zunächst mit dem Schiff weiter)
6,9 km	⇧ 438 m	Reichenau
15,6 km	⇧ 422 m	Wollmatingen
20,1 km	⇧ 401 m	Petershausen
21,5 km	⇧ 405 m	Konstanz

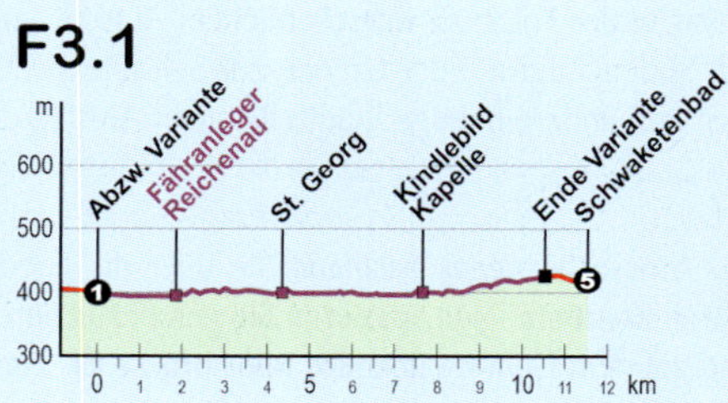

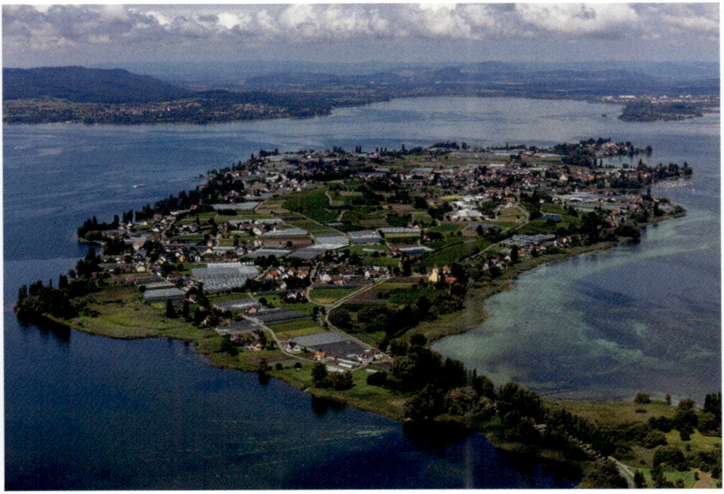

Luftbild der Insel Reichenau (© Achim Mende)

Vom Bahnübergang Brunnengasse in Allensbach führt eine Wegvariante über die Insel Reichenau nach Wollmatingen.

Von der Insel Reichenau können Sie auf einem Fahrradweg nach Wollmatingen radeln.

Bis Allensbach folgen Sie der Beschreibung der 3. Etappe.

Zum Erreichen der Reichenau nehmen Sie in den Monaten April bis Oktober das Personenschiff der Firma Baumann (Fahrzeiten ☞ Allensbach).

Reichenau ⇧ 438 m

Touristinfo, Pirminstraße 145, 78479 Reichenau, ☏ 075 34/920 70, info@reichenau-tourismus.de, www.reichenau-tourismus.de, Mai-Sep Mo-Fr 9:00-18:00, Sa 9:00-13:00

Münster St. Maria und Markus, Kirche St. Georg

Busverbindung vom Ortsteil Oberzell nach Wollmatingen

Zugverbindung nach Konstanz

Die Insel Reichenau ist zusammen mit dem gleichnamigen Kloster ein UNESCO-Weltkulturerbe. Hiermit wird die religiöse und kulturelle Rolle eines der größten Benediktinerklöster des Mittelalters hervorgehoben.

Schon die Römer siedelten auf der Insel. Bis 1830 gehörte das Gebiet dann entweder Stiftungen oder dem Fürstbischof. Die Lehen vergab man an Bauern oder Weinbauern. Nach 1830 konnten die ehemaligen Lehensnehmer die Grundstücke kaufen.

Das Klima auf der Insel ist sehr mild und verschafft dem Gemüseanbau bis zu drei Ernten im Jahr. Der Zusatz „von der Insel Reichenau" zu Gemüse ist ein von der EU geschützter Begriff.

816 wurde eine erste Basilika erbaut. Im 10. Jahrhundert wurde die Kirche erweitert und nahm im Wesentlichen die heutige Gestalt an. 1048 wurde das Münster St. Maria und Markus geweiht.

Die Basilika St. Georg wurde Ende des 9. Jahrhunderts gebaut. In ihrer Krypta beherbergt sie das Haupt des heiligen Georgs. Die Kirche gehört ebenfalls zum UNESCO-Weltkulturerbe.

Imperia (© MTK Dagmar Schwelle)

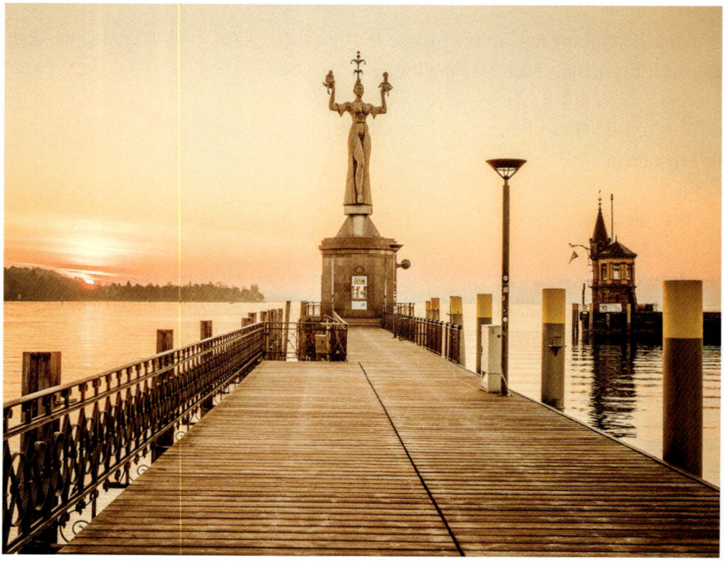

Das Kloster Reichenau wurde 724 gegründet und gehörte ab 1540 zum Priorat des Konstanzer Bischofs. Es war eines der bedeutendsten Klöster in karolingischer Zeit. 1757 wurde das Kloster aufgehoben und Anfang des 19. Jahrhunderts verließen die letzten Mönche Reichenau. Seit 2001 gibt es wieder eine kleine Benediktinergruppe im Kloster.

Vom Hafen auf der Reichenau gehen Sie in südlicher Richtung zum ✞ Münster St. Maria und Markus. Der Weiterweg bringt Sie am Rathaus vorbei und dann zum Kräutergärtlein, das von einem Reichenauer Mönch angelegt wurde. Nun spazieren Sie in östlicher Richtung über die Seestraße zur ✞ Kirche St. Georg in Oberzell.

Über den Uferweg wandern Sie an der St.-Pirmin-Statue vorbei, dann über den Seedamm zur ✞ Kindlebild-Kapelle und zum Bahnhof Reichenau. Der Weg führt weiter über die Kindlebildstraße zur ✞ Kirche St. Martin in **Wollmatingen**.

☺ Der Jakobsweg zwischen Reichenauer Hafen und Wollmatingen ist in beide Richtungen markiert. Zudem besteht eine Busverbindung von der Haltestelle Oberzell bei der ✞ Kirche St. Georg nach Wollmatingen.

Wollmatingen ⇧ 422 m

☞ Informationen zu Wollmatingen finden Sie im Kapitel F (Hegauer Jakobsweg) in der 3. Etappe, S. 182.

Ab Wollmatingen folgen Sie der Beschreibung der 3. Etappe bis Konstanz.

Konstanz ⇧ 405 m

☞ Informationen zu Konstanz finden Sie im Kapitel D (Linzgauer Jakobsweg) am Ende der 3. Etappe, S. 128.

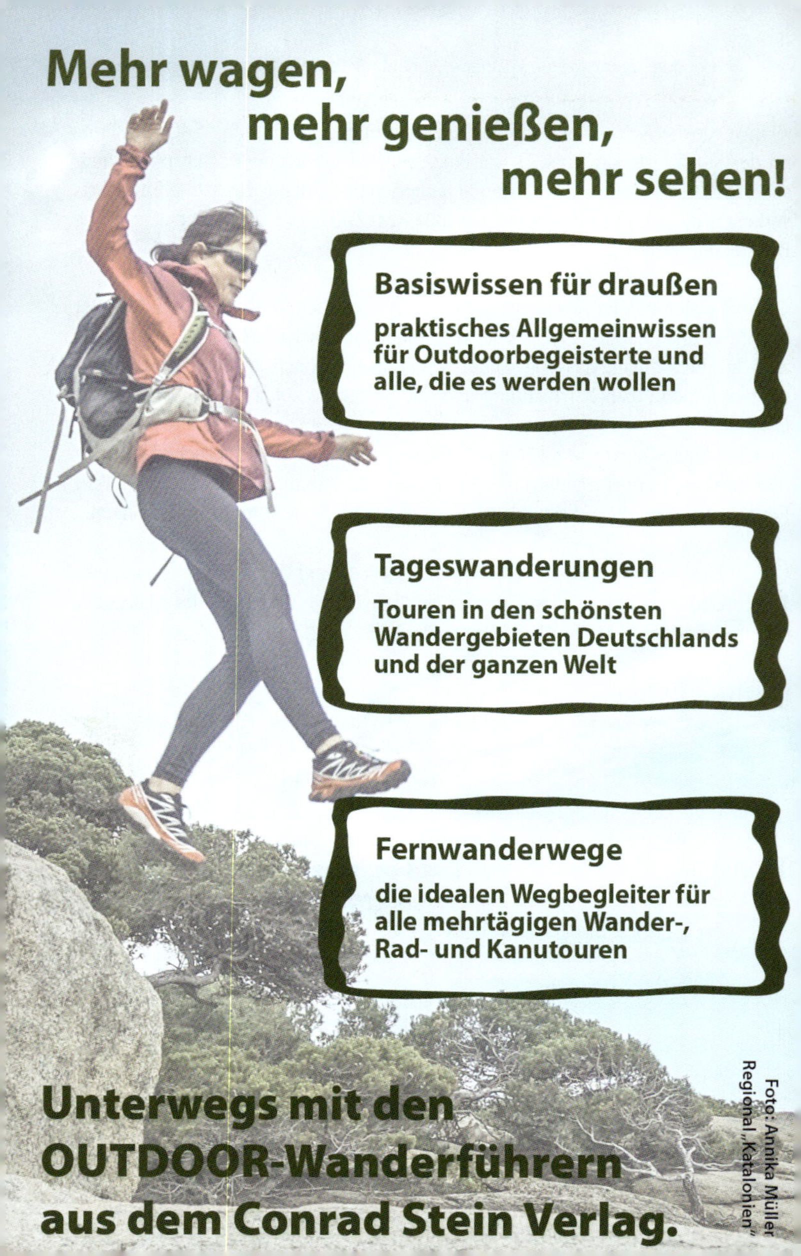
Mehr wagen,
mehr genießen,
mehr sehen!
Basiswissen für draußen
praktisches Allgemeinwissen für Outdoorbegeisterte und alle, die es werden wollen
Tageswanderungen
Touren in den schönsten Wandergebieten Deutschlands und der ganzen Welt
Fernwanderwege
die idealen Wegbegleiter für alle mehrtägigen Wander-, Rad- und Kanutouren
Unterwegs mit den OUTDOOR-Wanderführern aus dem Conrad Stein Verlag.
Foto: Annika Müller
Regional „Katalonien"

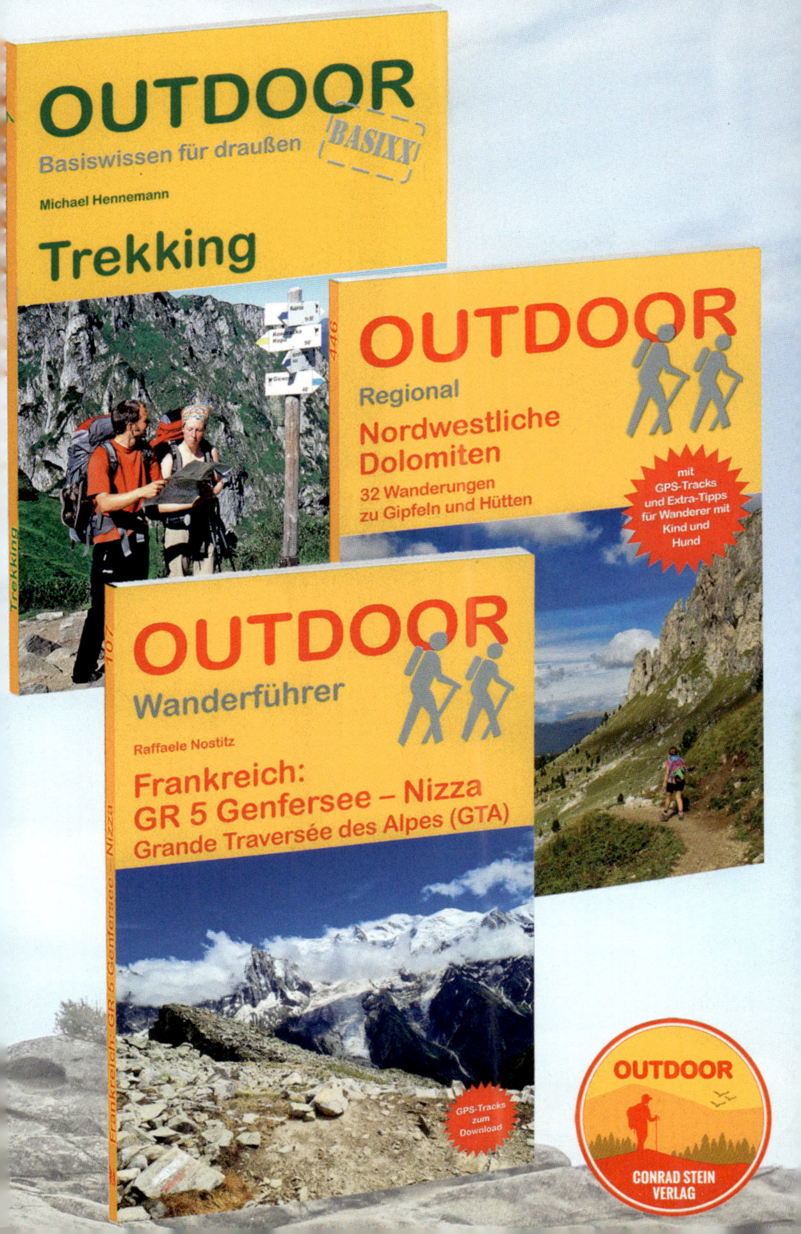
OUTDOOR
Basiswissen für draußen
BASIXX
Michael Hennemann
Trekking
Trekking
OUTDOOR
446
Regional
Nordwestliche
Dolomiten
32 Wanderungen
zu Gipfeln und Hütten
mit
GPS-Tracks
und Extra-Tipps
für Wanderer mit
Kind und
Hund
OUTDOOR
107
Wanderführer
Raffaele Nostitz
Frankreich:
GR 5 Genfersee – Nizza
Grande Traversée des Alpes (GTA)
Frankreich: GR 5 Genfersee – Nizza
GPS-Tracks
zum
Download
OUTDOOR
CONRAD STEIN
VERLAG

Index

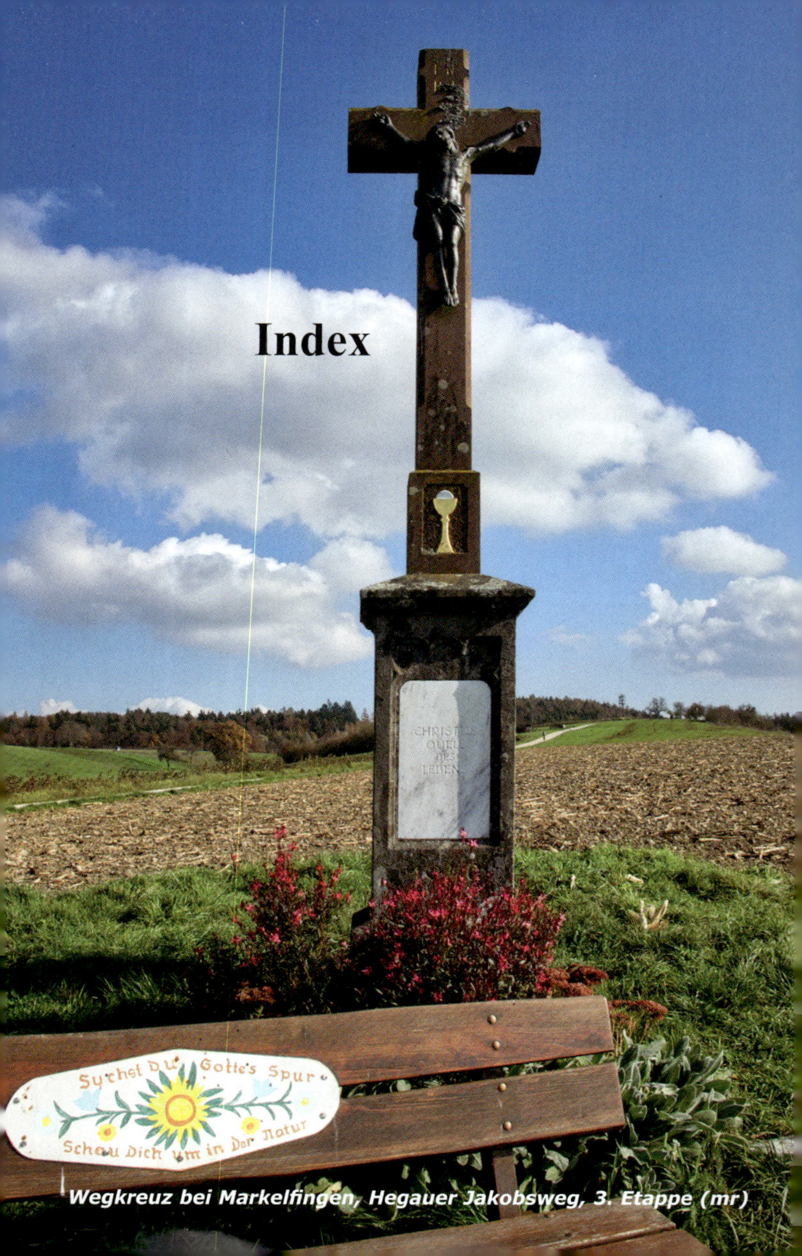

Wegkreuz bei Markelfingen, Hegauer Jakobsweg, 3. Etappe (mr)